JN191798

調べる！ 47都道府県

伝統工芸で見る日本

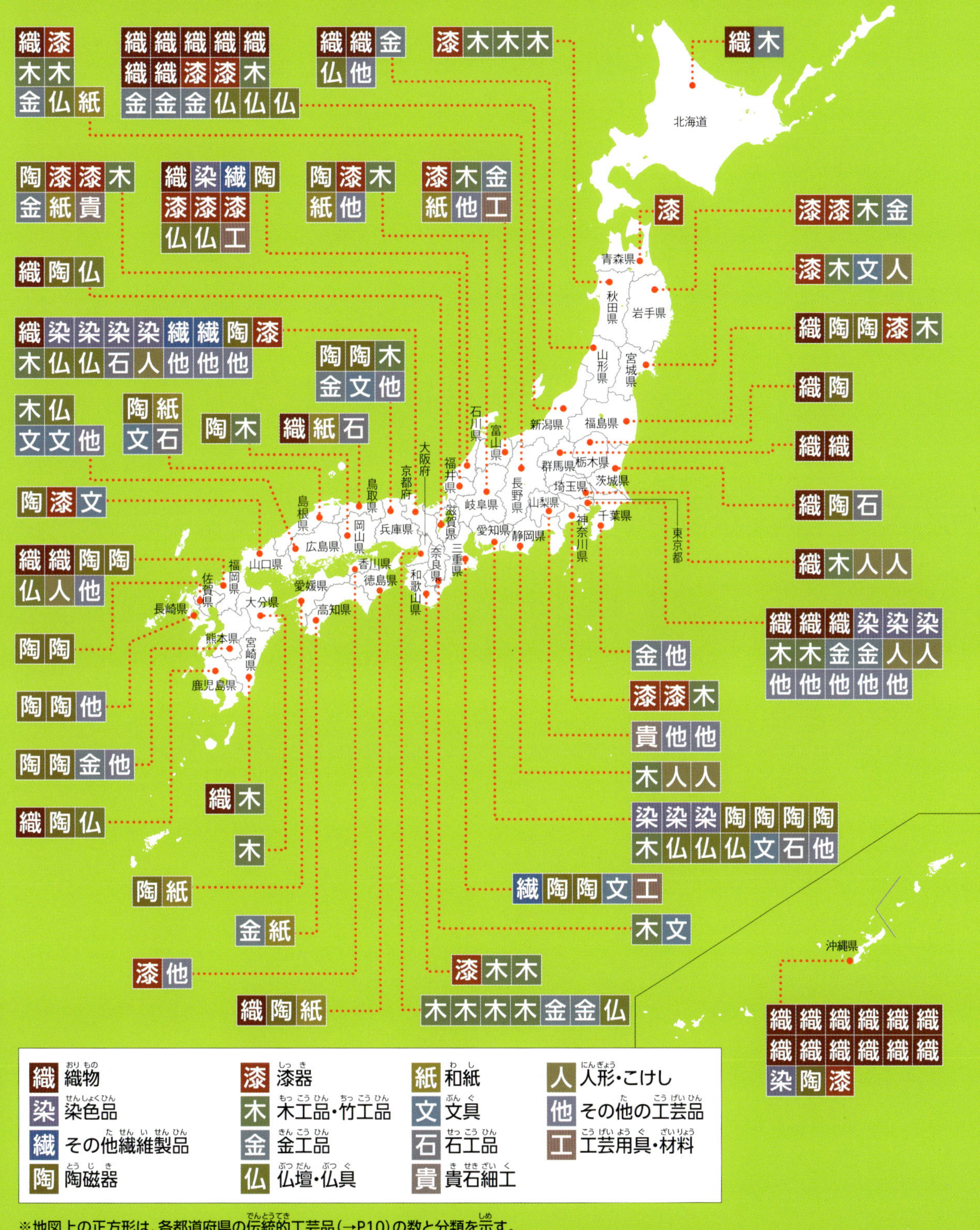

※地図上の正方形は、各都道府県の伝統的工芸品（→P10）の数と分類を示す。

国が指定する伝統的工芸品

日本の各地には、さまざまな伝統工芸品があります。なかでも、国の法律によって指定されているものは、「伝統的工芸品」とよばれています（→ P10）。この本では、その伝統的工芸品を都道府県ごとに紹介していますが、ここでは、それらのなかからおもなものを、分野ごとに、カラー写真で紹介しています。

織物

二風谷アットゥシ　北海道

結城紬　茨城県・栃木県

伊勢崎絣　群馬県

本場黄八丈　東京都

小千谷縮　新潟県

西陣織　京都府

阿波正藍しじら織　徳島県

久留米絣　福岡県

本場大島紬　鹿児島県・宮崎県

宮古上布　沖縄県

首里織　沖縄県

染色品

東京染小紋　東京都

東京手描友禅　東京都

京友禅　京都府

琉球びんがた　沖縄県

その他繊維製品

伊賀くみひも　三重県

京繍　京都府

和紙

因州和紙　鳥取県

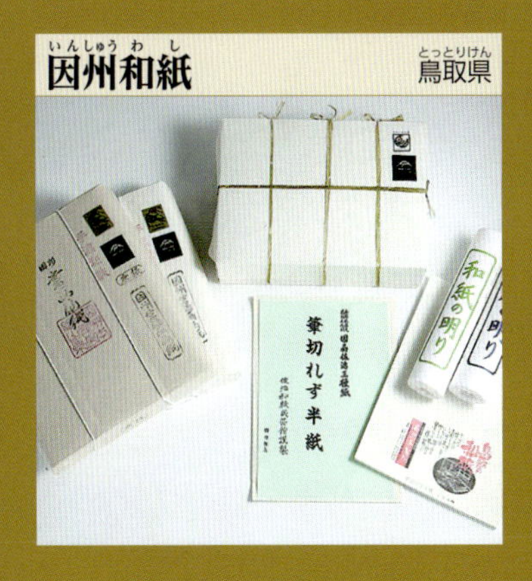

石州和紙　島根県

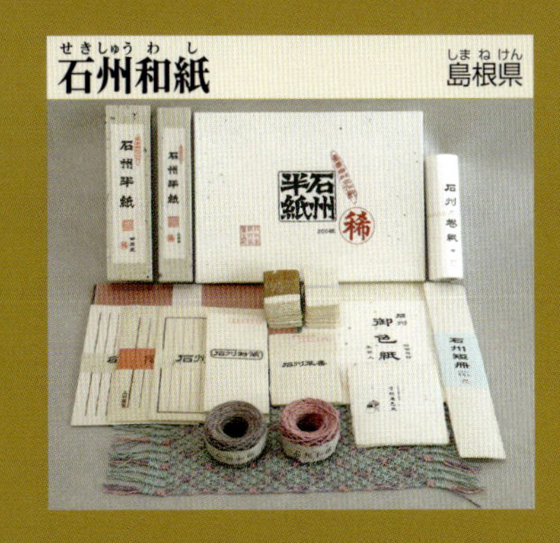

大洲和紙　愛媛県

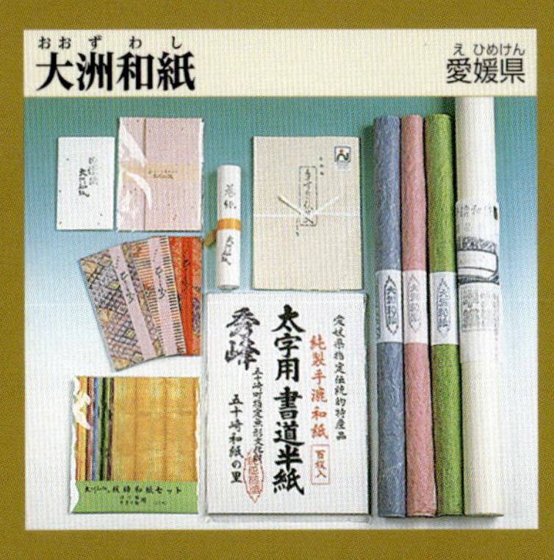

土佐和紙　高知県

陶磁器

益子焼　栃木県

九谷焼　石川県

越前焼　福井県

常滑焼　愛知県

美濃焼　岐阜県

信楽焼　滋賀県

京焼・清水焼　京都府

備前焼　岡山県

伊万里・有田焼　佐賀県

薩摩焼　鹿児島県

貴石細工

甲州水晶貴石細工　山梨県

若狭めのう細工　福井県

漆器

津軽塗（青森県）

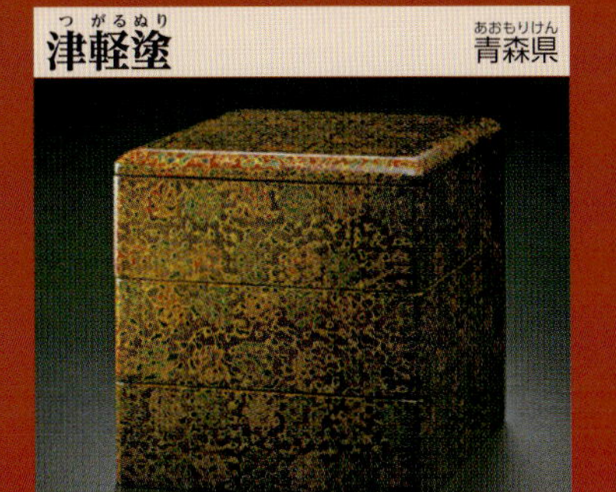

浄法寺塗（岩手県）

会津塗（福島県）

鎌倉彫（神奈川県）

木曽漆器（長野県）

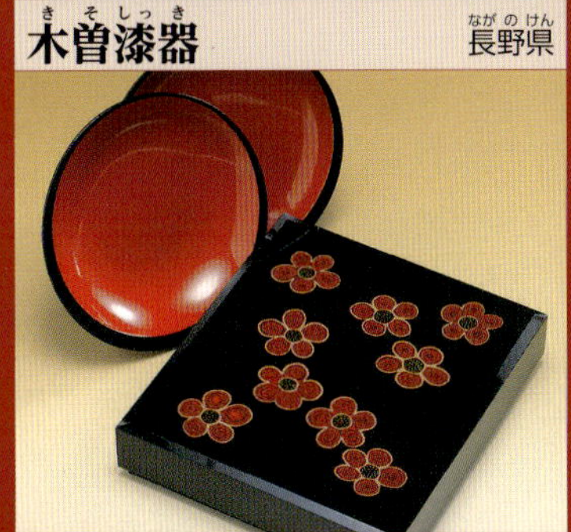

村上木彫堆朱（新潟県）

輪島塗（石川県）

京漆器（京都府）

大内塗（山口県）

石工品

真壁石燈籠（茨城県）

岡崎石工品（愛知県）

出雲石燈ろう（鳥取県・島根県）

木工品・竹工品

大館曲げわっぱ　秋田県

春日部桐簞笥　埼玉県

江戸指物　東京都

箱根寄木細工　神奈川県

大阪金剛簾　大阪府

高山茶筌　奈良県

紀州へら竿　和歌山県

別府竹細工　大分県

都城大弓　宮崎県

文具

雄勝硯　宮城県

播州そろばん　兵庫県

熊野筆　広島県

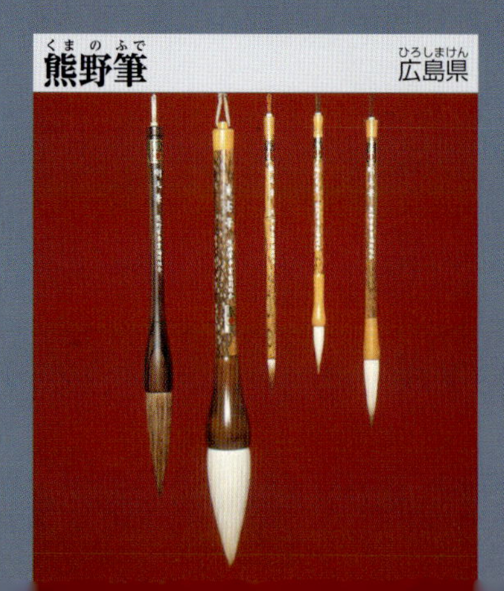

金工品

南部鉄器 岩手県

千葉工匠具 千葉県

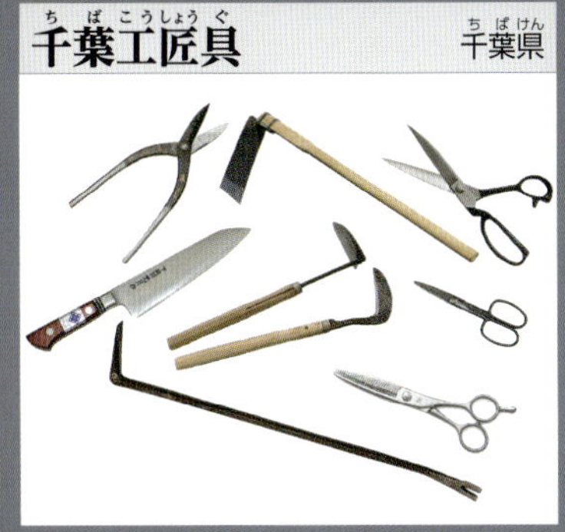

燕鎚起銅器 新潟県

高岡銅器 富山県

堺打刃物 大阪府

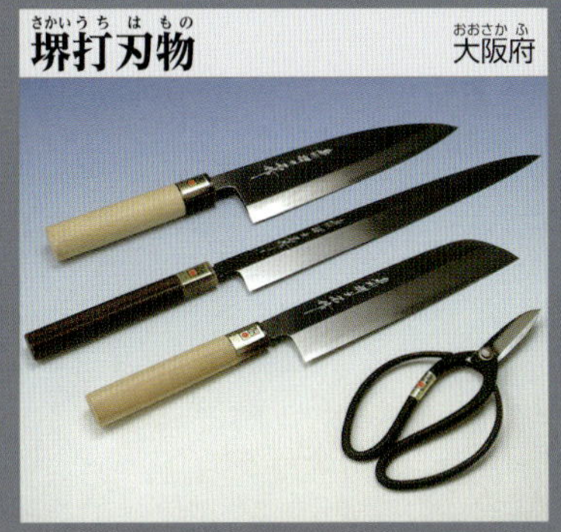

肥後象がん 熊本県

人形・こけし

宮城伝統こけし 宮城県

江戸木目込人形 埼玉県・東京都

江戸節句人形 東京都

駿河雛具 静岡県

京人形 京都府

博多人形 福岡県

仏壇・仏具

名古屋仏壇 愛知県

京仏具 京都府

その他の工芸品

天童将棋駒 山形県

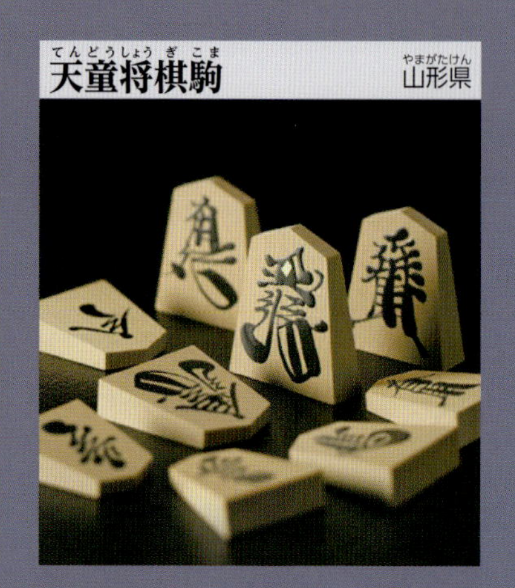

江戸切子 東京都

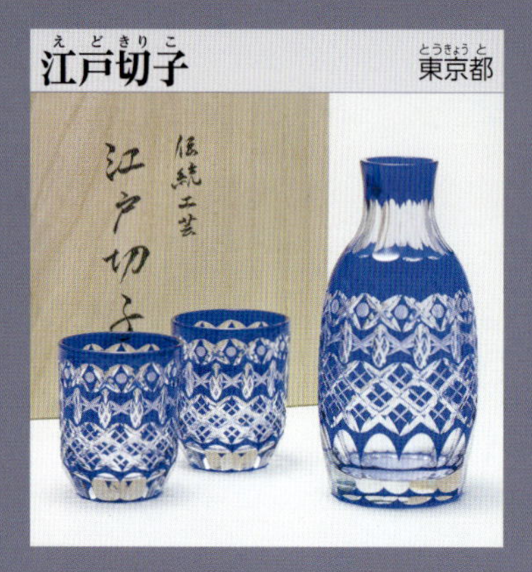

甲州印伝 山梨県

尾張七宝 愛知県

岐阜提灯 岐阜県

京扇子 京都府

福山琴 広島県

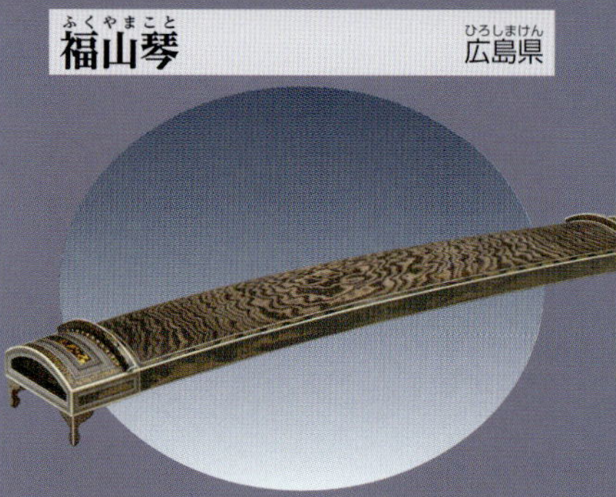

丸亀うちわ 香川県

長崎べっ甲 長崎県

山鹿灯籠 熊本県

伝統的工芸品の都道府県ごとの数と内訳

2〜8ページで紹介した伝統的工芸品は、右の15の分野に分類されています。また、各都道府県の伝統的工芸品の数とその内訳は、下のとおりです。

都道府県	織物	染色品	その他繊維製品	陶磁器	漆器	木工品・竹工品	金工品	仏壇・仏具	和紙	文具	石工品	貴石細工	人形・こけし	その他の工芸品	工芸用具・材料	都道府県計
北海道	1					1										2
青森県					1											1
岩手県					2	1	1									4
宮城県					1	1				1			1			4
秋田県					1	3										4
山形県	2						1	1						1		5
福島県	1			2	1	1										5
茨城県	1			1							1					3
栃木県	1			1												2
群馬県	2															2
埼玉県	1					1							2			4
千葉県							1							1		2
東京都	3	3				2	2						2	5		17
神奈川県					2	1										3
山梨県												1		2		3
長野県	1				1	2	1	1	1							7
新潟県	7				2	1	3	3								16
富山県					1	1	1		1					1	1	6
石川県	1	1	1	1	3			2							1	10
福井県				1	2	1	1		1			1				7
静岡県						1							2			3
愛知県		3		4		1		3		1	1			1		14
岐阜県				1	1	1			1					1		5
三重県			1	2						1					1	5
滋賀県	1			1				1								3
京都府	1	4	2	1	1	1		2			1		1	3		17
大阪府						4	2	1								7
兵庫県				2		1	1			1				1		6
奈良県						1				1						2
和歌山県					1	2										3
鳥取県	1								1		1					3
島根県				1					1	1	1					4
岡山県				1		1										2
広島県						1		1		2				1		5
山口県				1	1					1						3
徳島県	1			1					1							3
香川県					1									1		2
愛媛県				1					1							2
高知県							1		1							2
福岡県	2			2				1					1	1		7
佐賀県				2												2
長崎県				2										1		3
熊本県				2			1							1		4
大分県						1										1
宮崎県	1					1										2
鹿児島県	1			1				1								3
沖縄県	12	1		1	1											15
合計	38	12	4	32	23	32	16	17	9	9	4	2	8	21	3	230

※織物、石工品、人形・こけしは、2つの都県でつくられているものがあるので、合計の数は、その数を除いている。
※経済産業省「伝統的工芸品の指定品目一覧(平成29年11月30日現在)」をもとに作成した。

織物：天然の材料からつくった糸を使い、一定の規則で組み合わせてつくった生地。

染色品：色を染めた布。

その他繊維製品：刺繍とくみひも(→P74)。

陶磁器：粘土を器などの形にして焼き上げたもの（焼き物）。

漆器：木材を加工してつくった木地に、漆を塗って仕上げたもの。

木工品・竹工品：木や竹を材料にした工芸品。

金工品：金属を加工した工芸品。

仏壇・仏具：位牌や仏像を安置するためのものと、仏前にそなえる器具。

和紙：日本古来の手法でつくる紙。

文具：ものを書くのに必要な道具のことだが、ここでは、筆、墨、硯、そろばん。

石工品：石を加工した工芸品。

貴石細工：美しくて価値の高い石を使った細工物。

人形・こけし：おもに季節の行事で飾られる人形と、温泉地のみやげものとして知られるこけし。

その他の工芸品：うちわや扇子、将棋駒や提灯など、ここまでに紹介した工芸品に分類されない工芸品。

工芸用具・材料：工芸品そのものではないが、工芸品をつくるために必要な用具や材料。

はじめに

伝統工芸とは、古くから受けつがれてきた技術や技法により、おもに日常生活で使用される製品を手づくりする仕事のことです。

また、そうしてつくられた伝統工芸品のなかでも、次の５つの条件が満たされているものは、「伝統的工芸品」として、国から指定されています。

1. 主として日常生活で使われるもの
2. 製造過程の主要部分が手づくり
3. 伝統的技術と技法によって製造
4. 伝統的に使用されてきた原材料を使用
5. 一定の地域で産地を形成

伝統的工芸品は、正式には、「経済産業大臣指定伝統的工芸品」とよばれています。1974（昭和49）年制定の「伝統的工芸品産業の振興に関する法律」により、これらの条件を満たすものは、経済産業大臣（経済産業省）からの指定を受け、その技術を国が守り育てていくことになりました。

日本は、古くからものづくりがさかんな国ですが、明治維新以降の機械化を中心とした近代化や、第二次世界大戦後の大量生産をはじめとした合理化により、工業が大きく発展しました。しかし、その一方で、伝統工芸をはじめとした古くから伝わるものづくりがおとろえ、後をつぐ者もなく、その技術が失われる可能性があります。そうしたことにならないように、この法律が制定されたのです。

この本では、国の伝統的工芸品に指定されているもののなかから、おもなものを都道府県ごとに紹介しています。伝統的工芸品は、少なくとも100年以上の歴史があり、つくってきた地域の資源や労働力を活用して特産品を製造する「地場産業」でもあるので、どこでどのような伝統的工芸品をつくっているのかを知ることで、日本各地のものづくりのようすを知ることができます。また、日本の歴史や伝統文化とも深くかかわっているので、日本のものづくりの歩みや人びとのくらしの変化などについても知ることができます。

この本をとおして、こうした日本の伝統工芸が、次の世代に伝えていくべき大切なものであることを、わかってもらいたいと思います。

もくじ

この本の使い方

国の伝統的工芸品のなかから、その都道府県でつくられているものを、おもな製品、おもな製造地とともに掲載した表です。分類は、9ページに記した伝統的工芸品の15の分類にもとづきます。
※おもな製品やおもな製造地は、基本的に、一般財団法人伝統的工芸品産業振興協会のホームページを参考にした。

市町村の境界線が入った、その都道府県の地図です。すべての市を掲載していますが、伝統的工芸品の製造地となっている町村も掲載しています。また、伝統的工芸品の製造地の市町村については、地図の背景の色を濃くし、表に記した番号を掲載しています。

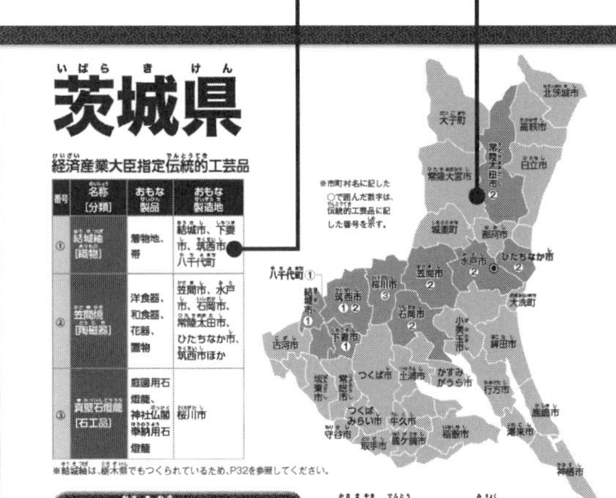

茨城県

経済産業大臣指定伝統的工芸品

番号	名称［分類］	おもな製品	おもな製造地
①	結城紬［織物］	着物地、帯	結城市、下妻市、筑西市、八千代町
②	笠間焼［陶磁器］	洋食器、和食器、花器、置物	笠間市、水戸市、石岡市、常陸太田市、ひたちなか市、筑西市ほか
③	真壁石燈籠［石工品］	庭園用石燈籠、神社仏閣奉納用石燈籠	桜川市

※結城紬は、栃木県でもつくられているため、P32を参照してください。

笠間焼（陶磁器）

地元でとれる粘土の性質をいかして

江戸時代中期の18世紀後半に、信楽焼（滋賀県／→P79）の焼き物師の指導をもとにつくられたのがはじまりといわれています。その後、現在の茨城県中部の笠間市に置かれた笠間藩の保護を受け、発展しました。

笠間焼は、鉄分が多く含まれる「笠間粘土」という粘土が原料なので、そのまま焼くと、赤黒い陶器*1になります。そこで、絵をつけたり、さまざまな色の釉薬*2をかけたりすることで、いろいろな表情の製品を生み出しています。

また、笠間粘土には、陶器の形をつくると、その形が完成するまで保たれるという性質があるので、笠間焼では、ろくろ（→P21）を使って形をつくる技術が発達しました。

なお、かつての笠間焼は、すり鉢などの台所用品の製造が中心でした。しかし、いまでは、食器や花瓶、置物など、笠間粘土の性質をいかして、あたたかみのある味わい深い製品をつくっています。

笠間焼の伝統を受けつぎ魅力を発信する

笠間焼は、関東地方でもっとも古い歴史と伝統のある焼き物です。栃木県の益子焼（→P33）など、まわりの地域の焼き物のはじまりに、影響をあたえました。いまでは、200以上の窯元があり、自由でおおらかな感性をもった陶芸家たちが活躍しています。

そうしたこともあり、中心となる笠間市では、毎年5月の連休に「陶炎祭」をおこない、陶芸家たちの自信作を販売することで、笠間焼の魅力を多くの人に伝えています。

*1 陶器：陶土という粘土を材料とした焼き物で、茶色っぽいものが多く、たたくと濁った音がする。
*2 釉薬：粘土を成形してから素焼きした器の表面にかける溶液。高温で焼くと溶け出し、器の表面にガラス状の膜をつくるので、防水効果が生まれ、つやが出る。

真壁石燈籠（石工品）

石の産地ならではの工芸品

茨城県西部の真壁町（現在の桜川市の南部）は、真壁石とよばれる質の良い花崗岩がとれるところです。花崗岩は、広く石材として利用されている岩石なので、真壁町では、古くから石を生活用具として加工し、利用してきました。石材業がはじまったのは、約500年前の室町時代といわれ、石燈籠がつくられるようになったのは、江戸時代中期の18世紀前半といわれています。

燈籠は、屋外に置かれる日本古来の照明用具です。竹、木、石、金属などの枠に紙や布をはり、内部に火をともします。石でできている石燈籠は、神社や庭園などに置かれています。

丈夫で美しい石燈籠をつくるには

石燈籠は、最上部の「宝珠」、火をともす部分の「火袋」、火袋の屋根になる「笠」、火袋をのせる台となる「受」、石燈籠全体の重量を支える支柱となる「竿」、基礎の部分にあたる「地輪」の6つの部分で構成されています。それぞれの部分をつくり上げ、ほぞ組みで積み上げると、丈夫でどっしりとした石燈籠が完成します。ほぞ組みとは、でっぱり（ほぞ）をつくった片方の部材に、穴（ほぞ穴）をつくったもう片方の部材を接合し、2つの部材を組む方法です。

真壁石燈籠は、美しく細かな彫刻がほどこされ、白い輝きが見られるのが特徴ですが、苔がつくことで、その特徴が一段と際立つともいわれています。

もっと知ろう 茨城県伝統工芸品

茨城県は、郷土の風土や生活の営みのなかで受けつがれてきた工芸品を、「茨城県伝統工芸品」に指定しています。国の伝統的工芸品も含まれますが、ここでは、指定されている41品目とその製造地を紹介します。

品目	工芸品名	おもな製造地
陶磁器	笠間焼	笠間市
	つくばね焼	つくば市
	五浦天心焼	北茨城市
木工品	粟野春慶塗	城里町
	八溝塗	大子町
	結城地方の桐下駄	筑西市、常総市
	結城桐箪笥	結城市
	水戸やなかの桶	水戸市
	とよさとの桶・樽	つくば市
	涸沼竿	水戸市
	石岡府中杉細工	石岡市
竹工品	茨城籐工芸	下妻市、神栖市
	竹矢	石岡市
	雪村うちわ	常陸太田市
	古河竹工芸	古河市

品目	工芸品名	おもな製造地
和紙・文具等	西ノ内和紙	常陸大宮市
	かな料紙	常陸太田市
	国寿石大子硯	大子町
織物	本場結城紬	結城市
	いしげ結城紬	常総市
染物	水海道染色村きぬの染	常総市
祭礼用具等	常陸獅子	石岡市
	水府提灯	水戸市
	桂雛	城里町
	万祝・大漁旗	ひたちなか市、大洗町
	手描き鯉のぼり	北茨城市

品目	工芸品名	おもな製造地
諸工芸品	線香	石岡市
	浮世絵手摺木版画	常総市
	真壁石燈籠	桜川市
	べっ甲細工	桜川市
	梵鐘	桜川市
	米粒人形	水戸市
	大穂のほうき	つくば市
	武道具	水戸市
	カガミクリスタル	龍ケ崎市
	淡水真珠	牛久市
	あやめ笠	潮来市
	繁昌笠	行方市
	結城まゆ工芸	結城市
	那珂湊だるま	ひたちなか市
	霞ヶ浦帆引き船模型	かすみがうら市

30　31

国の伝統的工芸品のなかから、その都道府県でつくられているものについて、歴史や特徴、つくり方などを中心に、紹介しています。
※国の伝統的工芸品の数が多く、すべてを紹介できない都府県もある。

国の伝統的工芸品の数が少ない道県については、その道県でつくられているおもな伝統工芸品などを紹介しています。
※県指定の伝統工芸品などについては、その県のホームページなどを参考にした。

北海道・東北地方
宗谷岬
礼文島
利尻山
利尻島
天塩川
オホーツク海
択捉島
天塩山地
北見山地
日本海
サロマ湖
知床半島
国後島
大雪山(旭岳)2290
北海道
屈斜路湖
色丹島
石狩川
石狩山地
摩周湖
歯舞諸島
積丹半島
石狩平野
夕張山地
十勝岳
2077
阿寒湖
札幌
釧路川
根室半島
羊蹄山
1898
支笏湖
十勝平野
十勝川
洞爺湖
日高山脈
昭和新山
398
太平洋
奥尻島
津軽海峡
下北半島
渡島半島
襟裳岬
津軽半島
陸奥湾
津軽海峡
岩木川
夏泊半島
津軽平野
高瀬川
青森
八甲田山
1584
小川原湖
岩木山
1625
青森県
奥入瀬川
白神山地
十和田湖
奥
米代川
八郎潟干拓地
八幡平1613
岩手県
男鹿半島
秋田県
秋田
田沢湖
岩手山2038
雄物川
出羽山地
盛岡
北上高地
早池峰山1917
羽
北上盆地
三陸海岸
日本海
飛島
鳥海山2236
最上川
栗駒山
1627
庄内平野
羽黒山
414
新庄盆地
山
宮城県
仙台平野
太平洋
山形県
月山1984
湯殿山
1500
朝日山地
山形盆地
北上川
船形山
1500
牡鹿半島
仙台
朝日岳
1870
山形
仙台湾
蔵王山(熊野岳)
1841
米沢盆地
阿武隈川
飯豊山地
吾妻山
2035
脈
福島
阿武隈高地
会津盆地
福島盆地
磐梯山
1819
安達太良山1700
猪苗代湖
郡山盆地
只見川
福島県
燧ヶ岳
2356

北海道

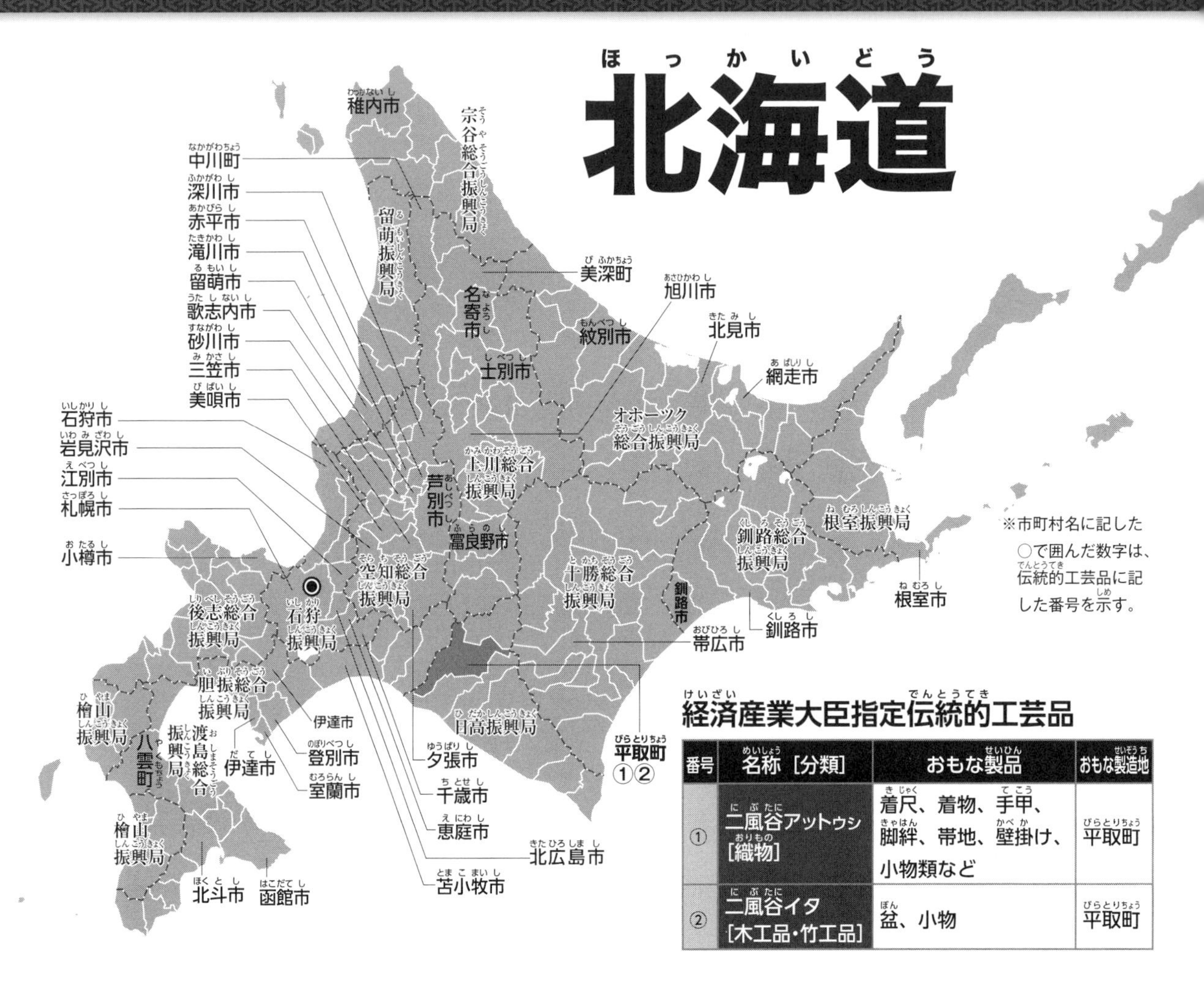

経済産業大臣指定伝統的工芸品

番号	名称［分類］	おもな製品	おもな製造地
①	二風谷アットゥシ［織物］	着尺、着物、手甲、脚絆、帯地、壁掛け、小物類など	平取町
②	二風谷イタ［木工品・竹工品］	盆、小物	平取町

二風谷アットゥシ（織物）

先住民族アイヌの文化を受けつぐ織物

アイヌ民族の伝統的な織物のひとつで、アットゥシとは、木の皮の繊維で織られた布のことです。二風谷は、平取町の沙流川流域にある集落です。沙流川は、北海道の中央部から南にのびる日高山脈に源を発し、太平洋に注ぎます。

アイヌ民族は、北海道の先住民族です。明治時代以降、北海道の開拓が進むと、その文化を受けつぐことが難しくなりました。しかし、近年では、その文化を保護し、受けついでいこうという取り組みが活発になりました。その一例として、北海道アイヌ協会による優秀工芸師という制度があり、アイヌの伝統的な工芸技術をもつ人を認定しています。そうしたこともあり、古くから二風谷でつくられていたアットゥシは、2013（平成25）年、二風谷アットゥシとして、北海道ではじめて、国の伝統的工芸品に指定されました。

独特の文様

二部谷アットゥシは、オヒョウという広葉樹の皮をはいで加工し、2mmほどの幅にさいて糸をつくり、アットゥシカラペという機織り機を使って織ります。水に強く、通気性に優れ、ほかの天然の繊維にはない強さがあります。

また、アイヌ文様という独特の文様がほどこされています。アイヌ文様は、自然の草や動物をデザイン化しているといわれ、魔よけなどのお守りの意味があるともいわれています。

写真提供：二風谷民芸組合

二風谷イタ（木工品・竹工品）

美しい文様がほどこされた実用品

沙流川流域の二風谷に古くから伝わる、木製の浅く平たい形をしたお盆です。2013（平成25）年、二風谷アットゥシとともに、北海道ではじめて、国の伝統的工芸品に指定されました。

モレウノカ（うずまきの形の文様）、アイウシノカ（刺のある形の文様）、シクノカ（目の形の文様）などのアイヌ文様が彫刻され、それらの文様のすきまは、ラムラムノカというウロコの形をした文様でうめつくされています。日常的に使用される実用品でありながら、美しさを備えた工芸品でもあります。

すべて手作業で彫られる独特の文様

二風谷イタづくりには、3年から4年ほど自然乾燥させた板が使われます。板の表面を平らにしてから製作するサイズに切る「板取り」をおこない、荒削りをして底や角を整える「型取り」をおこないます。そして、下絵を描き、下絵に沿って線を彫っていく「文様彫り」を、すべて手作業でおこないます。くぼみをつけることで、文様の立体感と陰影（光が当たらない暗い部分）を出し、おもな文様の周囲に二重線を入れることで、彫った部分の表情を豊かにします。最後に、ウロコの文様を枡目に刻んで彫りおこす「ウロコ彫り」をおこなうと、完成します。

江戸時代末期の記録には、沙流川流域でつくられた半月形や丸いお盆が、松前藩*から幕府に献上されたとあります。そのため、こうした二風谷イタの製法は、いまから150年以上も前から、ここに住むアイヌの人たちなどにより、受けつがれてきたことになります。

＊松前藩：江戸時代に、北海道南西部の松前に置かれた藩。

写真提供：二風谷民芸組合

もっと知ろう　北海道の工芸品

国の伝統的工芸品に指定されている2つのアイヌ工芸品のほかにも、北海道の工芸品として有名なのは、「木彫り熊」です。徳川義親*が、農民の冬の副業としてすすめようと旅行中にスイスで買い求めた木彫りの熊を見本に、1924（大正13）年、北海道南西部の八雲町の農民が製作したのがはじまりといわれています。その後、道内各地でつくられるようになり、いまでは、北海道みやげの定番となっています。

ほかにも、ガラス工芸や木工芸が有名です。小樽ガラス細工は、漁具の製作から発展した港町ならではの工芸品です。北部の美深町や中川町では、白樺樹皮細工がつくられています。

＊徳川義親：尾張徳川家（徳川御三家のひとつ）の19代当主。明治時代以降は、北海道八雲町の徳川農場の農場主として、種子用馬鈴薯（じゃがいも）の栽培や酪農への転換を指導し、八雲町の発展に大きく貢献した。

木彫りの熊。　八雲町郷土資料館蔵

小樽ガラス細工。

青森県

経済産業大臣指定伝統的工芸品

番号	名称［分類］	おもな製品	おもな製造地
①	津軽塗［漆器］	家具、座卓、茶器、食器、文箱、盆類、硯箱、箸、花器	青森市、弘前市、黒石市、平川市、深浦町、藤崎町、板柳町

津軽塗（漆器）

江戸時代に積み重ねられた伝統技術を土台に

江戸時代前期の17世紀後半に、青森県西部を治めた津軽藩の藩主によって全国から集められた職人が、漆器をつくったのがはじまりといわれています。以後、藩の保護によって独自の技法が生み出され、発展していきました。

明治維新により、藩の保護が受けられなくなると、職人たちは会社を設立するなどして、江戸時代から受けついできた技術を磨き、創意工夫を重ねます。その結果、産業としての津軽塗の土台を築き上げました。

写真提供：経済産業省 東北経済産業局

丈夫さと文様の美しさを生む塗りと研ぎ

津軽塗は、日本三大美林*1のひとつとして知られる青森ヒバを木地*2に、漆を塗っては研ぐ（石などで磨いてつやを出す）という作業を何度もくり返し、完成します。

ヒバは、たいへんかたい木で、強い殺菌力のある成分を含んでいるので、虫に食われにくいという性質があります。そのヒバの木地に、くり返し漆を塗って研いでいくと、丈夫で美しい文様の津軽塗ができ上がるのです。

津軽塗の技法はいくつかありますが、さまざまな色の漆を重ねて塗り、それを研ぐことで文様を出す「唐塗」が代表的です。仕掛け漆という漆を、仕掛けベラという独特のヘラに取り、軽くたたくようにして木地につけていくと、唐塗の特徴でもある斑点の文様があらわれます。

＊1 日本三大美林：青森ヒバとともに、秋田スギ、木曽ヒノキ(長野県および岐阜県)のことをいう。
＊2 木地：木などで形づくった器など。

もっと知ろう 青森県指定の伝統工芸品

青森県には、国の伝統的工芸品のほかにも、県指定の伝統工芸品があります。津軽塗も含め、32品目が指定されています。ここでは、津軽塗を除く31品目について、おもな製品と製造地を紹介します。

名称［分類］	おもな製品	おもな製造地
津軽焼［陶磁器］	茶器・花器・酒器・皿類	弘前市
八戸焼［陶磁器］	花器・茶器・酒器・食器	八戸市
下川原焼土人形［人形・こけし］	土人形・鳩笛・人形笛	弘前市
あけび蔓細工［木工品・竹工品］	手提げ籠・盆・ざる	弘前市
津軽竹籠［木工品・竹工品］	りんご手籠・野菜籠・椀籠・果物籠	弘前市
ひば曲物［木工品・竹工品］	曲げわっぱ・盆	藤崎町
こぎん刺し［その他繊維製品］	巾着・帯・バッグ・ネクタイ	青森市、弘前市
南部裂織【織物】	卓布・手提げ袋・こたつ掛け	八戸市、十和田市、むつ市、七戸町、五戸町、佐井村
南部菱刺し［その他繊維製品］	卓布・前垂れ・のれん・バッグ	八戸市、七戸町、五戸町
温湯こけし［人形・こけし］	こけし・ダルマ	黒石市
大鰐こけし・ずぐり［人形・こけし］	こけし・ずぐり*1	大鰐町
弘前こけし・木地玩具［人形・こけし］	こけし・こま・ダルマ	弘前市
八幡馬［その他の工芸品］	八幡馬	八戸市
善知鳥彫ダルマ［その他の工芸品］	木彫ダルマ	青森市
津軽凧［その他の工芸品］	凧・金魚ねぶた	弘前市
津軽びいどろ［その他の工芸品］	花瓶・冷酒用徳利・ワイングラス	青森市
錦石［貴石細工］	美石・指輪・ネクタイピン	青森市、弘前市、外ヶ浜町
南部姫毬［その他の工芸品］	姫毬	南部町
えんぶり烏帽子［その他の工芸品］	えんぶり烏帽子	八戸市
きみがらスリッパ［木工品・竹工品］	スリッパ・状差し・インテリア用小物	十和田市
目屋人形［人形・こけし］	目屋人形	西目屋村
津軽打刃物［金工品］	和包丁・剪定鋏・鉈・鎌	弘前市
津軽桐下駄［木工品・竹工品］	白木下駄・雪下駄・津軽塗下駄	弘前市
南部総桐箪笥［木工品・竹工品］	総桐箪笥・小箪笥・机・収納箱	八戸市、三戸町
太鼓［その他の工芸品］	桶太鼓・長胴太鼓・附締太鼓	弘前市
ねぶたハネト人形［人形・こけし］	ねぶたハネト人形	青森市
津軽裂織［織物］	卓布・バッグ・コート・カード	青森市、つがる市、平内町
津軽組ひも［その他繊維製品］	帯締め・ブローチ・ネックレス・慶弔結び	五所川原市
五戸ばおり［木工品・竹工品］	ばおり*2・ミニチュアばおり	五戸町
ブナコ*3［木工品・竹工品］	食器・ランプ・スピーカー・ティッシュボックス・ダストボックス	弘前市
南部花形組子［木工品・竹工品］	ティッシュボックス・電気スタンド・行灯・衝立など	八戸市

*1 ずぐり:木製のこま。
*2 ばおり:編み笠の一種。
*3 ブナコ:ブナ材をうすいテープ状にして、らせん状に巻き上げたもの。

※伝統工芸品の分類は、国の伝統的工芸品の分類を参考に判断した。

岩手県

経済産業大臣指定伝統的工芸品

番号	名称［分類］	おもな製品	おもな製造地
①	秀衡塗［漆器］	椀、盆、菓子器、重箱、茶器、花器	盛岡市、花巻市、一関市、奥州市、滝沢市、平泉町
②	浄法寺塗［漆器］	椀、皿、盆、茶器、花器	盛岡市、二戸市、八幡平市、滝沢市
③	岩谷堂簞笥［木工品・竹工品］	整理簞笥、車付簞笥、小簞笥	奥州市、盛岡市
④	南部鉄器［金工品］	茶釜、鉄瓶、花器	盛岡市、奥州市

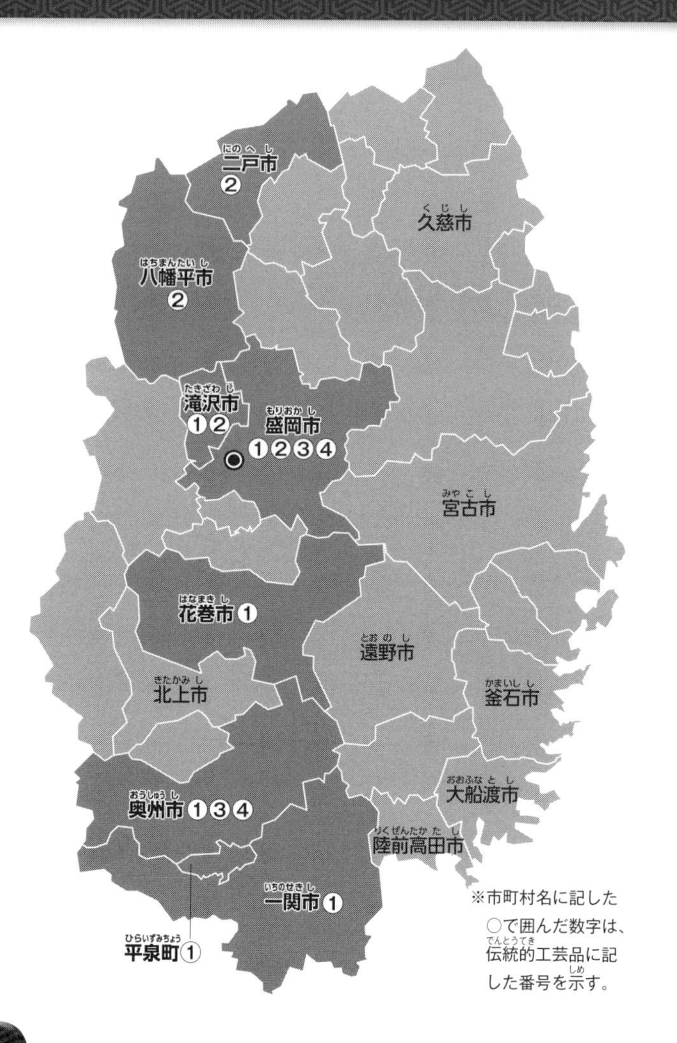

※市町村名に記した○で囲んだ数字は、伝統的工芸品に記した番号を示す。

浄法寺塗（漆器）

全国屈指の漆の産地で生産される歴史ある漆器

浄法寺塗の名は、中世に岩手県北部を支配していた浄法寺一族からついたもので、浄法寺町（現在の二戸市の南部）という地名にもなっています。はじまりは古く、8世紀前半の奈良時代です。この地に建てられた天台寺の僧が、自家用の器をつくりました。

江戸時代になると、いまの岩手県の北部などを領地としていた南部藩の重要な産物となり、産地を広げていきました。明治時代になると、藩の保護がなくなり、おとろえましたが、のちに復活をとげました。

写真提供：経済産業省 東北経済産業局

なお、かつての浄法寺町は、古くから良質な漆の産地として知られています。近年は、安価な中国産の漆の流入で、国産漆の生産量は減りました。しかし、いまでも数十万本の漆の木が旧浄法寺町にはあり、その樹液を採取する「漆かき職人」の技術が守られていることもあり、全国の生漆*の生産量の7割近くを、岩手県が占めます。

つくる人と使う人によって完成する漆器

浄法寺塗の多くは、飾りのつけられたものではなく、黒や朱、溜色（あずき色）の一色で塗られたものです。そのため、漆本来の美しさをもつ、あたたかみのある質感が特徴です。

また、日常的に使われることを前提につくられているので、使えば使うほど、つやが出るといわれています。そうしたこともあり、漆器をつくる職人の仕事は7割までで、残りの3割を使う人が担当することで、浄法寺塗は完成するといわれます。

＊生漆：採取した漆をろ過し、ごみなどを取り除いたもの。

岩谷堂箪笥（木工品・竹工品）

平安時代の奥州藤原氏の時代から

岩谷堂箪笥は、鉄釘を使わずにケヤキやキリなどの材料を組み立て、木目が映えるように漆を塗り、飾り金具を取りつけると完成します。

はじまりは平安時代後期の12世紀ともいわれ、平泉を拠点に東北地方を治めていた奥州藤原氏の時代にさかのぼります。ただし、その当時つくられていたのは、箪笥ではなく、衣服などの保存に用いられた長持（ふたのついた長方形の箱）だったと考えられています。

箪笥づくりのはじまりは、江戸時代中期の1780年代のことです。いまの奥州市北部にあった岩谷堂城の城主が、米づくりだけにたよるのではなく、新たな産業をつくろうと、箪笥の製作や塗装の研究を家臣に命じました。そして、1820年ごろには、手彫りの金具が考え出され、現在の岩谷堂箪笥の原型ができ上がりました。

独特の重厚さと品格を生む３つの工程

岩谷堂箪笥の特徴は、美しい漆塗りの木目や、飾り金具の豪華な彫刻です。木材を箪笥の本体や引き出しに加工する「木地加工」、漆を塗り重ねる「漆塗り」、飾り金具に模様を手打ちする「彫金」という３つの工程をへて、すべて手作業でつくります。

なかでも、つやを出し、長もちさせるためにおこなわれる漆塗りの工程により、時がたつにつれ、塗り重ねられた漆の透明感が増し、箪笥の本体に使われたケヤキの木目の美しさがひときわ目立つようになります。さらに、豪華な彫刻がほどこされた飾り金具とあいまって、岩谷堂箪笥の独特の重厚さ*と品格が生まれます。

＊重厚さ：重みがあって落ち着いているようす。

写真提供：経済産業省 東北経済産業局

南部鉄器（金工品）

2つの産地の技術交流から生まれた南部鉄器

南部鉄器は、鉄を素材にした器です。茶道の茶釜のほか、鉄瓶や急須などの日用品がつくられています。

江戸時代前期の17世紀の中ごろ、いまの盛岡市を中心とした地域を治めていた南部藩の藩主が、京都から茶釜職人を招いたのがはじまりです。その後、南部藩の保護のもと、鉄や粘土、漆など、鉄器づくりに必要な原材料が領内に豊富だったこともあり、発展していきました。

また、伊達藩（仙台藩）の領地だった水沢（現在の奥州市）でも、平安時代後期の奥州藤原氏の時代から日用品の鋳物づくりがさかんでした。明治時代になると、これら2つの産地は、技術交流を進めます。そして、昭和30年代（1955年からの10年間）には、いまの盛岡市と奥州市でつくられている鋳物は、あわせて南部鉄器とよばれるようになりました。

丈夫で落ち着いたデザインの南部鉄器

南部鉄器は、職人自身がデザインを決め、砂と粘土で鋳型という型をつくり、高温で加熱して溶かした鉄を鋳型に注ぎ、冷やして固まらせてつくります。丹念な手作業が、丈夫で長もちする、落ち着いたデザインの南部鉄器を生み出します。

南部鉄器のなかでも、代表的な製品として知られる南部鉄瓶は、江戸時代中期の18世紀に、茶釜を小ぶりにして、つると口をつけ、片手でも湯が注げるようにしたのがはじまりといわれます。「あられ」というつぶつぶの文様のデザインが特徴ですが、これは、高温で焼き上げる前の鋳型に、霞棒という真鍮の棒をおしつける「文様捺し」という工程によって生まれます。

写真提供：経済産業省 東北経済産業局

宮城県

経済産業大臣指定伝統的工芸品

番号	名称［分類］	おもな製品	おもな製造地
①	鳴子漆器［漆器］	盆、茶托、重箱、菓子器	大崎市
②	仙台箪笥［木工品・竹工品］	箪笥	仙台市、塩竈市、東松島市、富谷市、柴田町、涌谷町、利府町、亘理町、大衡村
③	雄勝硯［文具］	自然石硯、天然共蓋付き硯、特殊硯	仙台市、石巻市
④	宮城伝統こけし［人形・こけし］	こけし	仙台市、白石市、大崎市、蔵王町、七ヶ宿町、川崎町、松島町

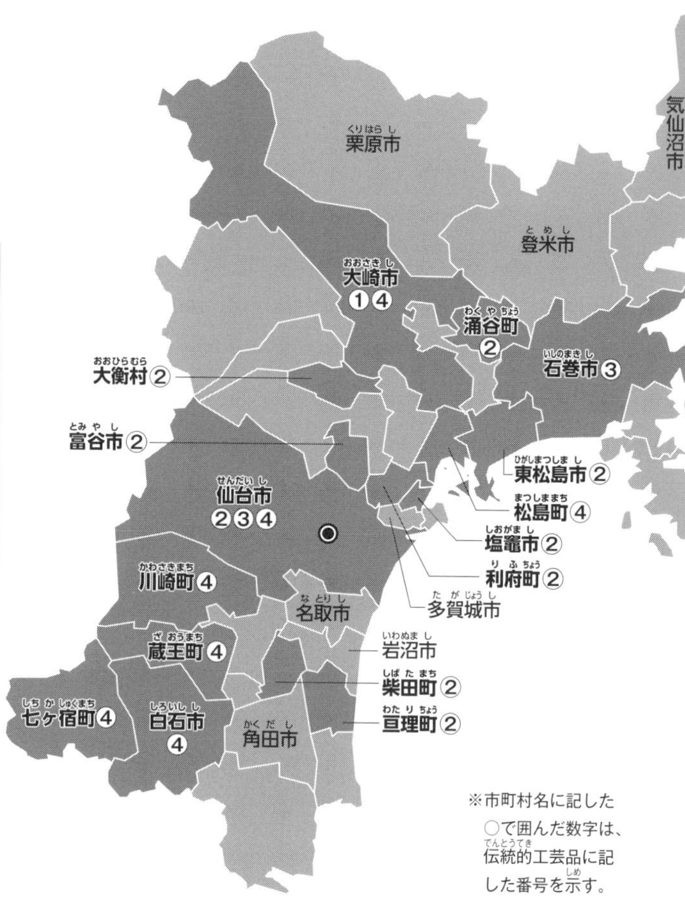

※市町村名に記した○で囲んだ数字は、伝統的工芸品に記した番号を示す。

鳴子漆器（漆器）

良質な木と漆にめぐまれた鳴子ならではの産業

はじまりは、江戸時代初期の17世紀の前半です。宮城県北西部の鳴子町（現在の大崎市の一部）を治めた岩出山城の城主が、漆器職人と蒔絵職人＊を京都に派遣し、修行させることで、漆器づくりをさかんにしようとしたとされています。

また、初代仙台藩主の伊達政宗が、平和な時代を迎えて戦に出る必要がなくなった足軽たちに、屋敷をあたえて漆器づくりを命じたのが、鳴子漆器のはじまりともいわれています。

どちらにせよ、江戸時代の書物には、塗物、箸、楊枝などが、温泉地としても栄えた鳴子の主要産物だったことや、漆の採取がおこなわれていたことが記されています。そのため、木地（→P16）になる良質な木が豊富だったこともあり、江戸時代には、漆器づくりが地域の産業になっていました。

＊蒔絵職人：蒔絵をおこなう職人。蒔絵は、漆で模様を描き、その上に金や銀の粉をまきつけ、絵模様をあらわしたもの。

伝統の技が生む日用生活品としての漆器

鳴子漆器には、さまざまな塗りの技法が用いられます。透明な漆を使って木地の木目を見せる「木地呂塗」、木地を顔料（着色料）で赤く着色して半透明な漆で仕上げる「紅溜塗」、木地に漆を何度もふいてしみこませて漆の色だけを表面に残して仕上げる「ふき漆仕上げ」などは、代表的な技法として知られます。また、独特な技法としては、墨を流したような模様をつくり出す「竜文塗」があり、しっとりとした美しさが特徴です。

鳴子漆器は、蒔絵によって装飾を加えることもありますが、素朴なぬくもりが感じられる日用生活品として、使いやすさと丈夫さが人気です。

写真提供：経済産業省 東北経済産業局

雄勝硯（文具）

大昔にできた石でつくられてきた歴史ある硯

雄勝硯は、石巻市の雄勝地区でとれる雄勝石を使って製造しています。はじまりは、約600年前の室町時代とされ、初代仙台藩主の伊達政宗も愛用したといわれています。そうしたこともあり、江戸時代には、仙台藩の保護を受け、さかんにつくられるようになりました。

雄勝石は、２億５千万年以上も前に、地中深くにしずんだ泥が積み重なり、かたくなってできた岩石で、薄い板状の岩が何層も重なってできている黒色硬質粘板岩です。

石の性質をいかしてつくる

硯の表面には、きわめて細かな鋒鋩があります。鋒鋩は、刃物の切っ先のことで、墨をするときには、だいこんおろしの歯のような役割をはたします。雄勝硯の鋒鋩は、荒さ、細さ、かたさ、やわらかさのバランスがちょうど良いとされています。つまり、雄勝硯の原石となる雄勝石には、この鋒鋩がバランスよく含まれているのです。

また、雄勝石には、ほど良いかたさがあり、長い年月がたっても変質しないという特徴があります。しかし、硯づくりで石を彫るには、強い力が必要です。そのため、職人は、鑿の柄を自分の肩にあて、体重をかけて石を削っていきます。

こうした職人の苦労もあって、つやのある、なめらかな雄勝硯ができ上がります。

写真提供：経済産業省 東北経済産業局

宮城伝統こけし（人形・こけし）

子どもの玩具から生まれた素朴で美しい工芸品

こけしは、いまから200年ほど前の江戸時代後期に、東北地方の温泉地で、みやげものとしてつくられはじめたといわれています。温泉地のある山間部は、木材が豊富で、それを加工してお椀などの木工品をつくる木地師が住んでいました。その木地師が、子どもの玩具として木の人形をつくりはじめ、やがてそれが、温泉地を訪れる人たちのみやげものになったと考えられているのです。

こけしは、乾燥させた木を材料に、ろくろ*を使って形をつくり、顔を描いた頭を、絵柄を描いた胴に入れこむと、完成します。きわめて簡単な構造でありながら、素朴さとともに美しさが伝わってきます。

産地によって作風がちがう５種類のこけし

宮城伝統こけしには、５つの代表的な作風があり、産地によって、頭のつけ方、顔や胴の絵柄などにちがいがあります。

下の写真のこけしは、左から、顔の表情が個性的な「肘折こけし」、胴が肩から下にかけて細くなっている「作並こけし」、どっしりとした安定感のある形状の「鳴子こけし」、頭が大きく胴が細めの「遠刈田こけし」、ろくろで描いた胴の模様が太い「弥治郎こけし」です。

＊ろくろ：おもに回転運動によって、円形のものをつくり上げる機械。

写真提供：経済産業省 東北経済産業局

秋田県

経済産業大臣指定伝統的工芸品

番号	名称［分類］	おもな製品	おもな製造地
①	川連漆器［漆器］	椀、鉢、皿、盆、重箱	湯沢市
②	樺細工［木工品・竹工品］	茶筒	仙北市
③	大館曲げわっぱ［木工品・竹工品］	櫃、水差し、盆、すし鉢、弁当箱、菓子器、小物入れ、コーヒーカップ、ビールジョッキ	大館市
④	秋田杉桶樽［木工品・竹工品］	櫃、菓子器、花器、酒樽、銚子樽、ジョッキ、すし桶、風呂桶、傘立	大館市、能代市、秋田市、横手市ほか

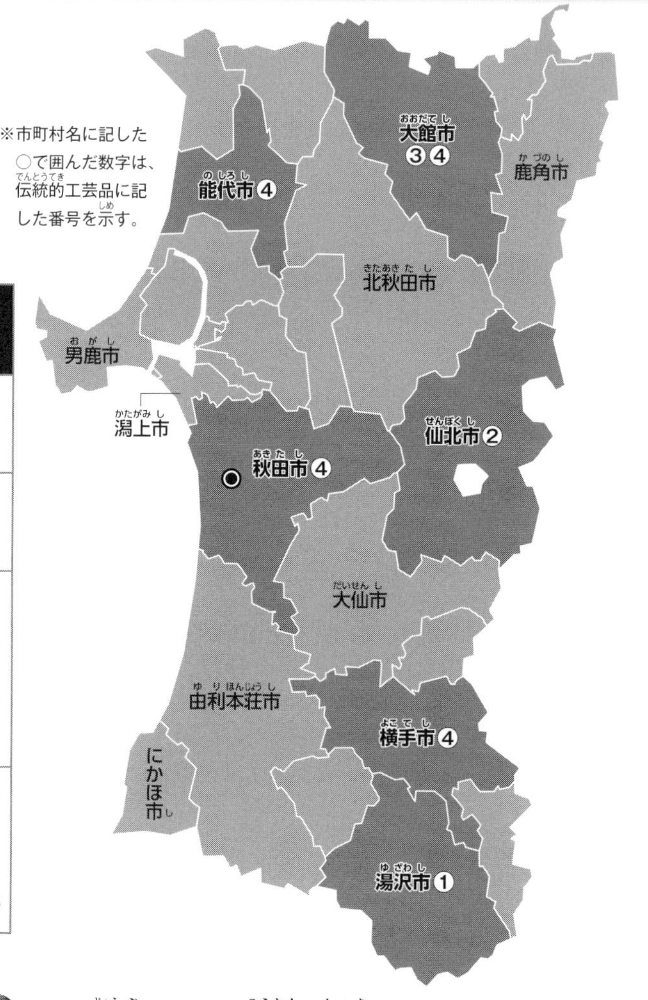

川連漆器（漆器）

武具への漆塗りから日用食器の漆器づくりへ

約800年前の鎌倉時代に、武具に漆を塗ったことがはじまりといわれています。しかし、本格的な漆器づくりがはじまったのは、江戸時代後期の19世紀のことで、日用食器として、お椀がつくられるようになりました。

川連漆器の川連は、秋田県南東部の湯沢市にある地名です。秋田、岩手、宮城の３県の県境にある栗駒山の麓にあたり、ブナ、ホオノキ、トチ、ケヤキなど、木地（→P16）になる良質な木が豊富で、漆の調達が容易だったこともあり、漆器づくりがさかんになりました。

写真提供：経済産業省 東北経済産業局

丈夫で美しい光沢の漆器をつくるために

川連漆器の特徴は、「孫の代まで使える」といわれるほど、丈夫なことです。それは、下地に重点を置いているからです。下地とは、柿渋*1や生漆（→P18）を木地に直接くり返し塗るなど、きれいに仕上げるための基礎をつくる工程のことです。この下地という工程により、木地に水分がしみこむのをおさえ、狂いのない、丈夫な漆器の基礎ができるのです。

ほかにも、花塗りという高度な技術で仕上げることも特徴です。漆器づくりでは、木地に漆を塗る「塗り」と、それを石などで磨いてつやを出す「研ぎ」をくり返しおこないますが、花塗りは、漆を塗ったら研がずに乾燥させ、なめらかな表面を出す高度な技術です。塗りムラが出ないように、刷毛目（刷毛で塗った跡）を見せずに、均等に漆を塗らなければなりません。そのことで、漆本来の美しい光沢*2が生まれるのです。

＊1 柿渋：渋柿の青い果実からしぼりとった液で、防水・防腐剤として使われる。
＊2 光沢：光の反射による、ものの輝きやつや。

樺細工（木工品・竹工品）

武士の副業から発達した独特な工芸品

樺細工は、樺ともよばれる山桜の木の皮を木地（木などで形づくった筒や箱など）にはったものや、樺を何層もはり重ねたものに彫刻をほどこし、磨いて仕上げたものです。国内には、山桜の木の皮でつくる工芸品は、ほかにありません。

江戸時代中期の18世紀後半に、下級武士の副業としてはじまり、現在の仙北市を治めた秋田藩の手厚い保護を受け、広まっていきました。明治時代になって藩がなくなると、禄（給与）をもらえなくなった武士が、収入を得るために本格的に取り組んだことで、今日の樺細工の原型を築きました。

山桜の木の皮の特徴をいかしてつくる

山桜の木の皮は、見え方により、あめ皮、ちりめん皮、ひび皮など、12種類ほどに分けられます。これらの皮は、用途に応じて使い分けられます。そのため、完成した樺細工には、同一のものはありません。

樺細工は、茶筒などの「型もの」、箱の形につくる「木地もの」、ブローチなどの「たたみもの」の3つに分類されます。いずれも、山桜の木の皮ならではの渋い光沢（→左ページ）と純朴な美しさが特徴です。

写真提供：経済産業省 東北経済産業局

大館曲げわっぱ（木工品・竹工品）

秋田スギの特性をいかしてつくる

大館市でつくられている曲げ物で、17世紀後半の江戸時代前期に、領内の豊富な森林資源を利用し、武士の副業としてはじまりました。天然杉の薄い板を円筒形に曲げ、山桜の皮でとじ合わせ、それに底板をつけて、弁当箱などをつくります。

天然杉のなかでも、日本三大美林（→P16）のひとつとして知られる秋田スギ[*1]は、年輪の幅がほぼ同じ間隔になっているので、年輪に対して直角に切ると、木目がまっすぐに並びます。このような木目は柾目とよばれ、大館曲げわっぱを、優しく上品につくり上げます。

また、秋田スギには、「軽くて余分な水分を吸収する」「香りが良い」「抗菌効果がある」といった特性があります。そのため、ご飯を入れる弁当箱やお櫃をつくるのには最適です。

木の性質を知る職人の勘でつくり上げる

大館曲げわっぱの製作は、製品の各部分の寸法にあわせて部材を切り出す「部材取り」から、曲げ加工をして重ね合わせた部分（つなぎ目）を山桜の木の皮（樺）でとじる「樺とじ」まで、すべて職人の手作業による分業制でおこなわれます。

しかし、曲げやすくするための部材の煮沸[*2]とともに、曲げた状態を定着させたり、曲げた板や底板を接着させたりするための乾燥に、多くの時間を要します。そうしたこともあり、大館曲げわっぱの完成には1か月ほどかかりますが、煮沸にも乾燥にも、木の性質を知る職人の勘がいかされます。

＊1 秋田スギ：資源保護の目的で、天然の秋田スギの伐採が禁止されているため、いまでは、近くの県の天然杉も使われている。
＊2 煮沸：煮立てること。

写真提供：経済産業省 東北経済産業局

山形県

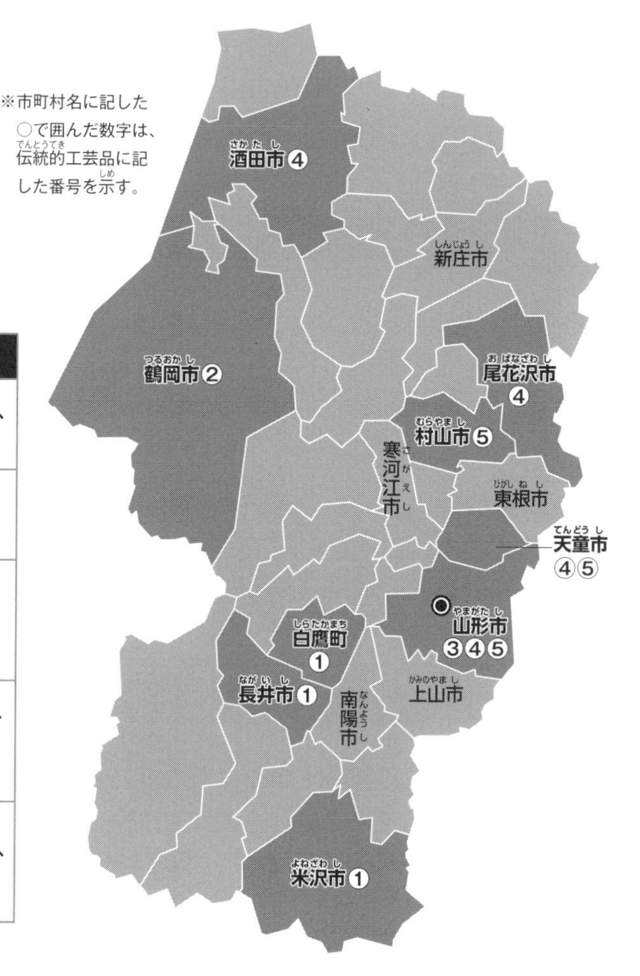

経済産業大臣指定伝統的工芸品

番号	名称［分類］	おもな製品	おもな製造地
①	置賜紬［織物］	着物地、袴、帯、袋物	米沢市、長井市、白鷹町
②	羽越しな布［織物］	帯、小物	鶴岡市
③	山形鋳物［金工品］	茶釜、鉄瓶、青銅花瓶、鉄鍋、置物、銅器	山形市
④	山形仏壇［仏壇・仏具］	仏壇	山形市、天童市、尾花沢市、酒田市
⑤	天童将棋駒［その他の工芸品］	将棋駒	天童市、山形市、村山市

置賜紬（織物）

江戸時代の藩政改革をきっかけに発展

山形県では、日本海沿岸部は庄内地方とよばれ、内陸部は北から、最上地方（新庄市など）、村山地方（山形市など）、置賜地方（米沢市など）とよばれます。置賜紬は、県南部の置賜地方でつくられている紬です。

紬とは、紬糸で織った平織りの絹織物のことです。紬糸は、屑繭（よごれたり変形した繭）または真綿から紡いだ絹糸で、平織りは、たてよこの糸を１本ずつ交差させていく織り方です。

はじまりは８世紀のはじめとされていますが、江戸時代初期の17世紀に、この地を治めていた米沢藩の保護により、さかんになりました。江戸時代後期には、藩主の上杉治憲（鷹山）が、倹約に努め、生産を増やして産業をさかんにする藩政改革をおこなったこともあり、置賜紬は発展していきました。

３つの地区でつくられる６種類の置賜紬

置賜紬は、素朴であたたかみが感じられるのが特徴です。米沢市、長井市、白鷹町の３つの地区でつくられ、全部で６種類に分かれます。

米沢市では、植物性の染料で糸を染めて織る「草木染紬」や「紅花染紬」が中心です。紅花は、アザミに似た黄色い花が咲き、花びらが紅色の染料になります。

長井市には、よこ糸だけを染めた「緯総絣」、たて糸もよこ糸も染めた「併用絣」があります。絣とは、かすれたような模様のある織物のことです。

白鷹町にあるのは、「米琉板締絣」と「白鷹板締絣」です。板締とは、糸や折りたたんだ布を、板で強くはさんでから染める方法です。

写真提供：経済産業省 東北経済産業局

山形鋳物（金工品）

900年以上の歴史をもつ鋳物

はじまりは古く、平安時代の中ごろの11世紀といわれています。東北地方でおきた反乱をしずめるために源頼義*が出兵したときに、武具づくりで同行していた鋳物師が、現在の山形市の砂や土が鋳物づくりに適していることを発見し、そのままとどまり、つくりはじめたというのです。

いまから400年ほど前には、山形藩の初代藩主となった最上義光が、鋳物師を集めて現在の工業団地にあたる町を形成することで、鋳物の産地としての基礎を築きました。そして、それらの鋳物師が、京都などの進んだ技術を取り入れることで、山形鋳物は発展していきました。

伝統的な技法が生む細やかな肌と正確な形

茶道で使う茶釜の多くは、山形鋳物でつくられています。

釜づくりでは、職人がデザインを決め、金属を流しこむ入れ物となる外型を、地元の砂と粘土でつくります。外型の内部には、釜の外側にあらわれる文様をデザインした和紙をはりつけ、文様を写します。そして、釜の内部に空間をつくるための中子という型を外型の内部に入れ、溶かした鉄を注ぎこみます。鉄が冷めたら、型を開いて釜を取り出し、さびを防ぐための素焼きとともに、漆などによる着色をおこない、仕上げます。

こうした伝統的な技法でつくり上げられる釜をはじめとした製品は、薄くて細やかな肌（表面）と正確な形が、高く評価されています。

なお、山形鋳物には、鉄製のほかに、銅合金（ブロンズ）のものもあります。

＊源頼義：安倍氏によって東北地方でおきた反乱をしずめ、東国での源氏の勢力を強めた武将。

写真提供：経済産業省 東北経済産業局

天童将棋駒（その他の工芸品）

江戸時代の藩の家老の決断で将棋駒の産地に

江戸時代末期の19世紀の中ごろに、武士の内職としてはじまりました。当時、現在の天童市がある地域を治めていた織田家の家老は、「将棋は兵法戦術を学ぶのに役立つので、駒をつくることは武士の面目を傷つけることはない」という考えで将棋駒づくりをすすめ、武士の苦しいくらしを改善しました。

いまでは、全国の９割以上の将棋駒は、天童市でつくられています。そうしたこともあり、市内のいたるところに、将棋駒をかたどった飾りが見られ、春の天童桜まつりでおこなわれる人間将棋は、全国的に知られています。

専門の職人の分業でつくる天童将棋駒

天童将棋駒は、ホウノキ、ハクウンボク、イタヤカエデ、マユミ、ツゲなどを木地とし、天然の漆を用いて文字を書いてつくります。木地をつくる「木地師」、駒を彫る「彫師」、文字を書く「書き師」、漆を塗り重ねて文字を盛り上げる「盛上師」という専門の職人が、分業でつくります。

なお、将棋駒には、表面に直接文字を書きこんだ「書駒」、文字を彫ったところに漆を埋めこんだ「彫埋駒」、漆を塗り重ねて文字を盛り上げた「盛上駒」の３種類があります。なかでも盛上駒は、高度な技術を必要とする高級品で、将棋のプロの名人戦などで使われます。

写真提供：経済産業省 東北経済産業局

福島県

経済産業大臣指定伝統的工芸品

番号	名称［分類］	おもな製品	おもな製造地
①	奥会津昭和からむし織［織物］	衣料、小物、装飾品など	昭和村
②	大堀相馬焼［陶磁器］	茶器、酒器、花器、灰皿	浪江町
③	会津本郷焼［陶磁器］	食卓用品、茶器、花器、酒器	会津美里町
④	会津塗［漆器］	椀、重箱、茶托、盆	会津若松市、喜多方市、南会津町、西会津町、会津美里町、北塩原村
⑤	奥会津編み組細工［木工品・竹工品］	手さげかご、抱えかご、肩かけかご、腰かご、菓子器、米研ぎざる、小豆漉しざる、そばざる	三島町

会津塗（漆器）

江戸時代より前から産業として成立

はじまりは室町時代ともいわれていますが、16世紀末の安土桃山時代に、近江国（いまの滋賀県）から現在の福島県西部の会津地方に移ってきた蒲生氏郷という武将が、産業としての基礎を築きました。氏郷は、近江国から漆器職人をよび寄せ、漆器づくりの技術を広めたのです。

江戸時代になっても、会津藩の歴代藩主が保護し、会津地方の気温や湿度が漆をあつかうのに適していたこともあり、会津塗は発展していきます。そして、京都から蒔絵*1の技術を取り入れ、美術品としても、価値を高めていきました。

写真提供：経済産業省 東北経済産業局

美しい装飾がほどこされた美術品としても

会津塗の製作では、木地（→P16）に漆を塗る「塗り」と、石などで磨いてつやを出す「研ぎ」をくり返し、最後に加飾をおこないます。加飾とは、さまざまな工芸技法を用いて、器の表面に装飾を加えることです。会津塗の特徴は、蒔絵や沈金*2などによる多彩な加飾です。

また、塗りの技法にも特徴があります。錆絵*3を使った渋みのある「鉄錆塗」、米のもみ殻をまいて模様を出す「金虫くい塗」、木目の美しい「木地呂塗」など、さまざまな技法があります。

そうしたこともあり、いまでも美術品としての価値が認められ、海外に輸出されています。

*1 蒔絵：漆で模様を描き、その上に金や銀の粉をまきつけ、絵模様をあらわしたもの。
*2 沈金：漆を塗った面に模様を描き、その上に金粉や金箔をはめる装飾の技法。
*3 錆絵：錆漆で、絵や模様を描く技法。錆漆は、水で練った砥粉（砥石を切り出すときに出る粉末）に、生漆（→P18）を混ぜたもの。

大堀相馬焼（陶磁器）

相馬藩の特産物として発展

福島県東部の太平洋側に南北に広がる阿武隈高地を背にした大堀（現在の浪江町の中南部）で、江戸時代前期の17世紀末にはじまった焼き物です。農民のあいだで技術が広まりましたが、この地を治めていた相馬藩の保護もあり、発展していきました。

相馬藩が保護したのは、藩の特産物にするためでした。そして、焼き物にたずさわる者が領地から出ることを禁じ、技術の流出を防いだり、できた焼き物を藩が買い入れ、一手に販売したりしたのです。

そうしたこともあり、江戸時代末期の大堀は、100以上の窯元がならぶ、東北地方最大の焼き物の産地となりました。

親しみのこもった優しさを感じる焼き物

大堀相馬焼の特徴は、ひび割れが器全体に広がって地模様となる「青ひび」と、ひとまわり大きさのちがう器を重ねて焼く「二重焼」です。青ひびにより、素朴な味わいが生まれます。二重焼により、器の中のお湯が冷めにくく、熱いお湯を入れても、しっかりと手でもつことができます。

ほかにも、大堀相馬焼の象徴とされる「走り駒」といわれる馬の絵が描かれていることも特徴です。力強く美しく走る馬の姿は、相馬野馬追を連想させます。相馬野馬追とは、甲冑姿の騎馬武者が馬を走らせ競い合う、相馬地方の伝統行事です。

これら3つの特徴が、大堀相馬焼を、親しみのこもった優しさを感じる焼き物にしています。

写真提供：経済産業省 東北経済産業局

奥会津編み組細工（木工品・竹工品）

はじまりは縄文時代

会津地方のなかでも、福島県西部の新潟県との県境に連なる越後山脈に源を発する只見川の上流域は、奥会津とよばれています。その奥会津では、山でとれる植物を使い、ざるや籠などの生活用具が、雪深い冬に、手作業でつくられてきました。そして、親から子へ、子から孫へと受けつがれ、素朴で丈夫な工芸品へと発展しました。

はじまりは古く、縄文時代と考えられています。奥会津編み組細工がつくられている三島町の荒屋敷遺跡からは、縄や籠の編み組などの断片が発掘されていて、素材の植物を手編みしていく編み組の技術や技法が、縄文時代から存在していたことが明らかになっているからです。

自然の素材を用いた3つの奥会津編み組細工

奥会津編み組細工は、使用する素材によって、ヒロロ細工、ヤマブドウ細工、マタタビ細工の3つに分類され、すべて手作業でつくられます。

ヒロロ細工は、山間部の湿地に自生し、繊維が強く、軽くてやわらかい性質をもつヒロロを使います。手提げ籠などの製品は、編み目が細かく、レース編みのように仕上がるので、素朴さと細やかさが感じられます。

ヤマブドウ細工は、ヤマブドウの皮を使います。冬の厳しい自然条件のなかで、雪にうもれて育った皮には、しなやかで強いという性質があります。

マタタビ細工は、マタタビの蔓を使います。水切れがよく、水分を含むと手ざわりがしなやかになるので、ざるなどの炊事用具がつくられています。

写真提供：経済産業省 東北経済産業局

地域団体商標に登録されている伝統工芸品（北海道・東北地方と関東・甲信越地方）

地域団体商標とは、地域名と地域特産の商品名とを組み合わせた商標＊1のことで、地域ブランド＊2ともよばれます。2006（平成18）年、地域ブランドの保護による地域の活性化の支援を目的に、経済産業省がはじめました。ここでは、北海道・東北地方と関東・甲信越地方の地域団体商標のなかから、伝統工芸品と関係のある産品を紹介します。

＊1 地域団体商標：生産者や販売者が、自分の製品であることを示すために、商品につける文字や記号、図形などのこと。
＊2 ブランド：銘柄のこと。

都道府県	商標名	産品名
岩手県	南部鉄器	工芸品・かばん・器・雑貨
宮城県	雄勝硯	工芸品・かばん・器・雑貨
秋田県	川連漆器	工芸品・かばん・器・雑貨
	大館曲げわっぱ	工芸品・かばん・器・雑貨
山形県	米沢織	織物・被服・布製品・履物
	山形佛壇	仏壇・仏具・葬祭用具・家具
	置賜紬	織物・被服・布製品・履物
福島県	大堀相馬焼	焼物・瓦
		工芸品・かばん・器・雑貨
茨城県	本場結城紬	織物・被服・布製品・履物
	笠間焼	焼物・瓦
		工芸品・かばん・器・雑貨
栃木県	本場結城紬	織物・被服・布製品・履物
	益子焼	焼物・瓦
		工芸品・かばん・器・雑貨
	真岡木綿	織物・被服・布製品・履物
群馬県	高崎だるま	おもちゃ・人形
	桐生織	織物・被服・布製品・履物
埼玉県	江戸木目込人形	おもちゃ・人形
	岩槻人形	おもちゃ・人形
	武州正藍染	織物・被服・布製品・履物
東京都	江戸押絵羽子板	おもちゃ・人形
	江戸衣裳着人形	おもちゃ・人形
	江戸木目込人形	おもちゃ・人形
	江戸木版画	工芸品・かばん・器・雑貨
	江戸甲冑	おもちゃ・人形

都道府県	商標名	産品名
東京都	江戸指物	仏壇・仏具・葬祭用具・家具
	江戸切子	工芸品・かばん・器・雑貨
	江戸からかみ	工芸品・かばん・器・雑貨
	東京銀器	貴金属製品・刃物・工具
		仏壇・仏具・葬祭用具・家具
	東京染小紋	織物・被服・布製品・履物
	江戸更紗	織物・被服・布製品・履物
	東京無地染	織物・被服・布製品・履物
	江戸小紋	織物・被服・布製品・履物
	東京手描友禅	織物・被服・布製品・履物
神奈川県	鎌倉彫	工芸品・かばん・器・雑貨
山梨県	甲州手彫印章	工芸品・かばん・器・雑貨
	甲州水晶貴石細工	工芸品・かばん・器・雑貨
長野県	信州鎌	貴金属製品・刃物・工具
	飯山仏壇	仏壇・仏具・葬祭用具・家具
	木曽漆器	工芸品・かばん・器・雑貨
		仏壇・仏具・葬祭用具・家具
	上田紬	織物・被服・布製品・履物
新潟県	小千谷縮	織物・被服・布製品・履物
	小千谷紬	織物・被服・布製品・履物
	安田瓦	焼物・瓦
	越後上布	織物・被服・布製品・履物
	加茂桐箪笥	仏壇・仏具・葬祭用具・家具
	村上木彫堆朱	工芸品・かばん・器・雑貨
	亀田縞	織物・被服・布製品・履物
	五泉ニット	織物・被服・布製品・履物

※2018（平成30）年1月31日までに登録されているもの。
※経済産業省「地域団体商標ガイドブック2018」を参考にしたので、工業製品も含まれる。

関東・甲信越地方
日本海
太平洋
粟島
佐渡島
金北山
1172
両津湾
姫崎
真野湾
沢崎鼻
荒川
阿賀野川
信濃川
新潟
越後平野
朝日山地
飯豊山
2105
大日岳
2128
弥彦山
634
新潟県
守門岳
1537
越後山脈
御神楽岳
1386
米山
993
高田平野
東頸城丘陵
魚沼丘陵
八海山
1778
駒ヶ岳2003
中ノ岳2085
姫川
関川
妙高山
2454
巻機山
1967
平ヶ岳2141
帝釈山2060
荒海山1581
那須岳1915
八溝山
1022
朝日岳
2418
雨飾山
1963
焼山
白馬岳2932
戸隠山
1904
黒姫山2053
飯縄山1917
斑尾山1382
苗場山
2145
谷川岳1978
仙ノ倉山
2026
武尊山
2158
至仏山2228
白根山
2578
女峰山2483
男体山2486
中禅寺湖
高原山1795
花園山
798
那珂川
岩菅山2295
本白根山2171
皇海山
2144
長野
犀川
長野盆地
千曲川
四阿山2354
吾妻川
利根川
赤城山
1828
宇都宮
鬼怒川
栃木県
茨城県
久慈川
三俣蓮華岳
2841
燕岳
2763
槍ヶ岳3180
穂高岳3190
常念岳
2857
焼岳
2455
乗鞍岳3026
松本盆地
長野県
梓川
上田盆地
浅間山
2568
榛名山1449
前橋
鼻曲山1655
群馬県
妙義山1104
荒船山1423
佐久平野
関東山地
加波山709
筑波山877
水戸
那珂川
霧ヶ峰
1925
蓼科山
2530
熊谷
関東平野
八ヶ岳(赤岳)
2899
諏訪湖
御嶽山
3067
三国山1828
武甲山1304
埼玉県
霞ヶ浦
北浦
鹿島灘
利根川
木曽谷
木曽山脈
伊那盆地
駒ヶ岳2956
空木岳2864
奥三界岳
1810
木曽川
天竜川
恵那山
2191
茶臼山1415
甲武信ヶ岳2475
金峰山2599
秩父山地
天目山1576
鷹ノ巣山1737
駒ヶ岳
2967
仙丈ヶ岳
3033
茅ヶ岳
1704
釜無川
笛吹川
雲取山
2017
御岳山929
さいたま
狭山丘陵
江戸川
犬吠埼
銚子
下総台地
北岳3193
間ノ岳
3189
塩見岳
3047
赤石岳3120
聖岳3013
光岳2591
赤石山脈
甲府
甲府盆地
大菩薩嶺
2057
三頭山1531
陣馬山855
山梨県
桂川
精進湖
西湖
河口湖
本栖湖
山中湖
富士川
七面山
1989
身延山
1153
富士山3776
東京都
武蔵野台地
多摩丘陵
荒川
隅田川
東京
(新宿区)
高尾山599
大室山1588
丹沢山
1567
丹沢山地
相模原
相模川
横浜
鶴見川
多摩川
千葉
千葉県
九十九里浜
房総半島
房総丘陵
東京湾
神奈川県
箱根山1438
芦ノ湖
相模湾
三浦半島
小笠原諸島
東京都
父島
母島
太平洋
八丈島
大島
伊豆諸島
新島
神津島
三宅島

茨城県

経済産業大臣指定伝統的工芸品

番号	名称［分類］	おもな製品	おもな製造地
①	結城紬［織物］	着物地、帯	結城市、下妻市、筑西市、八千代町
②	笠間焼［陶磁器］	洋食器、和食器、花器、置物	笠間市、水戸市、石岡市、常陸太田市、ひたちなか市、筑西市ほか
③	真壁石燈籠［石工品］	庭園用石燈籠、神社仏閣奉納用石燈籠	桜川市

※結城紬は、栃木県でもつくられているため、P32を参照してください。

※市町村名に記した○で囲んだ数字は、伝統的工芸品に記した番号を示す。

北茨城市
大子町
高萩市
常陸太田市②
日立市
常陸大宮市
城里町
那珂市
水戸市②
ひたちなか市②
八千代町①
笠間市②
桜川市③
結城市①
筑西市①②
石岡市②
大洗町
小美玉市
下妻市①
古河市
鉾田市
坂東市
常総市
つくば市
土浦市
かすみがうら市
行方市
つくばみらい市
牛久市
鹿嶋市
守谷市
取手市
龍ケ崎市
稲敷市
潮来市
神栖市

笠間焼（陶磁器）

地元でとれる粘土の性質をいかして

江戸時代中期の18世紀後半に、信楽焼（滋賀県／→P79）の焼き物師の指導をもとにつくられたのがはじまりといわれています。その後、現在の茨城県中部の笠間市に置かれた笠間藩の保護を受け、発展しました。

笠間焼は、鉄分が多く含まれる「笠間粘土」という粘土が原料なので、そのまま焼くと、赤黒い陶器*1になります。そこで、絵をつけたり、さまざまな色の釉薬*2をかけたりすることで、いろいろな表情の製品を生み出しています。

また、笠間粘土には、陶器の形をつくると、その形が完成するまで保たれるという性質があるので、笠間焼では、ろくろ（→P21）を使って形をつくる技術が発達しました。

なお、かつての笠間焼は、すり鉢などの台所用品の製造が中心でした。しかし、いまでは、食器や花瓶、置物など、笠間粘土の性質をいかして、あたたかみのある味わい深い製品をつくっています。

笠間焼の伝統を受けつぎ魅力を発信する

笠間焼は、関東地方でもっとも古い歴史と伝統のある焼き物です。栃木県の益子焼（→P33）など、まわりの地域の焼き物のはじまりに、影響をあたえました。いまでは、200以上の窯元があり、自由でおおらかな感性をもった陶芸家たちが活躍しています。

そうしたこともあり、中心となる笠間市では、毎年５月の連休に「陶炎祭」をおこない、陶芸家たちの自信作を販売することで、笠間焼の魅力を多くの人に伝えています。

＊1 陶器：陶土という粘土を材料とした焼き物で、茶色っぽいものが多く、たたくと濁った音がする。

＊2 釉薬：粘土を成形してから素焼きした器の表面にかける溶液。高温で焼くと溶け出し、器の表面にガラス状の膜をつくるので、防水効果が生まれ、つやが出る。

真壁石燈籠（石工品）

石の産地ならではの工芸品

茨城県西部の真壁町（現在の桜川市の南部）は、真壁石とよばれる質の良い花崗岩がとれるところです。花崗岩は、広く石材として利用されている岩石なので、真壁町では、古くから石を生活用具として加工し、利用してきました。石材業がはじまったのは、約500年前の室町時代といわれ、石燈籠がつくられるようになったのは、江戸時代中期の18世紀前半といわれています。

燈籠は、屋外に置かれる日本古来の照明用具です。竹、木、石、金属などの枠に紙や布をはり、内部に火をともします。石でできている石燈籠は、神社や庭園などに置かれています。

丈夫で美しい石燈籠をつくるには

石燈籠は、最上部の「宝珠」、火をともす部分の「火袋」、火袋の屋根になる「笠」、火袋をのせる台となる「受」、石燈籠全体の重量を支える支柱となる「竿」、基礎の部分にあたる「地輪」の6つの部分で構成されています。それぞれの部分をつくり上げ、ほぞ組みで積み上げると、丈夫でどっしりとした石燈籠が完成します。ほぞ組みとは、でっぱり（ほぞ）をつくった片方の部材に、穴（ほぞ穴）をつくったもう片方の部材を接合し、2つの部材を組む方法です。

真壁石燈籠は、美しく細かな彫刻がほどこされ、白い輝きが見られるのが特徴ですが、苔がつくことで、その特徴が一段と際立つともいわれています。

もっと知ろう　茨城県伝統工芸品

茨城県は、郷土の風土や生活の営みのなかで受けつがれてきた工芸品を、「茨城県伝統工芸品」に指定しています。国の伝統的工芸品も含まれますが、ここでは、指定されている41品目とその製造地を紹介します。

品目	工芸品名	おもな製造地
陶器	笠間焼	笠間市
	つくばね焼	つくば市
	五浦天心焼	北茨城市
木工品	粟野春慶塗	城里町
	八溝塗	大子町
	結城地方の桐下駄	筑西市、常総市
	結城桐箪笥	結城市
	水戸やなかの桶	水戸市
	とよさとの桶・樽	つくば市
	涸沼竿	水戸市
	石岡府中杉細工	石岡市
竹工品	茨城籐工芸	下妻市、神栖市
	竹矢	石岡市
	雪村うちわ	常陸太田市
	古河竹工画	古河市

品目	工芸品名	おもな製造地
和紙・文具等	西ノ内和紙	常陸大宮市
	かな料紙	常陸太田市
	国寿石大子硯	大子町
織物	本場結城紬	結城市
	いしげ結城紬	常総市
染物	水海道染色村きぬの染	常総市
祭礼用具等	常陸獅子	石岡市
	水府提灯	水戸市
	桂雛	城里町
	万祝・大漁旗	ひたちなか市、大洗町
	手描き鯉のぼり	北茨城市

品目	工芸品名	おもな製造地
諸工芸品	線香	石岡市
	浮世絵手摺木版画	常総市
	真壁石燈籠	桜川市
	べっ甲細工	桜川市
	梵鐘	桜川市
	米粒人形	水戸市
	大穂のほうき	つくば市
	武道具	水戸市
	カガミクリスタル	龍ケ崎市
	淡水真珠	牛久市
	あやめ笠	潮来市
	繁昌笠	行方市
	結城まゆ工芸	結城市
	那珂湊だるま	ひたちなか市
	霞ケ浦帆引き船模型	かすみがうら市

栃木県

※市町村名に記した○で囲んだ数字は、伝統的工芸品に記した番号を示す。

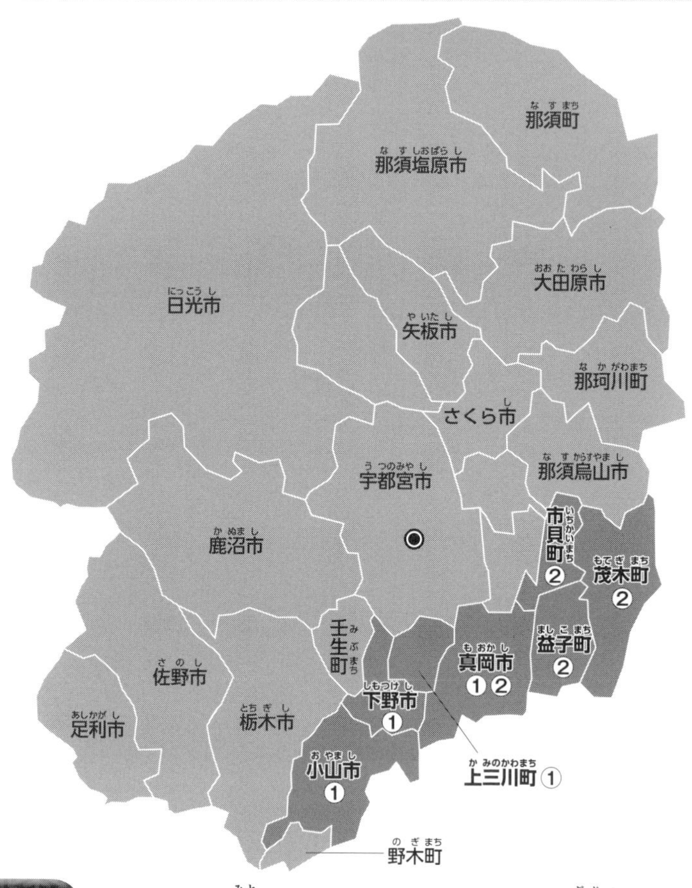

経済産業大臣指定伝統的工芸品

番号	名称［分類］	おもな製品	おもな製造地
①	結城紬［織物］	着物地、帯	小山市、下野市、真岡市、上三川町
②	益子焼［陶磁器］	食器、花器類	真岡市、益子町、市貝町、茂木町

結城紬（織物）

古くからつづく絹織物の技術を改良して発展

結城紬の結城は、茨城県西部にある市の名で、中世にこの地を治めた結城氏という豪族の名でもあります。結城紬は、その結城市とともに、となりの栃木県南部の小山市を中心に、両県のいくつかの市や町でつくられている絹織物です。

はじまりは古く、奈良時代には、朝廷に織物をおさめたという記録があります。鎌倉時代になると、結城氏の保護と育成でさかんになり、江戸時代には、信州（現在の長野県）や京都から高度な技術を取り入れ、発展していきました。

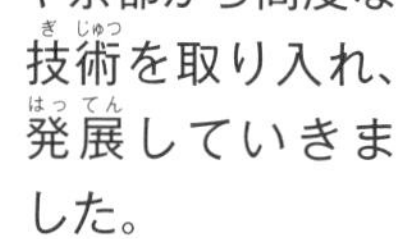

その後も、技術の改良がおこなわれ、いまでは、しわになりにくい丈夫な絹織物として、紬の最高級品とされています。

世界に認められた手作業による高い技術

結城紬は、糸を紡ぐ職人、紡いだ糸を染める職人、染めた糸を織る職人などによる分業で完成します。30以上の工程は、すべて手作業で、高い技術が受けつがれています。

なかでも、つくしという道具に繭からつくった真綿を巻きつけて糸を紡ぐ「糸紡ぎ」、絣の模様をつけるために何本かの糸をまとめて綿糸で括る「絣括り*1」、地機という日本でもっとも古い型の織り機で糸を織る「地機での機織り」の3つの工程は、結城紬の伝統的な技術として、国の重要無形文化財*2に指定されています。

また、こうした伝統工芸技術が世界的にも評価され、2010（平成22）年には、ユネスコの無形文化遺産*3に登録されました。

＊1 絣括り：絣とは、かすれたような模様のある織物のことで、絣くくりは、染めたときに絣の柄となる部分に染料がしみこまないようにするためにおこなう。

＊2 重要無形文化財：無形文化財のなかでも、とくに重要なもの。無形文化財とは、芸能や工芸などの作品を生み出す技術そのもので、歴史上または芸術上の価値が高いもの。

＊3 ユネスコの無形文化遺産：ユネスコ（国連教育科学文化機関）が、世界各地の重要な無形文化遺産（芸能や祭り、社会的な慣習や儀式、伝統工芸技術など）を人類の文化遺産として認定し、その保護に対して援助をおこなう制度。

益子焼（陶磁器）

日用品から美術品まで

益子焼のはじまりは、江戸時代末期の19世紀の中ごろです。笠間焼（→P30）の焼き物師が、陶器（→P30）をつくるのに適した良質な粘土を発見し、現在の栃木県南東部の益子町に窯を築きました。そして、この地を治めた黒羽藩の保護のもと、土瓶や皿鉢などの日用品の製造をおこないました。

明治時代になると、藩がなくなり民営化されましたが、大消費地の東京に近いという立地条件にもめぐまれ、発展していきました。

その後、1924（大正13）年には、陶芸家の濱田庄司が益子町に住み、陶器づくりをはじめます。すると、それまで日用品や台所用品の製造が中心だった益子焼は、花瓶、茶器、食器、火鉢など、一般民衆の生活のなかから生まれた民衆的工芸品（民芸品）もつくるようになりました。

いまでは、日用品から芸術品まで、さまざまなものがつくられ、春と秋におこなわれる「益子陶器市」には、たくさんの人が訪れています。

独特の色や模様を生む工程や技法

益子焼は、粘土を器の形にして、焼き上げることで完成します。釉薬（→P30）という溶液をかけてから器を焼いてつやを出す「施釉」や、筆や絵具などで器に絵を描いて焼き上げる「絵付け」などの工程で、独特の色や模様が生まれ、芸術的な価値が高まります。

また、器の形にした粘土を乾燥させ、刷毛で白い泥を塗って白い模様をつける「刷毛目」という伝統的な技法もあり、味わい深いさまざまな製品や作品がつくり出されています。

もっと知ろう 栃木県伝統工芸品

栃木県では、県の風土と県民の生活のなかで育まれ、受けつがれてきた工芸品を、「栃木県伝統工芸品」に指定しています。国の伝統的工芸品も含まれますが、ここでは、指定されている57品目とその製造地を紹介します。

種別	品目名	おもな製造地
陶磁器	益子焼	益子町
	小砂焼	那珂川町
	みかも焼	栃木市
木工品	曲物	宇都宮市
	宇都宮の挽物	宇都宮市
	今市の挽物	日光市
	指物	日光市、宇都宮市
	下野水車	鹿沼市
	鹿沼組子	鹿沼市
	日光下駄	日光市
	郷土玩具日光茶道具	日光市
	日光彫	日光市
	家紋帳箪笥・ダルマ戸棚	小山市
	栃木の樽	栃木市
	栃木の桐下駄	栃木市
	鹿沼総桐箪笥	鹿沼市
竹工品	竹工芸	大田原市
	那須の篠工芸	那須町
	市貝の箕	市貝町

種別	品目名	おもな製造地
金工品	天明鋳物	佐野市
	黒磯の打刃物	那須塩原市
	茂木の打刃物	茂木町
祭礼用具	和太鼓	宇都宮市、壬生町
	石橋江戸神輿・神仏具	下野市
	新波の提灯	栃木市
織物	結城紬	小山市
	行庵手織（草木染）	足利市
	解し織	足利市
	真岡木綿	真岡市
染織物	草木染	足利市
	益子草木染	益子町
	黒羽藍染	大田原市
	宮染め	宇都宮市
諸工芸	ふくべ細工	宇都宮市
	大谷石細工	宇都宮市
	芦野石細工	那須町
	黄鮒	宇都宮市
	野州てんまり	宇都宮市

種別	品目名	おもな製造地
諸工芸	栃木鬼瓦	佐野市
	佐野衣装着雛	佐野市
	佐野節句かけ軸	佐野市
	大畑家の武者絵のぼり	市貝町
	鹿沼箒	鹿沼市
	都賀の座敷箒	栃木市
	間々田紐	小山市
	三味線	宇都宮市
	琴	宇都宮市
	烏山手すき和紙	那須烏山市
	杉線香	日光市
	佐野土鈴・土笛	佐野市
	野木の石仏	野木町
	和弓用矢	宇都宮市
	下野しぼり	小山市
	佐野の生人形	佐野市
	鹿沼きびがら細工	鹿沼市
	佐野武者絵のぼり	佐野市
用具	本場結城紬織機（地織）	小山市

群馬県

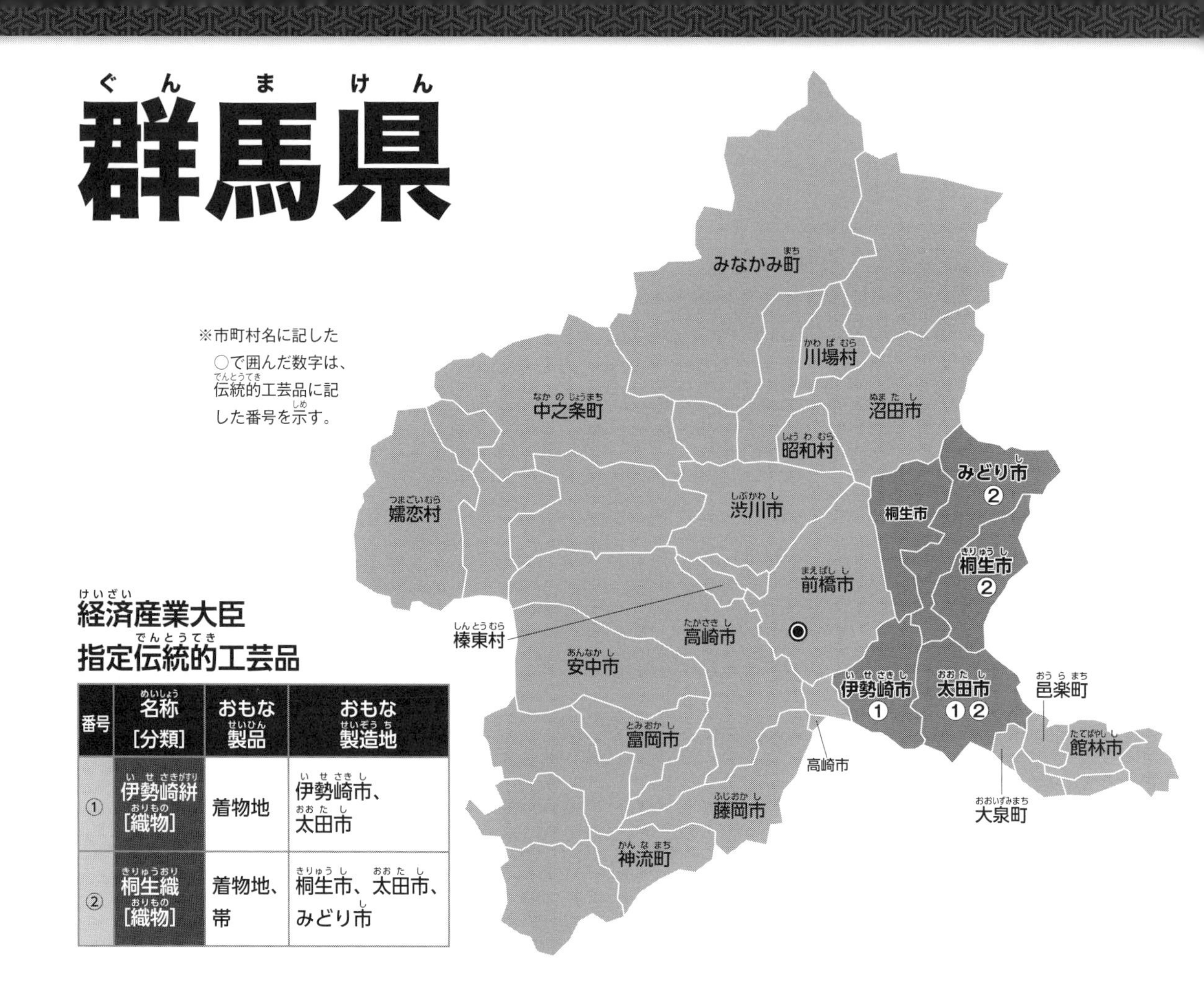

※市町村名に記した○で囲んだ数字は、伝統的工芸品に記した番号を示す。

経済産業大臣指定伝統的工芸品

番号	名称［分類］	おもな製品	おもな製造地
①	伊勢崎絣［織物］	着物地	伊勢崎市、太田市
②	桐生織［織物］	着物地、帯	桐生市、太田市、みどり市

伊勢崎絣（織物）

かすれたような模様のある歴史の長い絹織物

養蚕がさかんな群馬県では、古くから絹織物づくりがおこなわれてきました。伊勢崎絣は、その群馬県の南部の伊勢崎市などで昔からつくられている、かすれたような模様のある絹織物です。さかんに生産されるようになったのは、江戸時代前期にあたる17世紀後半です。

以後、居座機という手織機に工夫や改良を加え、独特の手織絣を生み出しました。明治時代以降は、伊勢崎銘仙*1の名で、日本女性の代表的な着物として、全国的に有名になりました。

多彩な技法が生み出す色や模様

伊勢崎絣の特徴は、括り絣、併用絣、解模様絣、緯総絣などの多彩な技法が生み出す、新鮮な色使いと細やかな模様です。絣糸を染めてつくる技法によって、単純な絣柄から精密な絣模様まで、絹の風合いをいかしたさまざまな絣が、手づくりで生み出されていくのです。

括り絣は、絣糸となる糸の染めない部分を糸などで括り、染色をおこなう方法です。解模様絣は、括り絣では表現が難しい曲線の柄を表現するために、たて糸に型紙*2を使用し、捺染*3をおこなう技法です。緯総絣は、よこ糸に型紙を使用して捺染をおこなう技法です。併用絣は、よこ糸、たて糸のどちらにも型紙を使用し、捺染をおこなう技法です。

*1 銘仙：銘仙とは、平織りの絹織物の一種。平織りは、たて糸とよこ糸を1本ずつ交差させていく織り方。

*2 型紙：細かな点で構成される模様を彫りぬいた紙。

*3 捺染：染料を混ぜた糊を糸や布などに直接すりつけて染めること。

桐生織（織物）

古くからつくられていた織物を基礎に発展

桐生市を中心とした群馬県南東部で、奈良時代にあたる８世紀からつくられている織物です。1600年の関ケ原の戦い*で、東軍を率いて勝利した徳川家康が、桐生織の白絹の旗を用いたこともあり、全国的に知られるようになりました。

その後、江戸幕府の保護もあり、18世紀の中ごろには、京都の西陣（→P81）から技術が伝わり発展します。そして、19世紀前半には、西陣織と同じように、高級な織物をつくるようになりました。

伝統の技法に最先端の技術を加える

桐生織の織り方には、お召し織、緯錦織、経錦織、風通織、浮立織、経絣紋織、綟り織という７つの技法があり、さまざまな種類の織物をつくっています。繭から生糸をつくる「製糸」、生糸をより合わせる「撚糸」、生糸を染める「染色」をおこない、決められたデザインにあわせて織ることで、１反の反物（着物１着分）に仕上げます。

また、ジャカードという機械を使って織るという特徴があります。ジャカードは、紋紙という穴のあいた紙からデータを読み取り、たて糸を上下させる指示を織機におこなう機械です。最近は、紋紙ではなく、コンピューターによる最先端の画像処理技術も用いられています。

＊関ケ原の戦い：豊臣秀吉の死後、その家来として政治をおこなってきた石田三成（西軍）と、勢力をのばしてきた徳川家康（東軍）とのあいだで、美濃国（いまの岐阜県南部）の関ケ原でおこなわれた戦い。

もっと知ろう 群馬県ふるさと伝統工芸品

群馬県は、郷土の自然とくらしのなかで育まれ、受けつがれてきた優れた伝統的な工芸品を、「群馬県ふるさと伝統工芸品」に指定しています。国の伝統的工芸品も含まれますが、ここでは、指定されている50品目とその製造地を紹介します。

分類	工芸品名	おもな製造地
染織品・その他の繊維製品	伊勢崎絣	伊勢崎市、太田市
	桐生織	桐生市、太田市、みどり市
	高崎手捺染	高崎市
	桐生手描き紋章上絵	桐生市
	桐生蓑虫工芸	桐生市
	沼田の組紐	沼田市
	太田の絞り	太田市
	桐生横振刺繍	桐生市
	桐生紋	桐生市
	上州高崎注染手ぬぐい	高崎市
	上州誂え袢纏	高崎市
	正藍染上州小倉織	桐生市
	藍・草木を使った桐生絞り染め	桐生市
陶器・ガラス製品	自性寺焼	安中市
	上越クリスタル	みなかみ町

分類	工芸品名	おもな製造地
瓦	藤岡鬼面瓦	藤岡市
木工品	沼田桑細工	沼田市
	沼田指物	沼田市
	沼田桐下駄	沼田市
	沼田うきもく	沼田市
	入山メンパ	中之条町
	沼田碁器	沼田市
	桐生桶	桐生市
	月夜野桐箪笥	みなかみ町
	入山こね鉢	中之条町
	三国指物	みなかみ町
	伊勢崎桐箱	伊勢崎市
竹・籐製品	桐生竹細工	桐生市
	根利のスズしょうぎ	沼田市
	嬬恋根曲がり竹細工	嬬恋村
	西上州竹皮編	高崎市
	川場竹細工	川場村
	桐生籐工芸	桐生市
	伊香保つる細工	渋川市

分類	工芸品名	おもな製造地
金工品	桐生打刃物	桐生市
	万場山中打刃物	神流町
	安中鍛造農具	安中市
和紙	桐生紙	桐生市
諸工芸品	ぐんまのこけし	前橋市、高崎市、桐生市、渋川市、みどり市、榛東村
	高崎だるま	前橋市、高崎市、安中市、榛東村
	太田太鼓	太田市
	迦葉山天狗面	沼田市
	榛名の木目込	高崎市
	利根沼田の座敷箒	沼田市、川場村、昭和村など
	入山菅むしろ	中之条町
	前橋びな	前橋市
	高崎まねき猫	高崎市
	高崎剣道具	高崎市
	桐生民芸畳	桐生市
	上州尺八	みなかみ町

埼玉県

経済産業大臣指定伝統的工芸品

番号	名称［分類］	おもな製品	おもな製造地
①	秩父銘仙［織物］	着物地、和洋装小物類、室内用品	秩父市、横瀬町、小鹿野町、皆野町、長瀞町
②	春日部桐箪笥［木工品・竹工品］	衣装箪笥、抽出箪笥、洋服箪笥	さいたま市、春日部市、越谷市、白岡市
③	江戸木目込人形［人形・こけし］	節句人形、歌舞伎人形、風俗人形	さいたま市、春日部市
④	岩槻人形［人形・こけし］	雛人形、五月人形、浮世人形	さいたま市

秩父銘仙（織物）

新たな技法が生んだ大胆で華やかなデザイン

秩父銘仙は、埼玉県西部の秩父市を中心とした地域でつくられている絹織物です。たて糸とよこ糸を1本ずつ交差させていく「平織り」という方法で織られています。

はじまりは江戸時代ですが、明治時代後期の20世紀のはじめに、ほぐし捺染という技法で特許を取り、さかんになりました。ほぐし捺染とは、そろえたたて糸にあらくよこ糸を仮織りし、そこに型染め*をしてから織り上げる技法です。織り上げるときに、仮織りしたよこ糸を手でほぐしながら織っていくので、この技法は、ほぐし織りともよばれます。

この技法により、たて糸とよこ糸の色の重なりが、角度によって変化して見えるので、「玉虫効果」とよばれる特徴が生まれ、大胆で華やかなデザインが、人気を集めました。

丈夫で実用的な織物

秩父銘仙には、植物の柄が多く、丈夫で軽く、着心地が良いという特徴があります。また、染めた糸を使って平織りで織るので、裏と表が同じ柄になり、表が色あせても、裏地を使って仕立て直すことができます。そうしたこともあり、実用的な織物としても知られています。

＊型染め：型紙（→P34）や染め型といった型を使い、模様を染めること。

写真提供：埼玉県観光課

春日部桐箪笥（木工品・竹工品）

日光東照宮を建設した職人によってはじまる

春日部桐箪笥は、春日部市をはじめとした埼玉県東部でつくられている、キリを材料にした箪笥です。はじまりは、江戸時代初期の17世紀前半といわれています。徳川家康をまつる日光東照宮をつくるために集まった職人が、日光街道の宿場町でもあった春日部に住みつき、周辺でとれるキリを材料に、指物*や小物などをつくりはじめました。

江戸時代後期の19世紀前半には、江戸に近いという立地条件もあり、桐箪笥や桐小箱がさかんにつくられるようになりました。

防湿効果と防虫効果のあるキリでつくる箪笥

桐箪笥は、キリの木を製材してから長期間にわたって自然乾燥させる「原木製材」、桐箪笥の本体となる部材をつくって組み立てる「本体加工」、引き出しや開き戸などの部材をつくって本体に取りつける「各部加工」、キリの木目を際立たせてよごれをつきにくくする「着色加工」といった工程をへて、最後に金具を取りつけると、完成します。

キリには、湿気が多いときには水分をすい、乾燥しているときには水分を出す性質があります。また、弱アルカリ性なので、虫を寄せつけません。そのため、桐箪笥は、カビや虫から衣類を守ります。ほかにも、燃えにくいので、火事になっても、箪笥の内部に火が入りにくいという特徴があります。

こうしたキリの特質を最大限にいかすためにも、桐箪笥は、時間をかけた手作業で、ていねいにつくられていきます。

＊指物：木材を組み合わせてつくった箱や家具など。

写真提供：埼玉県観光課

江戸木目込人形（人形・こけし）

人形のまち岩槻で江戸時代からつくられる人形

さいたま市の岩槻区（かつての岩槻市）は、古くから「人形のまち」として知られています。江戸木目込人形は、その岩槻とともに、東京都内などでつくられています。

木目込人形とは、胴体に筋を彫り入れ、そこに布地をうめこむ（木目込む）ことで、衣装を着ているように見せる人形です。もとは賀茂人形とよばれ、江戸時代中期には、京都でつくられていましたが、のちに江戸に伝わり、人形づくりがさかんな岩槻にも伝わりました。

なお、岩槻では、江戸時代後期から、岩槻人形という人形もつくられていて、国の伝統的工芸品に指定されています。頭の輪郭が丸く、胴体が大きめで、目が大きく派手ないろどりが特徴ですが、織物で仕立てた衣装を着せるので、衣装着人形ともよばれています。

キリの粉でできた桐塑という木地でつくる

岩槻の周辺は、古くからキリの木が豊富で、人形づくりに適していました。江戸木目込人形の頭や胴体などは、そのキリの粉と糊を練ったものを型でぬき、それを乾燥させるとできる桐塑という木地でつくるからです。

頭は、白い胡粉*を塗り重ね、目、鼻、口を小刀で切り出し、眉や目を描いたり、髪を結い上げたりしてつくります。

胴体は、白い胡粉を塗り、布地をうめこむための筋を彫刻刀で入れてから、そこに布地をうめこむなどしてつくります。

最後に、胴体に頭をつけ、手足や小道具などを取りつけ、髪を整えて仕上げをおこなうと、完成します。

＊胡粉：細かく貝殻を砕いた粉。

写真提供：埼玉県観光課

千葉県

野田市 ①
八千代市
白井市
酒々井町 ①
我孫子市
流山市 ①
柏市 ①
栄町
成田市 ①
香取市 ①
松戸市 ①
印西市
多古町
鎌ケ谷市 ①
市川市
船橋市 ①
佐倉市
富里市
旭市
銚子市
匝瑳市
浦安市
習志野市
八街市
山武市
千葉市
四街道市
東金市
九十九里町
袖ケ浦市
大網白里市
市原市 ①
茂原市
木更津市
長南町
睦沢町
いすみ市 ①
君津市 ①
富津市
勝浦市
鴨川市 ①
南房総市 ①②
館山市 ①②

※市町村名に記した○で囲んだ数字は、伝統的工芸品に記した番号を示す。

経済産業大臣指定伝統的工芸品

番号	名称［分類］	おもな製品	おもな製造地
①	千葉工匠具［金工品］	工匠具	船橋市、館山市、松戸市、野田市、成田市、柏市、市原市、流山市、鴨川市、鎌ケ谷市、君津市、南房総市、香取市、いすみ市、酒々井町
②	房州うちわ［その他の工芸品］	うちわ	館山市、南房総市

千葉工匠具（金工品）

江戸幕府の誕生をきっかけに製作技術が発展

千葉工匠具は、千葉県各地の鍛冶職人*が、伝統的な技法で製作する刃物や手道具類のことです。鎌、鍬、包丁、洋鋏（西洋ばさみ）などが一例です。

千葉県は、房総半島が砂鉄の産地だったこともあり、古くから製鉄や鍛冶がおこなわれていました。また、江戸に幕府が開かれると、利根川の改修や印旛沼の干拓といった大規模な開発のほか、新田開発がおこなわれたため、それらに必要な工具類の製作技法が発達していきました。さらに、こうした動きのなかで、大工や農家の仕事道具をつくる鍛冶職人の数が増えていきました。

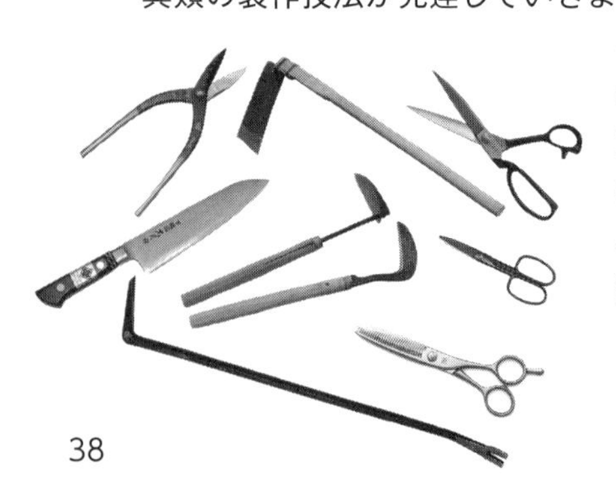

明治維新による文明開化で確立された技術

千葉県は、酪農発祥の地といわれています。江戸幕府８代将軍の徳川吉宗が、18世紀の前半にインドの白牛という牛を輸入して現在の鴨川市や南房総市で飼育し、白牛酪とよばれるバターのようなものを製造したからです。

そうしたこともあり、明治維新以降、文明開化で西洋の文化が取り入れられ、牧畜が広くおこなわれるようになると、千葉県では、牧場の管理に適した鎌などが製造されるようになりました。また、鋏や牛刀（洋包丁）といった西洋式の工匠具の国産化にも取り組みました。さらに、明治維新による断髪令に対応し、理美容用鋏の生産もさかんになりました。

こうした歴史的な背景もあり、いまの千葉県には、鋏、鎌、包丁といった鉄製の仕事道具や日用品をつくる職人が残っています。そして、手づくりの技法をいかして、使う人のくせや好みにあわせた受注生産もおこなっています。

*鍛冶職人：鉄をたたいたりのばしたりする、鍛冶をおこなう職人。

房州うちわ（その他の工芸品）

良質な竹の産地ではじまったうちわづくり

房州とは、現在の千葉県南部にあった安房国のことで、房総半島の南部のことをいいます。良質な竹の産地で、江戸時代には、うちわの材料となるメダケという竹を切り出し、江戸のうちわ業者に売っていました。

明治時代になると、地元でも、うちわがつくられるようになります。そして、漁師町では、男たちが漁に出ているあいだの女性たちの内職となり、さかんになりました。

丈夫で美しいうちわを生み出す熟練の作業

房州うちわは、同じく伝統的工芸品に指定されている京都府の「京うちわ」と香川県の「丸亀うちわ （→P109）」とともに、日本三大うちわといわれています。

3つのうちわは、持ち手の部分の柄にちがいがあります。京うちわは、差し柄といって、別につくった柄を差しこんでいますが、丸亀うちわと房州うちわは、柄と骨が1本の竹からつくられています。ただし、丸亀うちわが平柄（平たい柄）なのに対し、房州うちわは丸柄（丸い柄）です。

房州うちわの製作では、メダケを細かく割いて骨をつくり、弓となる竹ひごを柄にあけた穴に通し、骨を編んだ糸を弓に結びつけます。そして、骨の部分に和紙や布をはり、形を整えて仕上げます。

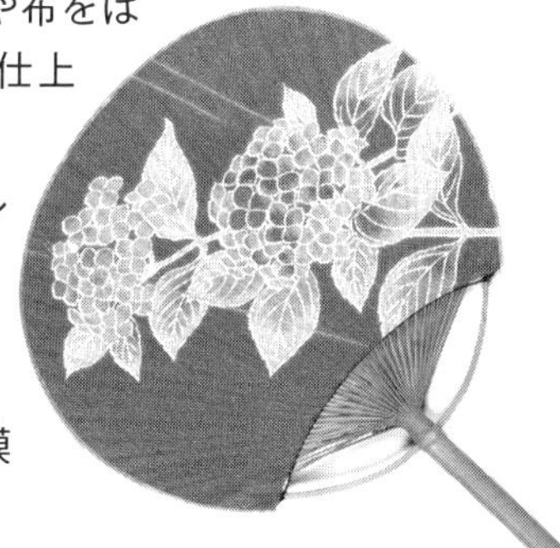

とても手のこんだ熟練の作業をへて完成する房州うちわは、丈夫で美しい格子模様が特徴です。

もっと知ろう　千葉県指定伝統的工芸品

千葉県は、1984（昭和59）年度に独自の制度を設け、優れた工芸品を、「千葉県指定伝統的工芸品」に指定してきました。ここでは、2018（平成30）年３月発行の『千葉県指定伝統的工芸品一覧』に掲載のものを紹介します。

分類	工芸品名	おもな製造地
織物	銚子ちぢみ	銚子市
染色品	萬祝半天	鴨川市
	鴨川萬祝染	鴨川市
	萬祝式大漁旗	銚子市
	友禅染	松戸市
	手描友禅	松戸市、市川市
	下総染小紋	船橋市
	下総染	佐倉市
組紐・刺繍	下総組紐	佐倉市
	江戸組紐	松戸市
金工品	下総鋏	松戸市
	房総打刃物	成田市
	成田打刃物	成田市
	佐倉鍛造刃物	酒々井町
	房州 鋸	鴨川市
	関東牛刀	柏市
	日本刀	南房総市
	日本刀（美術刀剣）	千葉市
木工品	九十九里漁船	旭市
	雨城楊枝	君津市
	畑沢楊枝	木更津市
	いすみ楊枝	いすみ市
	長生楊枝	睦沢町

分類	工芸品名	おもな製造地
木工品	いちはら小楊枝	市原市
	ちば楊枝	千葉市
	梅ケ瀬楊枝	市原市
	ちば黒文字・肝木房楊枝	千葉市
	桶	野田市
	木地玩具	南房総市
	上総木彫	九十九里町
	木象嵌	市川市
	楽堂象嵌（木象嵌）	我孫子市
	建具組子	いすみ市
	江戸唐木細工	野田市
	木彫刻	市川市
竹工品	上総和竿	市原市
	印旛竹細工	栄町
	南総竹細工	市原市
人形	節句人形	千葉市、鎌ケ谷市
	節句人形（雛人形）	流山市
	八千代びな	八千代市
郷土玩具	衣装着人形	印西市
	上総角凧	市原市
	角凧・袖凧	市原市
	佐原張子	香取市
	芝原人形	長南町

分類	工芸品名	おもな製造地
団扇	房州うちわ	南房総市
和楽器	佐原太鼓	香取市
	南総尺八	市原市
	木撥	流山市
神祇品	行徳神輿	市川市
	江戸神輿	我孫子市
	本納絵馬	茂原市
	上総獅子頭	山武市
その他工芸品	籐家具	千葉市
	籐製品	銚子市
	小糸の煙火	君津市
	打上げ花火	君津市、柏市
	刷毛	習志野市
	へら浮子	旭市
	象牙彫	松戸市
	べっ甲細工	松戸市
	ビーズ細工	柏市
	江戸蒔絵	千葉市
	江戸つまみかんざし	市川市、松戸市
	下総袖垣	多古町
	とんぼ玉	千葉市
	乗馬鞍	富里市
	屏風	市川市
	佐原ラフィア	香取市

東京都

※市区町村名に記した○で囲んだ数字は、伝統的工芸品に記した番号を示す。

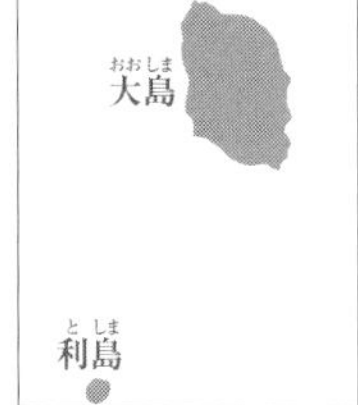

本場黄八丈（織物）

3色の糸でつくる縞模様や格子模様の絹織物

本場黄八丈は、伊豆諸島の八丈島でつくられている絹織物です。八丈島は、東京から300kmほど南の太平洋上にあります。

室町時代の記録には、八丈島の絹織物が献上品とされていたと記されています。しかし、今日のような、黄色に樺色（赤みを帯びた黄色）や黒色を組み合わせた縞模様や格子模様の絹織物が完成したのは、江戸時代中期のことだといわれています。

八丈島固有の風土から生まれた染めと織り

八丈島は、かつては流刑地*だったこともあり、自然条件のたいへん厳しいところとされていました。そうした環境のなかでも、島民は、島に自生する植物の煮汁で、黄、樺、黒の3色の染料を生み出し、本場黄八丈をつくり出しました。そのため、本場黄八丈の特徴は、八丈島固有の風土から生まれた、染めと織りにあるといわれます。

染めに用いる染料は、八丈刈安という草で黄色をつくり、マダミという木の皮で樺色をつくり、椎の木の皮で黒色をつくります。そして、泥や灰を使った独自の染色法により、糸を染めます。その後、染めた糸は、直射日光で乾燥させ、手織りによって、縞模様や格子模様に織られます。

そうしたこともあり、本場黄八丈は、長い年月をへても変色することなく、丈夫で、洗えば洗うほど、あざやかな色がさえるといいます。

＊流刑地：罪人が送られる、遠くはなれた地や島。

経済産業大臣指定伝統的工芸品

番号	名称［分類］	おもな製品	おもな製造地
①	村山大島紬［織物］	着物地	立川市、青梅市、昭島市、東大和市、武蔵村山市ほか
②	本場黄八丈［織物］	着物地、帯	八丈町
③	多摩織［織物］	着物地、羽織、コート、袴	八王子市、あきるの市
④	東京染小紋［染色品］	着物地、帯	新宿区、世田谷区、豊島区、練馬区、八王子市ほか
⑤	東京手描友禅［染色品］	着物地、羽織、帯	特別区（東京23区）全域ほか
⑥	東京無地染［染色品］	着物地など	千代田区、新宿区、墨田区、江東区、中野区、杉並区、豊島区、北区、板橋区、練馬区、足立区
⑦	江戸和竿［木工品・竹工品］	釣竿	千代田区、台東区、葛飾区、荒川区ほか
⑧	江戸指物［木工品・竹工品］	箪笥、机、台、棚、箱物、火鉢、茶道・邦楽用品	台東区、荒川区、足立区、葛飾区、江東区
⑨	東京銀器［金工品］	茶器、酒器、花器、置物、装身具	特別区（東京23区／港区を除く）、武蔵野市、町田市、小平市、西東京市
⑩	東京アンチモニー工芸品［金工品］	装飾品、賞杯、置物など	台東区、墨田区、荒川区、葛飾区、港区、足立区、江東区
⑪	江戸木目込人形［人形・こけし］	節句人形、歌舞伎人形、風俗人形	文京区、台東区、墨田区、北区、荒川区、板橋区、足立区、葛飾区、江戸川区
⑫	江戸節句人形［人形・こけし］	雛人形、五月人形、飾り甲冑、風俗人形、市松人形、御所人形	足立区、荒川区ほか
⑬	江戸からかみ［その他の工芸品］	襖、壁、天井、障子、屏風用の加飾された和紙	文京区、台東区、練馬区、豊島区
⑭	江戸切子［その他の工芸品］	食器、酒器、花器、食卓用品、置物、装身具、文具、日常生活用品	江東区、墨田区、江戸川区、葛飾区、大田区
⑮	江戸木版画［その他の工芸品］	木版画	荒川区、新宿区、足立区、台東区、中央区、文京区、目黒区、練馬区、西東京市
⑯	江戸硝子［その他の工芸品］	食器、酒器、花器、食卓用品、置物、日常生活用品	江戸川区、墨田区、江東区
⑰	江戸べっ甲［その他の工芸品］	和洋装飾品、眼鏡など	台東区、文京区、豊島区、荒川区、練馬区、江戸川区、墨田区、板橋区、江東区、北区、千代田区、中野区、港区

※江戸木目込人形は、埼玉県でもつくられているため、P37を参照してください。

多摩織（織物）

古くから織物業がさかんな八王子を中心に発展

かつて「桑の都」とよばれた八王子市を中心とした地域では、古くから養蚕と織物業がおこなわれ、平安時代末期の12世紀ごろから、絹が織られていました。室町時代後期の16世紀ごろになると、多摩川の流域を治めた北条氏が、領民の産業とする取り組みを進めたことで、織物業はさかんになります。そして、明治時代以降、文明開化にともなう織物の技術の急速な発展と、独自の技術の開発により、今日の多摩織の基礎が築かれました。多摩織は、生糸、玉糸*1、真綿の紬糸*2の3種の糸を染め、それらを組み合わせて織り上げてつくります。

職人の手作業と分業で5種類の織物をつくる

多摩織は、次の5種類の織物の総称です。専門の職人の手作業で、分業制でつくります。

お召織は、表面をおおう細かなしぼ*3が特徴で、紬織は、微妙な凹凸が生む風合いが特徴です。風通織は、織物の地が二重になって模様を表現し、変り綴れ織は、さまざまな色のたて糸を使って絵のように複雑な模様を表現します。綟り織は、たて糸どうしがからみながらよこ糸と組むので、糸と糸のあいだにすき間があります。

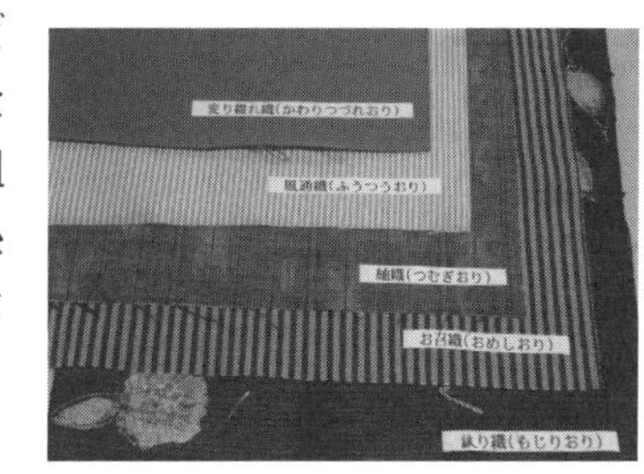

＊1 玉糸：玉繭（2匹の蚕がつくった繭）からつくった糸。　＊2 真綿の紬糸：繭をほぐしてつくった真綿を紡いでつくった糸。
＊3 しぼ：糸をよる（ひねる）ことによって織面にあらわれる波のようなしわ。

東京染小紋（染色品）

江戸幕府のはじまりとともに

小紋とは、遠くから見ると無地に見えるほどの細かな柄が特徴の染めものです。江戸時代には、武士の裃[*1]などに用いられました。

小紋のはじまりは室町時代にさかのぼりますが、現在の東京でつくられるようになったのは、江戸に幕府が開かれた17世紀のはじめのことです。全国から集まった大名のために、裃がつくられるようになったからです。その後、江戸時代中期になると、江戸の町人のあいだでも流行し、女性も小紋を着るようになり、発展していきました。明治時代になると、武士の身分が廃止されたこともあり、女性の着物に用いられるようになりました。

細かな模様を彫りぬいた型紙がつくる細かい柄

東京染小紋の細かい柄をつくるのは、細かな点で構成される模様を彫りぬいた「型紙」という紙です。この型紙を生地（何も染められていない絹織物の布地）にのせ、その上から防染糊[*2]を木べらで塗ると、型紙の彫られた部分を通して布地に防染糊が塗られ、型紙の模様が生地に残ります。糊がかわいたら、染料の入った糊を生地全体に塗り、蒸してから水洗いすると、糊や余分な染料が落ちます。そして、乾燥させると、細かい柄の染め上がった東京染小紋が完成します。

＊1 裃：肩衣（上着）と袴（腰から下をおおう衣服）を組み合わせた和服。江戸時代には、武士の礼装や庶民の礼服として用いられた。

＊2 防染糊：防染に用いる糊。防染糊をつけた部分には染料がつかないので、ほかの部分を染色すると、布のその部分に模様があらわれる。

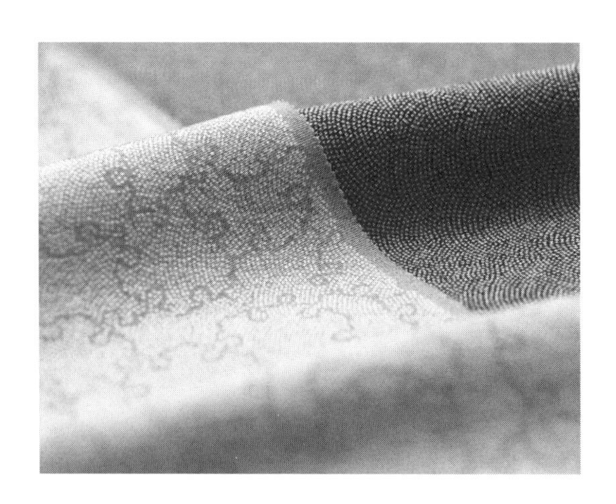

東京手描友禅（染色品）

京都で生まれた友禅の技術が江戸で発展

江戸時代に京都から伝わった友禅の技術が、江戸で独自に発展し、現在の東京手描友禅になったといわれています。

友禅とは、江戸時代前期の17世紀後半に、宮崎友禅斎（→P81）という京都の扇絵師が確立した、糊防染による「友禅染」の技法です。糊防染では、染料がにじみ出るのを防ぐため、染色前の布に糊を塗ります。その後、染色すると、糊を塗った部分には染料がつかず、糊を洗い流すと、布に模様があらわれます。また、染料を用いて手描きで色をつけるので、手描友禅とよばれています。

江戸で手描友禅の技術が発展するのは、江戸時代後期の19世紀前半のことです。町人文化の発達により、町人のあいだに友禅が広まったのです。そして、糸目友禅、蝋纈染、無線描とよばれる３つの技法が確立しました。

いまでは、白い糸のような線があざやかに浮き上がる「糸目友禅」の技法が主流です。

構想を考えた職人による一貫作業

東京手描友禅は、四季の景色や植物などを図案化し、一筆一筆丹念に手で色挿し（色づけ）をおこない、絹織物を染めてつくります。構想を考え、図案を作成し、色づけをおこなって染め、最後に仕上げをおこなうまで、ほぼすべての作業を、1人でおこないます。つまり、構想を考えた職人が、すべての作業をおこない、つくり上げるのです。そうしたことから、美しさと気品にあふれた着物には、職人の思いがこめられているといわれます。

江戸指物（木工品・竹工品）

江戸時代に指物づくりの職人が誕生

江戸指物は、現在の東京で、江戸時代からつくられている指物です。指物とは、木材を組み合わせてつくった木製品のことです。

江戸幕府は、手工業の発達をはかるため、さまざまな職人を全国から江戸によび寄せました。このとき江戸に来た宮大工のなかから、指物をつくる職人が指物師として独立し、江戸指物の製作をはじめました。

なお、江戸指物のほかにも、京都市でつくられている「京指物（→P83）」が、国の伝統的工芸品に指定されています。おもに茶道用につくられたものが発達した京指物に対し、江戸指物は、武士や町人、歌舞伎役者のためにつくられた指物が発達しました。

見えないところにこらされた職人の技

指物の「指」には、板と板を指し合わせるという意味があります。そのため、指物は、ほぞという凹凸の切りこみを板につくり、出っぱりのある片方の板を、もう片方の穴のある板に組み合わせ、釘を使わずにつくります。ほぞは、板を組んでしまえば外から見えませんが、指物師は、切る、削る、突く、彫るという技を、見えない所にこらしているのです。

こうした職人気質が江戸時代から受けつがれてきたこともあり、クワ、ケヤキ、キリなどの素材の木目の美しさをいかした、丈夫で長もちする江戸指物ができ上がります。

東京銀器（金工品）

江戸の繁栄とともに

東京銀器のはじまりは、江戸時代前期の17世紀後半です。当時の江戸は、全国の大名が集まる政治の中心であるとともに、経済や文化の中心でもあり、繁栄していました。そのため、貨幣をつくる金座や銀座とよばれる工場があり、銀で器物をつくる銀師という職人や、金属に細工をほどこす金工師という職人が登場しました。そして、櫛やかんざし、食器など、さまざまな銀製品をつくるようになったのです。18世紀の中ごろになると、町人のあいだでも銀器は使われるようになり、発展していきました。

いまでは、そのときにあみ出された技法を受けつぎ、東京銀器として、装身具や置物などをつくっています。そうしたこともあり、日本の銀製品の９割ほどが、東京でつくられているといわれています。

銀の特性をいかした技法

銀は、やわらかくて加工しやすいという特性があります。東京銀器は、その特性をいかして、鍛金、彫金、切ばめ、鑞付けなどの技法でつくります。

鍛金は、１枚の銀の板を木槌や金槌でたたいてのばす技法です。彫金は、鏨という工具を使って模様を彫る技法です。切ばめは、銅などのほかの金属をはめこむ技法です。鑞付けは、鑞という合金を用いて、部材を接合する技法です。

こうした技法で形づくられた銀器は、磨くなどして仕上げることで、優雅な輝きを発します。

江戸節句人形（人形）

江戸独自のスタイルで発展した人形づくり

京都の影響を受け、現在の東京で人形づくりがはじまったのは、江戸時代初期のことです。江戸時代中期の18世紀の中ごろになると、江戸独自のスタイルが確立され、自然な色あいでありのままに表現された節句人形（雛人形や五月人形）がつくられるようになりました。

江戸時代後期の19世紀前半には、5月5日の端午の節句で飾る甲冑（江戸甲冑）に加え、精巧につくられた人形や人気役者そっくりにつくられた人形（市松人形など）も製作されるようになりました。そして、江戸の人形づくりは最盛期を迎えました。

丹念な手作業でつくる人形や甲冑

江戸節句人形は、木や紙、布など、自然の素材を用い、手作業でつくります。頭と胴体は、キリの粉と糊を練ったものを型でぬき、それを乾燥させるとできる桐塑という木地でつくります。そして、手足を組みつけ、別に仕立てた衣装を着せると完成します。織物の衣装を着せるので、衣装着人形ともよばれます。

また、江戸甲冑は、木や紙、絹糸や皮革といった天然素材とともに、鉄や銅などでつくります。多くが、時代考証*にもとづき、丹念な手仕事でつくられます。

いまでは、江戸時代から受けついできた技術をもとに、現代的な感性をいかし、かわいらしさと美しさを備えた人形をつくっています。

＊時代考証：題材とした時代にあっているかどうかを文献などで調べ、それを証拠に、研究したりすること。

江戸からかみ（その他の工芸品）

江戸の人びとの好みにあわせて

江戸からかみは、襖や屛風などにはる、装飾がほどこされた和紙のことです。平安時代に中国（北宋）から伝わった紋唐紙*1を模造したもので、もとは、京都で貴族が和歌をしたためる料紙として使われました。中世になると、襖や屛風にはられるようになりなりました。

17世紀のはじめに江戸幕府が開かれ、まちづくりが進むと、からかみの職人が発祥の地の京都から移住したことで、江戸にからかみが普及します。当時の江戸は、人口が増え、火災も多かったので、たくさんの需要がありました。また、江戸時代中期には、「享保千型」とよばれるほど、おおらかで町人好みの粋な文様が数多く生まれ、江戸からかみとして、独自の発展をとげました。

多彩な技法が生む江戸からかみの装飾

江戸からかみには、京都から伝わった「木版雲母摺り」の技法を中心に、染め物に使われている伊勢型紙（渋型紙）*4を使う「渋型捺染摺り」に加え、「金銀箔砂子蒔き」の3つの技法があります。

木版雲母摺りは、文様を彫った版木*2に、雲母*3を混ぜた絵具をつけ、その上に和紙を乗せ、手のひらでなでて文様を写しとる技法です。渋型捺染摺りは、伊勢型紙（渋型紙）を和紙の上に置き、絵具を摺りこんでいく技法です。金銀箔砂子蒔きは、金銀の砂子*5を竹筒に入れて何度も振って、和紙の上にまいていく技法です。

これらの技法は、それぞれを専門とする職人がおこない、技を競い合いますが、時には技法を組み合わせることで、さまざまな装飾が展開します。

＊1 紋唐紙：花鳥や唐草などの文様が入った、日本に渡来した中国産の紙。
＊2 版木：文様を彫りこんだ木版のことで、材料は朴という木。
＊3 雲母：鉱物の白雲母の粉末。
＊4 伊勢型紙（渋型紙）：三重県鈴鹿市白子の型屋が、織物や和紙の捺染用として文様を彫った型紙（→P34）。柿渋の実からとった汁を塗り、耐水性がある。
＊5 砂子：金銀の箔を細かい粉にしたもの。

江戸切子（その他の工芸品）

明治時代の伝統的なガラス工芸の技法をもとに

切子とは、グラインダーという研削盤*を使い、ガラスの表面に、さまざまな模様を切り出す技法です。江戸切子のはじまりは、江戸時代末期の19世紀の中ごろです。江戸の大伝馬町（現在の東京都中央区）でガラス商を営んでいた人物が、イギリス製のカットグラスをまねて、ガラスの表面に彫刻をほどこしました。

明治時代になると、イギリス人の技術指導により、西洋式のカットや彫刻の技法が取り入れられ、いまに伝わる江戸切子の伝統的なガラス工芸の技法が確立されました。その後、ガラス素材の研究や磨きの技法が開発され、発展をとげました。

そうしたこともあり、昔は透明なガラスでつくるものが主流でしたが、いまでは、色のついたガラスでつくる製品が主流です。

細やかで美しい模様を生む職人の手仕事

江戸切子の特徴は、細やかで美しい模様です。それは、割り出し、荒摺り、石がけ、磨きといった工程をへて、生み出されます。

割り出しは、模様の目安となる縦横の線を、ガラスにつける工程です。荒摺りは、割り出しの線を目安に、水を流しながらグラインダーでガラスを大まかに削り、デザインを決めていく工程です。石がけは、砥石のついた円盤を使って、模様を仕上げる工程です。磨きは、削った部分を磨き、透明にして輝かせる工程です。

こうした工程は、職人の正確な手仕事で支えられています。

＊研削盤：金属や砥石などでできた円盤を回転させ、ものを削ったり磨いたりする工作機械。

写真提供：江戸切子協同組合

江戸木版画（その他の工芸品）

江戸時代にはじまったカラーの印刷物

江戸木版画は、江戸時代の庶民のくらしや名所などを描いた浮世絵に代表される、日本独自の多色摺りの木版画です。

浮世絵のはじまりは、江戸時代前期の17世紀の中ごろです。当初は、一色（墨一色）だけで摺られていましたが、18世紀の中ごろになると、複数の色で摺る多色摺りの技法が考え出されました。そして、喜多川歌麿、東洲斎写楽、葛飾北斎、歌川広重といった天才絵師たちの活躍により、発展していきました。

当時、カラーの印刷物を庶民が楽しめたのは、世界でも日本だけだったといわれます。そのため、江戸時代末期の開国をきっかけに、浮世絵が海外にわたると、欧米の人びとのあいだで大人気となり、ゴッホやモネなどの印象派*の画家たちに、大きな影響をあたえました。

きわめて細かく正確な手作業によって完成

江戸木版画は、絵師が描いた版下絵という絵をもとに、彫師という職人が、板を彫り、版画を摺るための版木をつくります。そして、摺師という職人が、版木に顔料（着色料）をつけて和紙に摺ると、完成します。

多色摺りの木版画なので、絵師による色の指定をもとに、彫師は、それぞれの色に応じた複数の版木をつくります。また、摺師は、その版木に決められた色をつけ、和紙に1色ずつ摺り重ねていくことになります。そのため、細かで正確な手作業が求められますが、ひと組の版木から、たくさんの木版画ができ上がるという特徴があります。

いまでは、こうした江戸時代からの技術を受けつぎ、当時の名作の復刻などをおこなっています。

＊印象派：1860年代の中ごろにフランスでおきた芸術運動で、描く対象の輪郭や固有の色より、まわりの光や空気の変化を正確にとらえようとした画家たちをいう。

神奈川県

※市町村名に記した○で囲んだ数字は、伝統的工芸品に記した番号を示す。

経済産業大臣指定伝統的工芸品

番号	名称［分類］	おもな製品	おもな製造地
①	鎌倉彫［漆器］	盆、皿、茶托、鉢、箱	横浜市、横須賀市、鎌倉市、藤沢市、小田原市、茅ヶ崎市、逗子市、相模原市、三浦市、大和市、座間市、綾瀬市、大磯町
②	小田原漆器［漆器］	盆、皿、椀、茶托	小田原市
③	箱根寄木細工［木工品・竹工品］	室内用品、食卓厨房用品、文庫、小箪笥、装身具	小田原市、箱根町

鎌倉彫（漆器）

鎌倉時代に寺で使われた道具をもとに

鎌倉彫は、鎌倉幕府が開かれた鎌倉市を中心につくられている彫刻漆器です。木地（→P16）に彫刻をほどこし、漆を塗り重ねてつくります。

12世紀後半に鎌倉時代がはじまると、宋（いまの中国）から禅宗という仏教の一宗派が伝わり、鎌倉には多くの寺が建てられました。さらに、寺で使う多くの道具が、中国からもたらされました。そうした道具のなかには、模様を彫刻した木地に漆を塗り重ねた盆などがあり、仏像をつくる仏師や寺社を建てる宮大工に影響をおよぼしました。その結果、仏師や宮大工は、自ら木の器に彫刻をほどこし、漆を塗り重ねたものをつくります。これが、鎌倉彫のはじまりといわれています。

写真提供：神奈川県

その後、鎌倉彫には日本独自の作風が加わり、室町時代に茶の湯*がさかんになると、茶道具がつくられるようになりました。そして、明治時代になると、現在のような食器や家具といった生活用品がつくられるようになりました。

彫刻と漆塗りを調和させる3つの工程

鎌倉彫は、木地づくり、彫刻、塗りというおもな3つの工程をへて、完成します。木地づくりは、材料の木を、ろくろ（→P21）や鉋などを使って削る工程です。彫刻は、木地に写した下絵に沿って、彫刻をほどこす工程です。塗りは、漆を塗り重ね、磨いて仕上げる工程です。

塗りの工程で、漆を塗った木地にマコモという植物の粉をつけることで、彫刻の立体感が際立ちます。そして、漆塗りのつややかさに、彫りのすばらしさがはえます。

＊茶の湯：客を招いて抹茶をたてること。

小田原漆器（漆器）

地元の挽物に漆を塗ったのがはじまり

小田原漆器は、神奈川県南西部の小田原市でつくられています。室町時代中期の15世紀のはじめに、背後に広がる箱根の山の豊富な木材を使ってつくられた挽物の器に、漆を塗ったのがはじまりといわれています。挽物とは、ろくろ（→P21）や旋盤を使ってつくる、円形の木工品です。

その後、この地を治めていた戦国大名の北条氏が招いた漆器職人が、新たな技法で漆器づくりをはじめたことで、小田原漆器は発展していきます。江戸時代になると、お盆やお椀などの実用的な漆器づくりの技術が確立し、現在の小田原漆器の特徴といわれる、日常の生活で使用される「ふだん使いの漆器」の製造が、本格的にはじまりました。

木地づくりと漆塗りの技術が一緒になって

小田原漆器の特徴は、ケヤキなどの材料がもつ自然の木目の美しさです。それを実現するには、漆塗りの技術だけではなく、木地づくりの技術が欠かせません。小田原市では、箱根の山の木材を使った挽物づくりが古くからおこなわれていたので、すぐれた挽物がたくさんあり、それを漆器の木地づくりの工程で活用することができました。

また、でき上がった木地の木目の美しさを十分にいかすためにも、塗りの工程では、摺漆塗や木地呂塗といった技法を用いています。摺漆塗とは、木地に生漆（→P18）を直接すりこみ、胴摺りという磨きの作業を何回もくり返して仕上げる技法です。木地呂塗とは、透明な漆を塗って仕上げる技法です。

このように、木地づくりと漆塗りの技術が一緒になって、材料のもつ自然の美しさが、より一層引き立てられているのです。

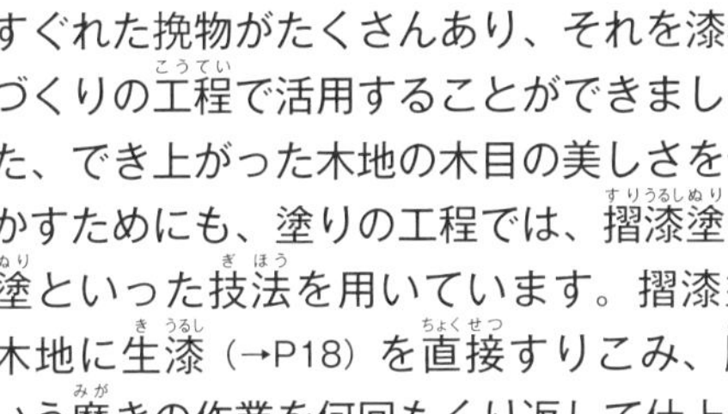

写真提供：神奈川県

箱根寄木細工（木工品・竹工品）

箱根の自然が生んだ複雑で美しい模様

箱根寄木細工は、色や木目のちがう木片を組み合わせてできた模様で、小箱などの表面を装飾してつくります。いまから200年ほど前の江戸時代後期に、現在の神奈川県箱根町に住む職人が、東海道を旅する人びとのみやげものとしてはじめたといわれています。いまのような複雑で美しい模様が考え出されたのは、明治時代になってからです。

日本の代表的な温泉地のひとつとして知られる箱根町は、美しい自然にめぐまれ、豊かな森林が広がっています。そのため、木材の種類が多く、さまざまな木を使い、それぞれの木の色や木目をいかすことで、箱根寄木細工は、多くの種類の模様を生み出しています。

自然の木と職人の技が一緒になって

箱根寄木細工は、切ったり削ったりしてつくった細い木の材料を寄せ集め、きれいな模様をつくり、それを薄く削って箱などの木製品の表面にはることで完成します。その特徴は、三角形や四角形、ひし形や台形などがもとになる、美しく精密な幾何学模様です。その模様を生むのは、自然の木であり、木の色や木目のちがいですが、そこには、正確で高い技術をもった職人の手仕事があります。

なかでも、模様をつくり出すために細い木の材料を寄せ集めた「種板」を鉋で削る工程は、木製品の表面にはりつける「ヅク」を、0.15～0.2mmの薄さに削り出す必要があり、職人の技の見せどころです。

写真提供：神奈川県

山梨県

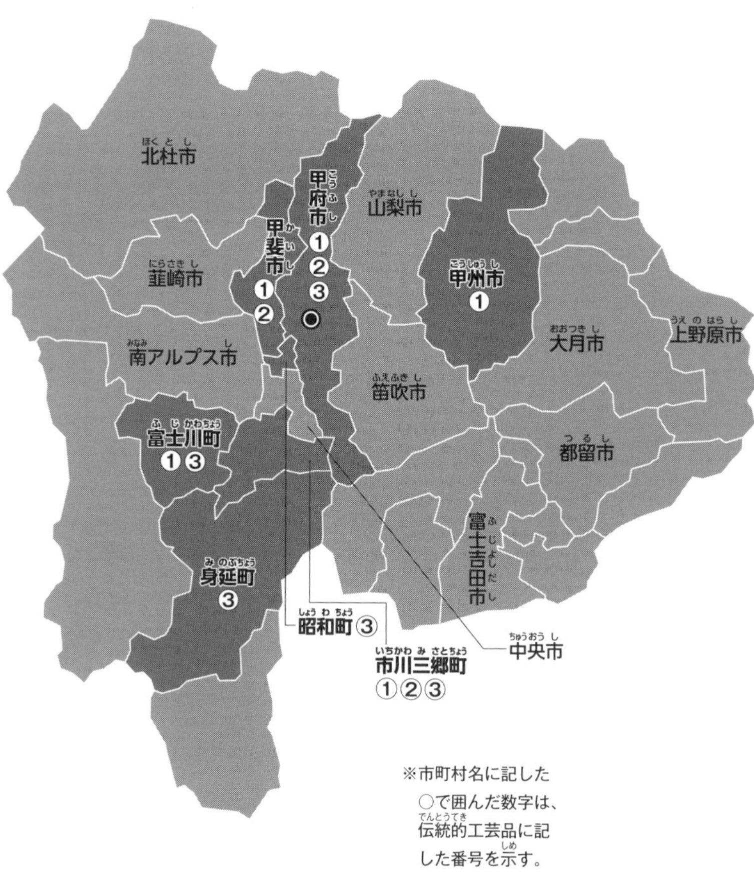

経済産業大臣指定伝統的工芸品

番号	名称 [分類]	おもな製品	おもな製造地
①	甲州水晶貴石細工 [貴石細工]	置物、装身具	甲府市、甲州市、甲斐市、市川三郷町、富士川町ほか
②	甲州印伝 [その他の工芸品]	印鑑入れ、財布、袋物、ハンドバッグ	甲府市、甲斐市、市川三郷町
③	甲州手彫印章 [その他の工芸品]	印章	甲府市、市川三郷町、富士川町、身延町、昭和町ほか

甲州水晶貴石細工（貴石細工）

水晶の発見をきっかけに

甲州水晶貴石細工は、水晶などの美しくて価値の高い石を切ったり削ったりしてから、磨いて仕上げることで完成します。甲府市とその周辺の市や町で、アクセサリーや置物などをつくっています。はじまりは、いまから1000年ほど前の平安時代で、甲府市北部の御岳昇仙峡という峡谷の奥地で、水晶の原石が発見されました。

その当時は、とれた原石を細工することなく、そのまま置物などとして飾っていましたが、江戸時代になると、水晶を磨く技術が京都から伝わり、いまの甲州水晶貴石細工がはじまりました。江戸時代末期の19世紀の中ごろには、水晶や翡翠を使った帯留めや根付*などを、注文を受けてつくったという記録があります。

明治時代に、水晶の発掘がさかんになり、細工の技術が発達すると、製品が海外からも注目されるようになり、輸出されるようになりました。

「宝石の地やまなし」として発展

明治時代に大きく発展した甲州水晶貴石細工ですが、20世紀のはじめに、水晶がとれなくなってしまいます。そこで、ブラジルなどから水晶を輸入することで、製作をつづけました。

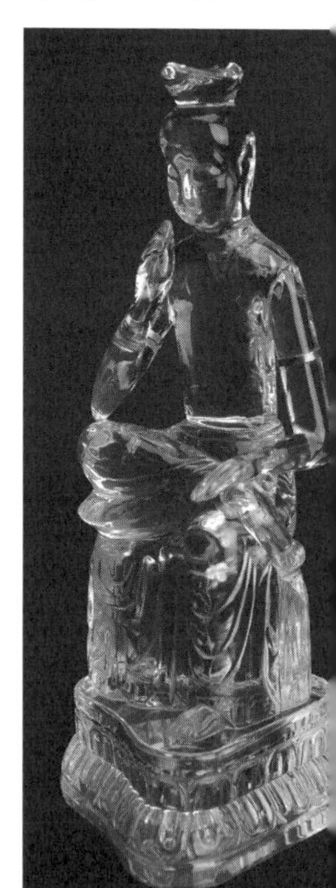

また、水晶だけではなく、めのうやダイヤモンドなども海外から輸入し、それまでに培った技術を活用し、宝飾品の製作にも取り組みました。さらに、電動式の機械を使うことで生産効率が上がり、山梨県は、宝飾製品の生産額全国1位をほこる「宝石の地やまなし」へと発展していきました。

*根付：印籠という小型の容器やたばこ入れなどを腰に下げるときに、帯にはさむひもの先端につけ、すべり止めにした小型の細工物。

甲州印伝（その他の工芸品）

印伝づくりの技術を今日に受けつぐ

甲州印伝は、甲府市を中心につくられている革製品です。鹿革に漆で模様をつけるなどして、バッグや財布など、さまざまなものをつくっています。

日本の革工芸の歴史は古く、奈良時代には、革を染めたり革に模様を描いたりするなど、さまざまな技術が生み出され、発展していきました。なかでも、強度を備えた鹿革は、鎧や兜などの武具にも用いられました。

江戸時代になると、貿易のために日本を訪れた外国人が、印度の装飾革を幕府に献上します。そして、その華麗な色に影響を受けて日本でつくられるようになった革製品は、印度伝来を略して、印伝とよばれるようになったといわれています。

その後、日本各地で印伝がつくられるようになり、現在の甲府市を中心とした地域も、江戸時代末期には、印伝の産地として栄えました。しかし、古くからの印伝づくりの技法を今日に受けつぎ、産地として発展をとげたのは、甲州印伝をつくる、この地域だけです。

素材が生む甲州印伝の特徴

甲州印伝の製造技法はいくつかありますが、染色されて裁断された鹿革を、漆で模様をつけてから縫い上げ、仕上げていく「漆付けの技法」が代表的です。

素材の鹿革は、軽くて丈夫で、やわらかな感触があります。そのため、甲州印伝は、使いこむほど手になじみ、自然の感触をいつまでも楽しめるといいます。同じく、素材の漆は、防水性の高さといった実用的な特徴がありますが、時がたつほど色つやがさえ、深みのある光沢（→P22）が生まれるといわれています。

また、鹿革に漆で模様をつけるには、型紙（→P34）を使いますが、模様は多種多様で、数百種類あるといいます。

甲州手彫印章（その他の工芸品）

甲州水晶貴石細工の材料と技術を活用して

甲州手彫印章は、甲府市などでつくられているはんこです。江戸時代末期の19世紀の中ごろの記録には、現在の甲府市に、印章をつくる職人とそれをあつかう商人がいたと記されています。

当時は、甲州水晶貴石細工（→左ページ）でも使用する地元産の水晶とその加工技術を利用して印材（印章の材料）をつくり、版木*をつくる技術を利用して印面（印章としての使用面）に文字を彫り、印章をつくっていました。その後の技術の発展により、水晶だけではなく、ツゲという木や水牛の角などを材料とした印章もつくられるようになり、この地域での印章づくりがさかんになりました。

そうしたこともあり、現在の山梨県には、印材メーカー、印面彫刻業者、印章販売業者など、印章にかかわる会社が集まっています。

すべてが手作業でつくられる甲州手彫印章

甲州手彫印章は、昔ながらの道具を使い、丹念な手作業でつくられます。その工程は、砥石で印材の印面を平らにする「印面調整」、文字と書体を選んで和紙に完成時の文字を書く「印稿」、彫刻文字の配置と配分をおこなう「字割」、印稿の文字を見ながら印面に文字を書く「字入」、書きこまれた文字を慎重に彫り上げる「粗彫」、文字を整える「字直し」などです。

印章には、実印や銀行印のように、本人であることを証明する大切なものもあります。こうした印章は、唯一無二（ただ一つであって二つとない）でなければなりません。手彫りだからこそ、たとえ同じ人が同じ文字を彫ったとしても、同じものができないので、印章づくりには、手彫りの技術が欠かせません。

＊版木：文字や絵などを彫った木版。

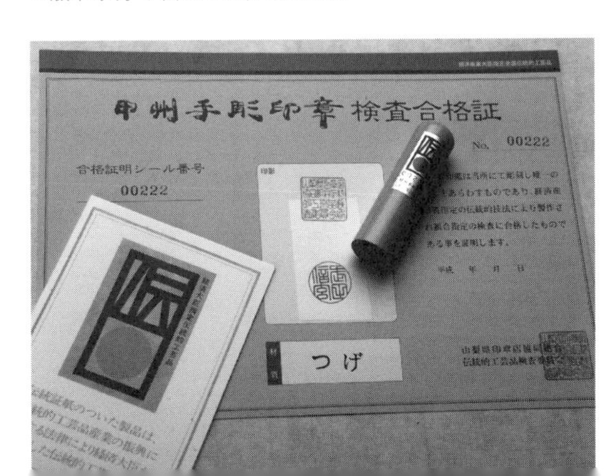

長野県

経済産業大臣指定伝統的工芸品

番号	名称［分類］	おもな製品	おもな製造地
①	信州紬［織物］	着物地、帯、羽織	長野市、松本市、上田市、岡谷市、飯田市、駒ヶ根市ほか
②	木曽漆器［漆器］	座卓、盆、膳、重箱、そば道具、花器、家具	松本市、塩尻市、木曽町
③	松本家具［木工品・竹工品］	箪笥、飾り棚、座卓	松本市、塩尻市、安曇野市、木祖村
④	南木曽ろくろ細工［木工品・竹工品］	木地鉢、茶櫃、盆、汁椀	南木曽町、阿智村
⑤	信州打刃物［金工品］	鎌、包丁、なた	長野市、千曲市、信濃町、飯綱町
⑥	飯山仏壇［仏壇・仏具］	金仏壇	飯山市
⑦	内山紙［和紙］	障子紙、永年保存用紙、加工書道用紙、紙加工品など	飯山市、野沢温泉村、栄村

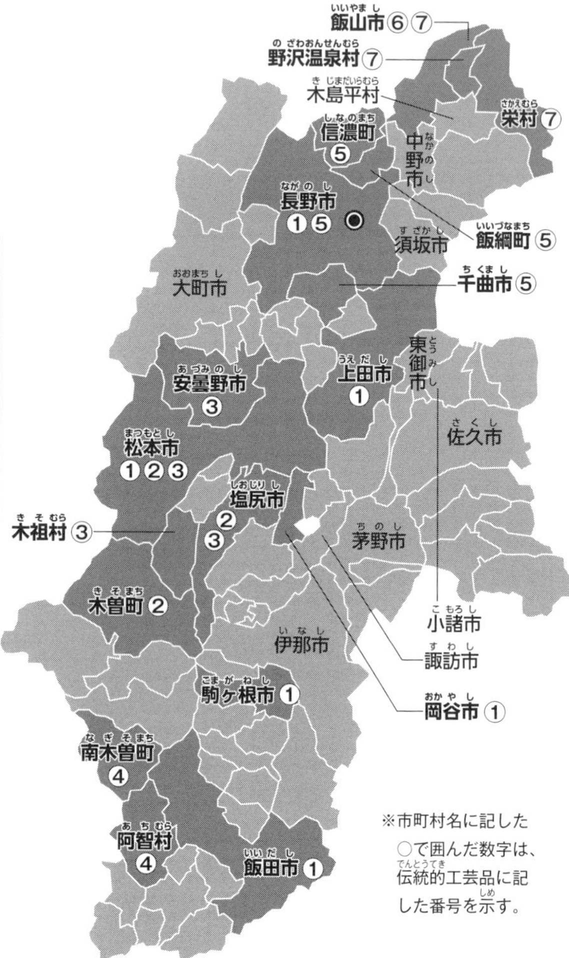

※市町村名に記した○で囲んだ数字は、伝統的工芸品に記した番号を示す。

木曽漆器（漆器）

丈夫で長もちする漆器づくりを実現した土

木曽漆器は、長野県南西部を流れる木曽川と奈良井川の流域にある木曽谷でつくられています。その歴史は、江戸時代初期の17世紀のはじめにさかのぼります。木曽谷は、日本三大美林（→P16）のひとつとして知られる木曽ヒノキの産地で、そのヒノキでつくった白木*の製品に漆を塗ったのがはじまりといわれています。その後、中山道を通る旅人のあいだで、みやげものとして人気がありました。

明治時代になると、錆土という鉄分を多く含む土が地元で発見されます。下地づくり（きれいに仕上げるための基礎をつくる工程）で、この錆土を生漆（→P18）に混ぜた下地漆を木地（→P16）に塗ると、丈夫で長もちする漆器ができ上がるのです。このことで、木曽漆器は、使い勝手の良い漆器として、全国に知られるようになりました。

＊白木：皮をけずっただけで、何も塗っていない木。

伝統的な技法を守りながら新しいことに挑戦

木曽漆器には、３種類の特徴的な塗り方があります。木目の美しさを表現する「木曽春慶」、漆を何層も塗り重ねてまだら模様を表現する「木曽堆朱」、色のちがう漆を塗り分けて模様をつくり出す「塗分呂色塗」です。

もちろん、蒔絵（→P26）や沈金（→P26）といった漆器の伝統的な技法も取り入れています。

また、新しいことにも取り組んでいます。日本各地の文化財の修復での漆塗りや、メダルや時計、ガラスやコンピューターの関連機器（マウス）などのさまざまな素材への漆塗りは、その一例です。

松本家具（木工品・竹工品）

松本盆地の特性をいかしてつくる家具

長野県中央部の松本市を中心につくられている松本家具は、16世紀後半の安土桃山時代に城下町が整備されたときに、町の産業としてはじまったといわれています。松本市を中心とした松本盆地は、周辺の山に木材が豊富です。また、空気が乾燥していて風が強く、木材がよくかわくので、その貯蔵にも加工にも適していました。

江戸時代末期になると、庶民の生活で使う家具の生産もはじまり、その後、交通の発達とともに、全国各地に売られるようになりました。

頑丈な家具を生む組手と接手

松本家具の材料は、ケヤキやナラなどの無垢材*です。家具で使用する部分に応じて無垢材から部材を取る「木取り」や、家具を組み立てるために各部分の部材を加工する「木地加工」をおこない、組み立てを終えてから漆を塗り、金具を取りつけて仕上げると完成します。こうしたすべての工程を、１人の職人がこなします。

松本家具の特徴は、重厚さ（→P19）と木目の美しさですが、最大の特徴とされる丈夫なつくりを実現するのは、木地加工の工程で用いる「組接技法」による組手と接手です。組手は、２つの部材を直角または斜めにつなぎ合わせる方法で、接手は、部材と部材を同じ方向につなぎ合わせる方法です。どちらも、出っぱり（ほぞ）をつくった片方の部材に、穴（ほぞ穴）をつくったもう片方の部材を接合し、釘を使わずに２つの部材を組む方法です。古くから社寺建築などに用いられ、一度組んだらはずれないので、頑丈な家具ができるのです。

＊無垢材：合板や集成材のような複数の板を接着剤ではり合わせたものではなく、使用する形状に応じて、丸太から切り出した木材。

内山紙（和紙）

コウゾ100％が強くて長もちする和紙を生む

はじまりは、江戸時代前期の17世紀の中ごろです。美濃国（現在の岐阜県南部）で製法を学んだ職人が、現在の長野県北東部にある木島平村の内山というところで紙を漉き、その後、雪深い冬の農家の副業として、さかんになりました。いまでは、となりの飯山市などでつくられています。

内山紙は、和紙の原料としてはもっとも強くてしなやかなコウゾを100％使用しているので、強くて長もちするだけではなく、通気性と保湿力に優れています。また、光をよく通し、日に焼けることがないという特質もあるので、障子紙としては最適で、長期間保存するための紙にも適しています。

冬の厳しさが生む白くて質の良い和紙

内山紙の特質を生むのは、凍皮や雪さらしという作業です。凍皮は、水にひたしたコウゾを、夜間に外に出して凍らせ、皮をはがしやすくする作業です。雪さらしは、多量の雪でコウゾをさらして白くする作業です。

こうした作業をへたコウゾは、煮たり繊維をほぐしたりしてから水槽（漉き舟）に入れ、簀桁という用具を使って漉きます。そして、水気をしぼって乾燥させると、白くて質の良い内山紙ができ上がります。

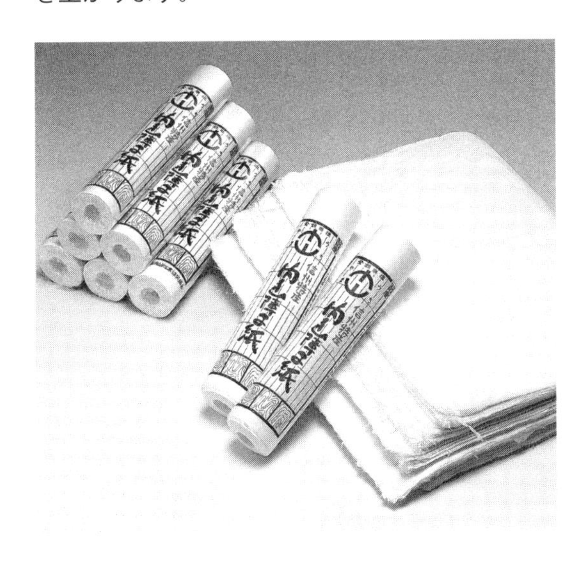

新潟県（にいがたけん）

※市町村名に記した○で囲んだ数字は、伝統的工芸品に記した番号を示す。

経済産業大臣指定伝統的工芸品

番号	名称［分類］	おもな製品	おもな製造地
①	羽越しな布［織物］	帯、小物	村上市
②	塩沢紬［織物］	着物地	南魚沼市
③	本塩沢［織物］	着物地	南魚沼市
④	小千谷縮［織物］	着物地、洋服、室内インテリア	長岡市、小千谷市、十日町市
⑤	小千谷紬［織物］	着物地、室内インテリア	長岡市、小千谷市、十日町市
⑥	十日町絣［織物］	着物地、和装小物	十日町市、津南町
⑦	十日町明石ちぢみ［織物］	着物地	十日町市
⑧	村上木彫堆朱［漆器］	重箱、盆、茶器、花器、菓子器	村上市

番号	名称［分類］	おもな製品	おもな製造地
⑨	新潟漆器［漆器］	盆、箱、座卓類、花器、茶器	新潟市、加茂市
⑩	加茂桐簞笥［木工品・竹工品］	簞笥	加茂市
⑪	燕鎚起銅器［金工品］	茶器、台所用品、酒器、文房具	燕市
⑫	越後与板打刃物［金工品］	のみ、鉋、まさかり、ちょうな、彫刻刀、切り出し、やり鉋	長岡市
⑬	越後三条打刃物［金工品］	包丁、切出小刀、鉋、鑿、鉈、鉞、鎌、木鋏、ヤットコ、和釘	三条市
⑭	新潟・白根仏壇［仏壇・仏具］	仏壇・仏具	新潟市
⑮	長岡仏壇［仏壇・仏具］	金仏壇	長岡市、小千谷市、十日町市
⑯	三条仏壇［仏壇・仏具］	金仏壇、宗教用具	新潟市、三条市、燕市

塩沢紬（織物）

古くからの麻織物の技術や技法を絹織物に応用

塩沢紬は、新潟県南東部の南魚沼市でつくられている絹織物です。塩沢は、南魚沼市にある地名です。

新潟県（かつての越後国）の織物の歴史は古く、南魚沼市とその周辺では、越後上布とよばれる上等な麻織物が古くからつくられていて、奈良時代につくられたものが、正倉院*に保存されています。この麻織物の技術や技法を絹織物にとり入れたのが塩沢紬です。はじまりは、江戸時代中期の18世紀後半です。

蚊絣という、蚊が群がって飛んでいるように見える細かい十字の絣模様（かすれたような模様）が特徴で、独特の上品さと落ち着きがあります。

独特の絣模様を生む細かな図案

塩沢紬は、生糸と玉糸（→P41）をたて糸に使い、真綿を手で紡いだ糸をよこ糸に使い、括りや摺り込みという作業で絣模様をつけ、手作業で１本１本あわせて織り上げます。括りは、よこ糸を綿糸でくくる作業で、染色の前におこなうことで、くくった部分に色がつきません。摺り込みは、たて糸の決められた部分に、ヘラで染料をすりこんでいく作業です。

こうした作業によって生まれる絣模様は、柄を決めて絣の位置などを方眼紙に記した「図案」にもとづきます。紬は、先に糸に色をつけてから織り上げることで模様を出すので、製造工程の最初に作成される細かな図案は、重要な役割をはたします。

＊正倉院：奈良市の東大寺にある、皇室の宝物をおさめた倉庫。

小千谷縮（織物）

古くからつくられている麻織物を改良して発展

小千谷縮は、新潟県中央部の小千谷市を中心につくられている麻織物です。縮とは、布全体に細かいしぼの入った織物です。しぼは、糸をよる（ひねる）ことによって織面にあらわれる波のようなしわです。

越後国（現在の新潟県）では、1000年以上前から、平織り*の麻織物がつくられていました。江戸時代前期の17世紀の中ごろになると、しぼが布に加えられるようになり、それが小千谷縮となりました。

しぼがあることで肌につかず、さらっとしていて涼しいので、夏の衣料として評判になり、将軍に献上されるようになりました。また、苧麻という麻が原料の糸でつくる小千谷縮は、水分を吸いやすく、吸った水分をよく発散するので、すぐに乾燥するという特徴があります。

雪国ならではの製作工程も

小千谷縮は、苧麻を紡いで糸をつくり、よこ糸によりをかけて染め、染めていないたて糸とともに織り上げてつくります。よこ糸だけによりをかけて染めるのは、しぼをつくり、絣模様（かすれたような模様）を生むためです。織り上がった布を湯の中でもむと、よりをかけたよこ糸が波を打ち、しぼができるのです。

小千谷縮は、雪国の長い冬の仕事として発展したこともあり、雪を利用した製作工程もあります。でき上がった織物を雪の上に置いてさらす「雪さらし」です。この工程が、織物を漂白し、絣模様を美しくします。

こうした昔ながらの技術や技法でつくられる小千谷縮は、国の重要無形文化財（→P32）に指定されています。

＊平織り：たて糸とよこ糸を1本ずつ交差させていく織り方。

十日町絣（織物）

雪国の人びとの根気強さが生んだ絹織物

十日町絣は、新潟県南東部の十日町市などでつくられている、かすれたような模様のある絹織物です。江戸時代末期の19世紀の中ごろに、越後縮という地元の麻織物の絣模様をつくり出す技術を絹織物に応用し、はじまりました。

十日町市をはじめとした魚沼地方は、日本有数の豪雪地帯として知られます。昔は、根気強く糸を紡いで機を織る*作業が、雪にとざされた冬に生計を立てていくためには、とても大切な仕事でした。そうした昔の人びとの苦労もあり、技術は向上し、受けつがれていきました。

入念な設計が生む細やかな絣模様

十日町絣は、先に糸を染めてから織り上げるので、絣模様を生み出すための設計を、入念におこないます。もとの図案や見本をもとに、柄の位置を決め、方眼紙を用いて図案をつくり、どの位置の糸に絣が入るのかを細かく設計します。それから、この図案をもとに、たて絣とよこ絣の模様を分解し、定規をつくります。

そして、この定規を使って糸に墨で印をつけます。その印をもとに、色をつけない部分を綿糸などでくくる「くびり」と、ヘラを使って染料をすりこむ「摺り込み」などをおこなうと、染められて絣模様がついた「絣糸」ができ上がります。

この絣糸を、たて糸とよこ糸の両方に使い、絣模様の位置を確認しながらていねいに織り上げると、細やかな模様を表現する十日町絣が完成します。

＊機を織る：織物をつくる装置を使って、布を織ること

村上木彫堆朱（漆器）

武士が技術を身につけて発展

堆朱は、朱色の漆を何回も塗り重ねて厚い層をつくり、それに文様を彫刻したものです。村上木彫堆朱は、木彫りの素材に漆を塗り、堆朱に似せたもので、新潟県北部の村上市でつくられています。

はじまりは、室町時代中期の15世紀のはじめといわれています。京都の漆器職人が中国の堆朱をまねて生み出した木彫の上に漆を塗る技法が、この地で寺院を建てるときに伝わりました。

江戸時代後期の19世紀のはじめには、江戸の名工に学んだ村上藩の武士が、堆朱の技術を藩内に伝えたことで、広がりました。さらに、江戸時代末期には、研究を重ねて技術を進歩させ、今日の村上木彫堆朱の基礎を築き上げました。

彫刻を引き立てる漆塗り

村上木彫堆朱の製造では、まず、天然のホオノキやトチの木を使って木地（→P16）をつくります。次に、木地に下絵を描き、彫刻をほどこします。その後、漆塗りをおこない、細かな彫刻をほどこして仕上げます。

村上木彫堆朱には、使用する漆の種類や塗り方などのちがいにより、堆朱、堆黒、朱溜塗り、金磨塗り、色漆塗り、三彩彫りという6つの技法があります。これらの技法により、彫刻をより引き立て、華やかさが生まれます。

加茂桐箪笥（木工品・竹工品）

柾目の美しさを生むキリの板の組み合わせ

新潟県中部の加茂市は、多くの箪笥店や材木店があり、全国の桐箪笥の７割ほどを生産しています。加茂桐箪笥は、その加茂市の周辺でとれた良質なキリの木を使い、江戸時代後期の19世紀のはじめにつくられるようになりました。

桐箪笥には、ほかの箪笥にはない木目の美しさがあります。その美しさを実現するのは、柾目という、キリの板の平行な木目です。柾目は、キリの木を製材し、箪笥に変色や寸法の狂いが出ないようにするために３年ほど自然乾燥させ、木目をそろえて１枚の板につなぎ合わせることで生まれます。つまり、キリの板の最適な組み合わせを職人が見極めることで、キリの淡い地色に濃い茶褐色の線を刷毛で引いたような、美しい柾目が生まれるのです。

表面を削ってきれいにして長く使える箪笥

加茂桐箪笥は、キリの板で部材をつくり、それを組み立てることで完成しますが、やわらかいキリを傷つけないようにするため、鉄釘を使いません。そこで、部材と部材を接合するときには、ほぞ組みといった技法のほか、木釘を用います。ほぞ組みは、出っぱり（ほぞ）をつくった片方の部材に、穴（ほぞ穴）をつくったもう片方の部材を接合し、組む方法です。木釘は、古くなった桐箪笥の表面を削ってきれいにするときに、鉋で一緒に削ることができます。

こうして完成した加茂桐箪笥は、何世代にもわたって長く使うことができ、キリの特性をいかして、湿気や虫から内部の衣類などを守ります。

燕鎚起銅器（金工品）

燕市の金属加工業のはじまり

燕鎚起銅器は、１枚の平らな銅板を鎚で打ち起こして（くりかえし打って）つくる器です。この燕鎚起銅器をつくる新潟県中央部の燕市は、金属加工業がさかんで、ナイフ、フォーク、スプーンなどの洋食器の生産で知られます。

燕市の金属加工業は、江戸時代初期の和釘*の生産によってはじまります。そして、近くの弥彦山で銅が産出されるようになると、銅細工がさかんになりました。江戸時代中期の18世紀の中ごろには、仙台から訪れた鎚起銅器の職人が、その技術を、この地の人びとに伝えます。すると、鍋や釜、やかんといった生活用具を中心に、鎚起銅器の生産がはじまりました。

このことが、現在の燕市で、第一次世界大戦（1914～1918年）以降にさかんになった、洋食器生産などの金属加工業の基盤となりました。

燕鎚起銅器の立体的な形を生む高度な技術

燕鎚起銅器は、つぎ目のない器を、１枚の銅板をたたいてつくり上げます。

まず、型取りをして決められた寸法に切り取られた銅板を、側面部を木槌でたたいて皿状に打ち起こしていきます。その後、皿状の銅板を金槌でたたき、筒状、さらに袋状に、打ち縮めていきます。その間に、たたくことでかたくなってしまう銅をやわらかくするために、火炉で熱してから水につけて冷やす「焼き鈍し」を何回もおこないます。そして、金槌を使った成形をおこない、ひずみを取り去り、全体のバランスを整え、溶液につけて着色すると、燕鎚起銅器は完成します。

こうした工程を１人でこなす職人には、やかんの注ぎ口のような出っ張った部分までも打ち起こすことができる、高度な技術があります。

＊和釘：日本古来の断面が四角形の釘。

越後三条打刃物（金工品）

金物町として知られる三条市の原点

米づくりをはじめとした農業がさかんな新潟県では、中部の三条市で、鎌や鍬などの農具が、中世からつくられていました。江戸時代になると、冬の農家の副業として、和釘（→P55）づくりがおこなわれるようになります。ところが、1657年に江戸でおきた明暦の大火の復興で大量の和釘が必要になったこともあり、農家の副業ではなく、和釘づくりを専業とする職人が生まれました。

その後、信濃川の河川交通を利用することで商業が発達すると、ほかの地域でおこなわれている産業との交流や、金物商人を通じた江戸などの消費地との情報交換が進みます。そして、鑿や鉋などの大工道具とともに、包丁や切出小刀[*1]など、さまざまな刃物の製造もおこなわれるようになりました。

現在の三条市は、大阪府の堺市、兵庫県の三木市とともに、日本三大金物町といわれています。その基礎となったのは、江戸時代にさかんになった和釘づくりと大工道具や刃物などの生産です。

包丁や道具などの10の品目による伝統的工芸品

打刃物とは、鉄を打ち鍛えてつくる刃物のことです。鉄をたたいたりのばしたりする「鍛冶」のほかにも、研ぐことで刃物を仕上げる「刃付け」など、さまざまな工程があり、すべて手作業でおこなわれています。

三条打刃物は、包丁、切出小刀、鉋、鑿、鉈、鉞、鎌、木鋏[*2]、ヤットコ[*3]、和釘の10品目を、伝統的工芸品の指定品目としています。

＊1 切出小刀：彫刻や竹細工などのほか、鉛筆削りや模型づくりにも用いる道具。
＊2 木鋏：生け花、植木や生垣の手入れ、盆栽づくり、果樹の収穫などに使用する道具。
＊3 ヤットコ：切る、つかむ、はさむ、つぶす、ねじるための道具で、ペンチに似ている。

新潟・白根仏壇（仏壇・仏具）

古くからの信仰が生産を後押し

新潟・白根仏壇は、江戸時代前期の元禄年間（1688～1704）に、京都から仏壇づくりの技術が伝わり、現在の新潟市で製造がはじまりました。白根は、新潟市にある地名です。

この地は、浄土真宗の信徒が多く、古くから信仰がさかんでした。また、気候が高温多湿で、材料の漆のあつかいに適していました。さらに、18世紀後半になると、独自の技術が生み出されるとともに、木地師、彫刻師、金具師、蒔絵師[*1]、塗師という各製造工程を担当する職人もそろい、分業制による生産体制が整いました。

手仕事が実現する豪華で頑丈な仕上がり

新潟・白根仏壇の製造では、ヒノキ、ヒメコマツ、ケヤキなどの木を用いて、木地と宮殿をつくり、その寸法に合わせて、彫刻と金具をつくります。完成した彫刻や木地、宮殿には漆を塗り、蒔絵（→P26）をほどこして金箔をはり、金具を取りつけて組み立て、仕上げます。こうした工程は、職人による分業で、すべてが手仕事です。

仏壇の本体にあたる木地は、頑丈に仕上げられ、仏教の各宗派の内陣[*2]を縮小した宮殿は、仏壇の命ともいえる部分なので、豪華な仕上がりになっています。また、宮殿は、分解が可能なので、解体して洗うことで、まるで新品のように再生することができます。さらに、彫刻や蒔絵、金箔や金具が、上品な美しさを備えた、おごそかで立派な仏壇に仕上げます。

＊1 蒔絵師：蒔絵（→P26）をおこなう職人。
＊2 内陣：寺院の本堂で、本尊を安置してある神聖な場所。

北陸・東海地方

禄剛崎
珠洲岬
宝立山471
高洲山567
猿山岬
能登半島
海士岬
七尾湾
能登島
石動山564
舳倉島
黒部川
富山湾
小矢部川
神通川
庄川
常願寺川
宝達山637
富山
砺波平野
富山平野
飛
朝日岳2418
白馬岳2932
剱岳2999
鹿島槍ヶ岳2889
立山3015
騨
日本海
河北潟
金沢
医王山939
富山県
手取川
金沢平野
両
薬師岳2926
白木峰1596
宮川
黒部五郎岳2840
三俣蓮華岳2841
石川県
槍ヶ岳3180
穂高岳3190
焼岳2455
乗鞍岳3026
山
脈
笈ヶ岳1841
九頭竜川
三里浜砂丘
大日山1368
白山2702
庄川
白
越前海岸
福井平野
福井
経ヶ岳1625
大日ヶ岳1709
鷲ヶ岳1672
大野盆地
越前岬
荒島岳1523
烏帽子岳1625
福井県
九頭竜湖
（九頭竜ダム）
平家岳1442
御嶽山3067
立石岬
若狭湾
敦賀半島
木ノ芽峠
能郷白山1617
岐阜県
地
長良川
常神岬
間ノ岳3189
鋸崎
三国岳1209
飛騨川
小浜湾
三方五湖
揖斐川
塩見岳3047
赤石岳3120
頭巾山871
伊吹山1377
岐阜
木曽川
恵那山2191
富士山3776
聖岳3013
宝永山2693
百里ヶ岳931
赤石山脈
光岳2591
濃尾平野
茶臼山1415
富士川
庄内川
矢作川
美濃三河高原
大無間山2329
愛鷹山1504
名古屋
段戸山1152
鈴鹿山脈
御在所山1212
豊川
蕎麦粒山1627
狩野川
初島
大瀬崎
岡崎平野
鳳来寺山695
秋葉山885
静岡県
鈴鹿川
愛知県
安倍川
駿河湾
天城山1405
達磨山982
伊勢湾
知多湾
渥美湾
伊豆半島
津
知多半島
三河湾
豊橋平野
浜名湖
三方原
牧ノ原
大井川
石廊崎
雲出川
伊良湖岬
天竜川
遠州灘
御前崎
宮川
答志島
菅島
櫛田川
朝熊ヶ岳555
志摩半島
的矢湾
国見山1419
池木屋山1396
三重県
英虞湾
大王崎
紀伊山地
大台ヶ原山1695
太平洋
尾鷲湾
高峰山1045
三木崎
北山川
熊野灘
熊野川
（新宮川）

富山県

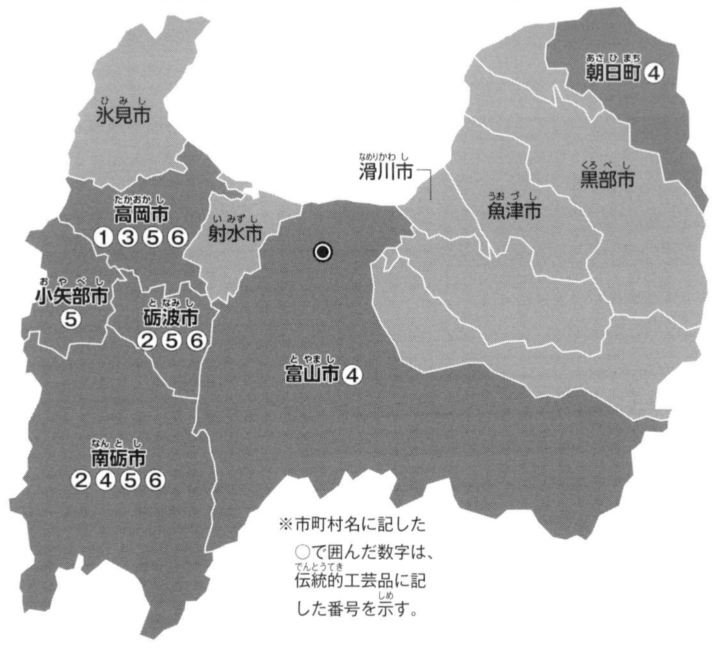

経済産業大臣指定伝統的工芸品

番号	名称［分類］	おもな製品	おもな製造地
①	高岡漆器［漆器］	盆、箱物、室内調度品	高岡市
②	井波彫刻［木工品・竹工品］	欄間、天神様・獅子頭等の置物、衝立、パネル	砺波市、南砺市
③	高岡銅器［金工品］	花器、香炉、ブックエンド、文鎮、パネル、置時計、壁面レリーフ、照明器具	高岡市
④	越中和紙［和紙］	染紙、書画・版画用紙	富山市、南砺市、朝日町
⑤	越中福岡の菅笠［その他の工芸品］	菅笠	高岡市、砺波市、小矢部市、南砺市
⑥	庄川挽物木地［工芸材料・工芸用具］	茶盆、茶托、菓子器、椀、茶櫃、茶筒、銘々皿、盛鉢	高岡市、砺波市、南砺市

井波彫刻（木工品・竹工品）

江戸時代中期に伝わった彫刻技術をもとに発展

はじまりは、江戸時代中期の18世紀後半です。現在の南砺市北部にある井波で、焼失した寺院の本堂を建て直したときに、京都から派遣された彫刻師が、地元の大工に技術を伝えました。

江戸時代は、大工との兼業で、寺社の彫刻をおこなうことが中心でしたが、明治時代になると、高い技術をいかして彫刻を専業とするようになり、住宅用の欄間などを彫るようになりました。欄間とは、和室などの間仕切り部分の天井と鴨居*1のあいだに、光と風を入れるために設けられる、装飾を備えた木製の枠です（写真）。

以後、井波彫刻は、京都の東本願寺や日光東照宮などの全国各地の寺社彫刻を手がけるとともに、欄間に加え、衝立や置物など、さまざまなものをつくってきました。

なお、井波彫刻は、「宮大工の鑿一丁から生まれた木彫刻美術館・井波」として、文化庁の日本遺産*2に認定されています。

道具を使いこなす職人の高度な彫刻技術

井波彫刻の代表的な製品は、景色や花鳥などの絵を、表と裏の両面からくりぬいてから彫り上げる「透かし深彫り」の欄間です。

欄間づくりでは、材料のケヤキやクスに、図案として作成した下絵を写し、糸鋸を使って、穴をあける部分を切り取ります。その後、さまざまな種類の鑿や彫刻刀を使って輪郭を彫り、さらに、きれいに彫り上げて彫刻を浮き上がらせます。そして、微妙な曲線部分やなめらかな表面を仕上げます。こうした工程の背景には、200本以上の鑿や彫刻刀を使いこなす、職人の高度な彫刻技術があります。

*1 鴨居：引き戸や障子、襖などをはめる部分の上部にわたした、溝のついた横木。
*2 日本遺産：文化財によって地域の歴史や文化の特色をわかりやすく表現した「ストーリー」を、文化庁が認定するもの。

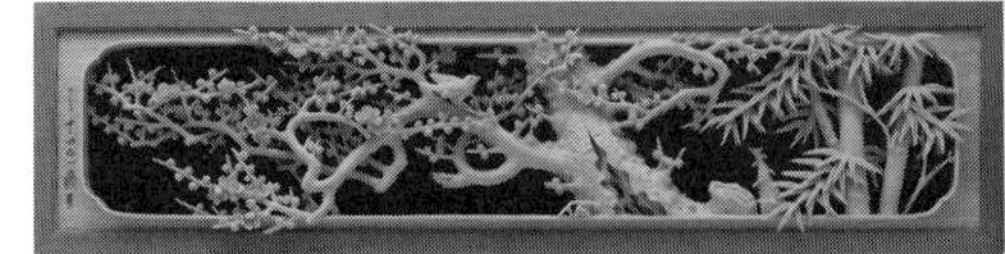

高岡銅器（金工品）

海外の万国博覧会への出品をきっかけに発展

高岡銅器は、富山県西部の高岡市で、銅に亜鉛や錫などを混ぜた銅合金を使ってつくられる製品です。卓上の置物や大仏など、小さなものから大きなものまで、製品はさまざまです。

はじまりは、江戸時代初期の17世紀のはじめです。この地を治めた前田家が、鋳物の発祥の地といわれる河内国（現在の大阪府南東部）の丹南というところから職人を招き、工場を開設しました。鋳物とは、金属を溶かして、鋳型とよばれる型に流しこみ、冷やして固まらせてできた製品です。

最初は、鉄製の鋳物で、農機具などをつくっていましたが、江戸時代中期になると、銅合金の鋳物で、工芸品や美術品もつくるようになります。

さらに、明治時代になると、彫金*などをほどこした新たな鋳物をつくり出します。そして、海外の万国博覧会に出品したことで、世界から高く評価され、発展していきました。

各工程の技術や技法が生む金属の美しさ

高岡銅器の製作は、原型づくり、鋳造、仕上げ加工、着色という工程をたどります。製品の設計図をもとに、粘土や石こうなどで原型をつくり、それを用いて鋳型をつくります。そして、溶かした銅合金を鋳型に流しこみ、冷やして固まらせます。その後、鋳型をはずし、磨いたり彫金をほどこしたりしてから、さまざまな薬品と技法を用いて着色し、仕上げていきます。

こうした工程は、各工程を担当する職人が、受けつがれてきた技術や技法を用い、連携しながら、分業でおこないます。その結果、鋳造によって美しく形づくられた金属には、彫金によって上品な美しさが加わり、着色によって多彩な表情が生まれます。

＊彫金：金属の表面を彫ったり打ったりして、模様をあらわすこと。

越中和紙（和紙）

古くから伝わる技術でつくる3種類の和紙

はじまりは古く、奈良時代です。「正倉院文書*1」という古文書などに、「越中国紙」という記載があります。また、平安時代に書かれた「延喜式*2」にも、税としておさめるものとして、和紙が記されています。

越中和紙には、八尾和紙、五箇山和紙、蛭谷和紙の３種類の和紙があり、江戸時代に発展しました。八尾和紙は、現在は富山市の一部となっている八尾町でつくられ、富山の売薬*3の包み紙などに使用されてきました。五箇山和紙は、現在の南砺市の一部となっている平村でつくられ、蛭谷和紙は、富山県北東部の朝日町でつくられ、どちらも、障子紙などに使用されてきました。

型染めによる模様紙で知られる越中和紙

越中和紙の原料は、コウゾやミツマタという木の皮です。乾燥させてから水や雪にさらすと、皮がやわらかくなり、純白の和紙ができます。

和紙づくりの工程は、原料を薬品で煮る「煮熟」、皮の繊維をほぐす「叩解」、水槽（漉き舟）に入れて簀桁という用具を使って漉く「紙漉き」、水気をしぼってかわかす「乾燥」です。

なお、越中和紙では、型染めという技法で、模様紙がつくられています。型染めは、模様の図案を作成して型紙（→P34）を彫り、その型紙を和紙の上に伏せ、色をつけない部分に糊を置いてから染めます。そして、水で洗って糊を落とし、乾燥させると、美しい模様が浮かび上がります。

＊1 正倉院文書：東大寺正倉院（→P53）に保管されていた８世紀の事務帳簿。
＊2 延喜式：平安時代の法令集（法律や規則などを収録した出版物）。
＊3 富山の売薬：全国に薬を売り歩く行商人が、各家庭に薬を預け、次に訪問したときに使った分だけ代金を受け取るしくみとして、江戸時代にはじまった。

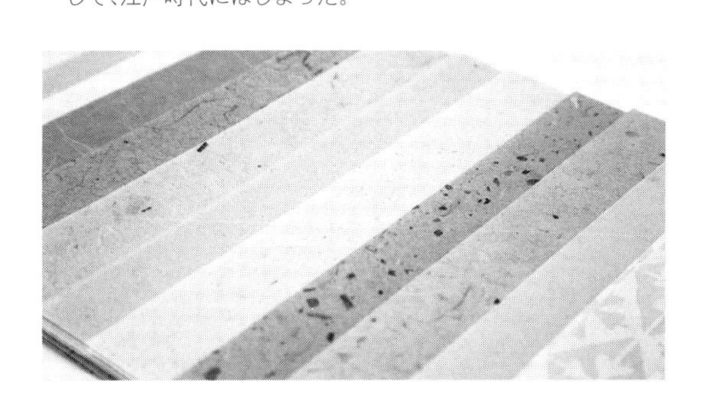

石川県

経済産業大臣指定伝統的工芸品

番号	名称［分類］	おもな製品	おもな製造地
①	牛首紬［織物］	和装用品、着物地、帯、小物類	白山市
②	加賀友禅［染色品］	着物地、帯、小物	金沢市
③	加賀繍［その他繊維製品］	着物地、帯、袱紗、衝立、掛軸、装飾用額	金沢市、能美市、白山市
④	九谷焼［陶磁器］	花器、食器、茶器、置物、酒器	金沢市、小松市、加賀市、能美市
⑤	輪島塗［漆器］	什器、装飾品、家具	輪島市
⑥	山中漆器［漆器］	盆、茶托、重箱、茶道具	加賀市
⑦	金沢漆器［漆器］	室内調度品、茶道具、花道具	金沢市、野々市市、内灘町
⑧	金沢仏壇［仏壇・仏具］	仏壇	金沢市
⑨	七尾仏壇［仏壇・仏具］	仏壇、みこし、宗教用具	七尾市、中能登町
⑩	金沢箔［工芸材料・工芸用具］	神社仏閣、仏壇仏具、織物の金糸・銀糸、漆器の蒔絵・沈金、陶磁器の絵付け、屏風・襖紙・壁紙、看板・金文字・水引き・表具用	金沢市、小松市ほか

牛首紬（織物）

白山の麓に800年以上前から伝わる絹織物

はじまりは、平安時代末期の12世紀の後半です。平治の乱*1で敗れた源氏の武者たちが、かつて白山の麓にあった牛首村（現在の白山市の南部にあった村）に逃れ、その妻たちが、機織り*2の技術を伝えたといわれています。

江戸時代前期の元禄年間（1688～1704）には、牛首紬の名が使われるようになり、江戸時代後期の文化・文政の時代（1804～1830）には、全国的に知られるようになったという記録があります。

紬は、絹織物の一種ですが、牛首紬は、使用する絹糸が太く、釘に引っかけても釘が抜けるほど丈夫な紬なので、「釘抜紬」ともよばれています。

＊1 平治の乱：朝廷内の権力争いが原因で、1159年に京都でおきた内乱。源氏と平氏の戦いにもなり、源氏が敗れ、平氏が政治の実権を握るきっかけとなった。

＊2 機織り：機（布を織る機械）で布を織ること。

糸と糸づくりに特徴がある牛首紬

牛首紬の製作では、糸づくりから、糸を染めて織り上げるまで、多くの工程があります。なかでも、糸づくりでは、製糸、撚糸、精錬など、製品のできばえを左右する重要な工程を、手仕事を中心におこないます。

製糸は、繭を煮て糸を繰り（たぐり）、何本かまとめて1本の糸にする工程です。撚糸は、数本の細い糸をひねり、からみ合わせていく工程です。精錬は、絹本来の感触や光沢（→P22）を出すために、石けんと炭酸ソーダの入った熱湯の中で、糸を練り上げる工程です。

なお、一般的な紬は、真綿を手でつむいだ紬糸で織りますが、牛首紬は、太くて節のある玉糸（→P41）で織ります。そのため、ネップ（繊維がからみ合ってできた糸の節）が多く、素朴さと上品さが感じられます。

写真提供：公益社団法人 石川県観光連盟

加賀友禅（染色品）

地元の技術と京都の技術がひとつになって発展

加賀国（いまの石川県）では、室町時代の15世紀の中ごろから、「梅染」という染めの技法がありました。梅染は、梅の木の皮と根でつくった染料で染める技法で、時代とともに進化し、江戸時代のはじめには、「加賀御国染」とよばれるようになりました。

いまから300年ほど前の江戸時代中期に、京都で友禅染という技法を確立した宮崎友禅斎（→P81）が金沢に移り住み、加賀御国染を発展させ、加賀友禅が生まれたといわれています。

美しい自然を表現する絵画のような染物

加賀友禅の特徴は、ありのままに表現された草花の模様を中心とした、絵画のような柄です。さまざまな色を用い、外側から内側に向けて色をぼかす技法などが用いられています。

つくり方は、手描友禅と型友禅の２種類です。

手描友禅では、下絵を生地にほどこし、下絵の線に沿って糊を置き、染料を用いて手描きで色をつけます。糊は、着色のときに染料がにじみ出るのを防ぎます。その後、着色した部分の上に糊を塗ってから着色していない部分を染める「地染め」をおこない、生地を蒸して染料を定着させ、最後に、余分な染料や糊などを落とすために、水洗いをおこないます。

型友禅では、模様が彫りぬかれた型紙（→P34）を用い、糊に染料を混ぜた「写し糊」で、布に模様を染め出します。

写真提供：公益社団法人 石川県観光連盟

加賀繍（その他繊維製品）

京都から伝わった刺繍による装飾技術をもとに

加賀繍は、かつて加賀国とよばれた石川県南部で、金沢市とその周辺でつくられている、模様などを糸で縫いこんだ刺繍です。室町時代初期の14世紀ごろに、仏教の広がりとともに、仏前の打敷（敷物）や僧侶の袈裟などの装飾として、京都から伝わりました。

江戸時代には、この地を治めた加賀藩（金沢藩）の保護を受け、独自の発展をとげて技術を確立し、装身具や大名の夫人たちの着物などの表面に、さまざまな装飾が加えられるようになりました。そして、明治時代以降は、婦人の内職として発展し、全国に知られるようになりました。

いまでは、絹糸のほか、金糸や銀糸を用いて刺繍をほどこす精巧な技術で、立体感のある図柄の高級呉服を生産しています。

職人の一針一針が美しい模様や絵を生み出す

加賀繍の製作は、図柄を描いた下絵を、刺繍をほどこす布に写しとることからはじまります。その後、製品にあわせて糸を染め、生地の色と図柄にあわせて、糸の配色（組み合わせ）をおこないます。そして、糸を、使用する色と太さに応じて縒り合わせ*、さまざまな針や技術を用いて手で縫いつけていくと、美しい模様や絵が生み出されます。

こうした丹念な手作業をへて完成する加賀繍には、職人の真心がこめられているといわれます。

＊縒り合わせる：ひねって、からみ合わせることで、1本の糸にすること。

写真提供：公益社団法人 石川県観光連盟

九谷焼（陶磁器）

古九谷と再興九谷からなる九谷焼の歴史

はじまりは、江戸時代前期の17世紀の中ごろといわれています。九谷（現在の加賀市）の鉱山で陶石が発見され、いまの佐賀県有田町（→P118）で磁器*をつくる技術を学んだ加賀藩（金沢藩）の職人により、はじめられました。ところが、17世紀の終わりになると、突然つくられなくなりました。

その後、江戸時代後期の19世紀に入ると、加賀藩により、ふたたび九谷焼がつくられるようになります。そのため、江戸時代前期にはじまったものを「古九谷」、江戸時代後期に再開したものを「再興九谷」とよんでいます。

色彩豊かな九谷焼を生む上絵付の作業

九谷焼には、多くの色の絵が描かれています。絵は、豪快でおおらかな線を書き、その上に、緑、黄、赤、紫、紺青の五色の和絵具を使って描きます。また、やや青みを帯びた落ち着いた色調の器が、そこに描かれる絵を引き立てます。

九谷焼のつくり方は、最初に、地元の陶石から粘土をつくり、ろくろ（→P21）などを使って器の形につくり上げます。その後、釉薬（→P30）という溶液をかけて焼き上げると、器の表面には、薄い層ができ、水や空気を通さなくなり、つやが出ます。最後に、焼き上がった器に細かい絵を丹念に描き入れる「上絵付」をおこない、ふたたび焼き上げると、色彩豊かな九谷焼が完成します。

*磁器：陶石という石を砕いてつくる粘土を原料にした焼き物で、色が白く、たたくと澄んだ音がする。

写真提供：公益社団法人 石川県観光連盟

輪島塗（漆器）

地元の土と丹念な作業により発展

はじまりは平安時代の中ごろの11世紀初期ともいわれていますが、技術が確立したのは室町時代中期の15世紀のことです。江戸時代前期の17世紀後半には、現在の輪島市で、漆に混ぜて使うと漆器が丈夫になる「地の粉」という土が発見され、発展していきました。

輪島塗の特徴は、こわれやすいところに布をはり、何回も漆を塗り重ねてあることです。そして、そこには、沈金（→P26）や蒔絵（→P26）などで豪華な模様がつけられています。そうしたこともあり、いたんだ漆器を修理して塗り直すことで、新品のように生まれかわり、長く使うことができます。

職人の分業が生む丈夫で美しい漆器

輪島塗には、完成までに100ほどの工程があり、木地（→P16）をつくる職人、漆を塗る職人、模様をつける職人による分業で完成します。

木地には、お椀や鉢などをつくる「椀木地」、重箱やお膳などをつくる「指物木地」、丸いお盆や弁当箱などをつくる「曲物木地」、銚子の口などの複雑な形をつくり出す「朴木地」があります。

こうした木地に地の粉を混ぜた漆を塗る「下地付け」をおこない、下塗、中塗、上塗と、何度も漆を塗ってはかわかす工程をくり返し、つやのある美しい漆器に仕上げます。

そして最後に、沈金や蒔絵などによって模様をほどこすと、丈夫で美しい輪島塗が完成します。

写真提供：公益社団法人 石川県観光連盟

山中漆器（漆器）

はじまりは木地師の移住

石川県南西部の加賀市でつくられている山中漆器のはじまりは、16世紀後半の安土桃山時代です。木地（→P16）の材料を求めて移ってきた木地師が、北陸地方の代表的な温泉として知られる山中温泉のあたりに住み、ろくろ（→P21）を使って器をつくる「ろくろ挽き」をおこないました。

その後、山中温泉を訪れる人たちへのみやげものとして、遊び道具などをつくるようになります。そして、江戸時代の中ごろになると、京都などから塗りや蒔絵（→P26）の技術を取り入れ、木地づくりとともに、漆器の生産がさかんになりました。

高度なろくろ挽きの技術による木地づくり

漆器は、木地師がつくった木地に、塗師が漆を塗るなどして完成しますが、山中漆器の特徴は、そのはじまりが木地師の移住ということもあり、高度なろくろ挽きの技術による木地づくりにあります。とくに、木地の肌にとても細い筋を入れて模様を生み出す「加飾挽き」は、千筋、糸目筋、ろくろ目筋、毛筋、稲穂筋などという数十種類の手法があり、高く評価されています。そして、摺漆という技法で、加飾挽きされた木地に漆をしみこませて仕上げると、美しい木目が際立ちます。

また、塗りの技術として特徴的なのは、蒔絵の部分が盛り上がっている「高蒔絵」です。この高蒔絵により、美しく豪華な漆器に仕上がります。

写真提供：公益社団法人 石川県観光連盟

金沢仏壇（仏壇・仏具）

浄土真宗の信仰と工芸職人の育成を背景に

はじまりは、江戸時代初期の17世紀です。仏壇づくりが金沢でおこなわれるようになった背景には、浄土真宗が広く信仰されていたことと、この地を治めた前田家が、さまざまな工芸の発展に努めたことがあります。

浄土真宗は、室町時代中期の15世紀後半に、この地を訪れた蓮如によって広められました。蓮如は、当時おとろえていた浄土真宗を、ふたたびさかんにした僧として知られます。

前田家は、加賀国と能登国（いずれも現在の石川県）とともに、越中国（現在の富山県）を治めた大名です。細工所（藩の工房）を設け、指導者として京都と江戸から名工を招き、さまざまな工芸職人を育成しました。

さまざまな工芸技法をもつ職人による分業制

仏壇は、寺院の本堂を手本につくられるので、その製作には、木工をはじめとしたさまざまな工芸技法を用います。そのため、金沢仏壇は、木工をおこなう「木地師」、漆を塗る「塗師」、蒔絵（→P26）をほどこす「蒔絵師」のほか、彫刻師や金具師など、それぞれの工芸技法を専門とする職人による分業で完成します。

また、金沢では、金沢箔が国の伝統的工芸品に指定されていることもあり、金箔の生産がさかんです。そのため、金沢仏壇には、金箔がふんだんに使われるので、丈夫さに加え、豪華で上品な美しさという特徴があります。

写真提供：公益社団法人 石川県観光連盟

福井県

あわら市 ①
坂井市
福井市 ①②
勝山市
越前町 ①
鯖江市 ②④
越前市 ①②④⑤⑥
大野市
敦賀市
若狭町 ①
小浜市 ③⑦

※市町村名に記した○で囲んだ数字は、伝統的工芸品に記した番号を示す。

経済産業大臣指定伝統的工芸品

番号	名称［分類］	おもな製品	おもな製造地
①	越前焼［陶磁器］	酒器、花器、茶器、日用雑器、壷、かめ	福井市、越前市、あわら市、越前町、若狭町
②	越前漆器［漆器］	椀、膳、盆、重箱	福井市、鯖江市、越前市
③	若狭塗［漆器］	花器、茶器、酒器、箸箱	小浜市
④	越前箪笥［木工品・竹工品］	車箪笥、帳箪笥、水屋箪笥、桐タンス、小物入	越前市、鯖江市
⑤	越前打刃物［金工品］	鎌、なた、はさみ、包丁	越前市
⑥	越前和紙［和紙］	木版画、襖紙、印刷、免状、書道、日本画、色紙、封筒、便箋	越前市
⑦	若狭めのう細工［貴石細工］	装身具、置物、茶碗、風鎮	小浜市

越前焼（陶磁器）

地元の良質な土を使って800年以上つづく

日本六古窯*のひとつとされる越前焼の歴史は古く、平安時代末期の12世紀後半には、かめや壷、すり鉢など、日常のくらしで使う器が焼かれていたといわれています。また、越前焼は、最初に焼かれたとされる現在の越前町を中心に、おもに福井県北部でつくられています。

越前焼には、粘りがあって鉄分の多い、せっ器質陶土という土が使われています。この土でつくった粘土は、成形（形づくり）のときの粘り具合が良く、とてもよく焼き締まる（焼きかたまる）のだそうです。越前町は、このせっ器質陶土が豊富なこともあり、越前焼のはじまりの地となり、生産の中心となりました。

伝統的な焼き方の技法や成形の技法を受けつぐ

越前焼の技法では、釉薬（→P30）を使わずに焼く「焼き締め」が有名です。窯の中で焼かれるときに、薪の灰が降りかかり、溶けて流れることで、釉薬がかかった状態になります。ほかにも、灰をおもな成分とした釉薬（灰釉）や、鉄分を含んだ釉薬（鉄釉）を使って焼く技法もあります。

また、成形のときには、円形のものは、ろくろ（→P21）を使う「ろくろ成形」をおこない、角形や複雑な形のものは、石こうの型を使う「鋳込成形」をおこないます。さらに、1mをこえる大きな壷やかめは、ろくろでは成形できないので、「ねじ立て成形」をおこないます。ねじ立て成形は、輪積みともいわれる越前焼の独特な成形方法で、直径5～10cmほどの粘土のひもを、ねじりながら積み上げていきます。職人が、壷やかめの周囲を正確な円を描いて回り、成形していくのです。

＊日本六古窯：平安時代から鎌倉時代にはじまった窯（焼き物の産地）。瀬戸（愛知県）、常滑（愛知県）、丹波（兵庫県）、備前（岡山県）、越前（福井県）、信楽（滋賀県）をさす。

越前和紙（和紙）

長い歴史と高度な技術をもつ越前和紙

はじまりは、いまから1500年ほど前の６世紀といわれます。越前和紙がつくられている福井県中部の越前市には、岡太川という川の上流に美しい姫があらわれ、紙漉きの方法を教えたという伝説があります。

越前和紙は、奈良時代には、仏教の経典を書き写す「写経用紙」として使われます。中世の武士の時代には、主君が家臣に出す命令や伝達を近侍者[*1]が書き記す「奉書」として使われます。そして、紙漉きの技術が向上し、生産量が増えると、江戸時代には、幕府や領主の保護を受け、発展していきました。

そうしたこともあり、明治維新によって全国に通用する「太政官金札」という紙幣が発行されるときには、薄くて丈夫で、水にも強いといった点などが認められ、越前和紙が使用されました。

さまざまな用途の和紙をつくる

越前和紙の製造では、コウゾ、ミツマタ、ガンピといった木のほか、麻などを原料に、トロロアオイという草の根などからとった粘液[*2]を加えた水槽で、紙を漉いていきます。そして、次の８種類の和紙を、おもにつくっています。

奉書紙は、いまでは木版画などに使われ、檀紙は、免状用紙や祝儀袋などに使われる高級な和紙です。書画用紙は、書道や日本画のための和紙で、薄様紙は、おもに写経用紙や古文書の修復のための紙として使われる、薄く漉いた和紙です。鳥の子紙は、おもに襖紙として使われる、にわとりの卵のような色をした和紙で、漉き模様鳥の子紙は、模様の入った鳥の子紙です。美術工芸紙は、墨や色でさまざまな模様をつけた和紙で、局紙は、賞状や名刺などに使われる、しなやかで丈夫な和紙です。

＊1 近侍者：主君のそば近くにつかえる者。
＊2 粘液：ねばりけのある液体。

若狭めのう細工（貴石細工）

めのうの性質を利用した技法と彫刻技法で発展

めのうは、年輪のような模様のある、美しく半透明の石英という石です。200～300℃で焼くと、あざやかな赤い色が出るという性質があります。

はじまりは、奈良時代の８世紀におこなわれていた玉（美しく価値のある石）づくりともいわれていますが、めのうの性質を利用して、原石を焼いて美しく赤い色を出す技法を確立したのは、江戸時代中期の18世紀前半です。19世紀になると、めのうの彫刻技法があみ出され、置物や仏像などがつくられるようになり、若狭めのう細工は、発展していきました。

手間と時間をかける彫刻と磨きの工程

若狭めのう細工は、切断した原石を熱し、そこに含まれる鉄分を酸化させて赤い色を出す「焼入れ」をおこない、その後、彫刻をほどこし、磨くことで、完成します。

めのう細工は、ほかの国でもつくられていますが、焼入れは、世界的に見てもめずらしい工程です。また、めのうは、とてもかたくて加工が難しいので、彫刻には、たいへんな手間と時間がかかります。そして、丹念に磨くことで、赤くすきとおるような輝きに加え、みごとなつやが出ます。

こうした工程でつくる若狭めのう細工は、１人の職人が、単純な細工のものでも３日間、複雑で細かな細工のものだと１か月以上もかけ、かかりきりで仕上げます。

静岡県

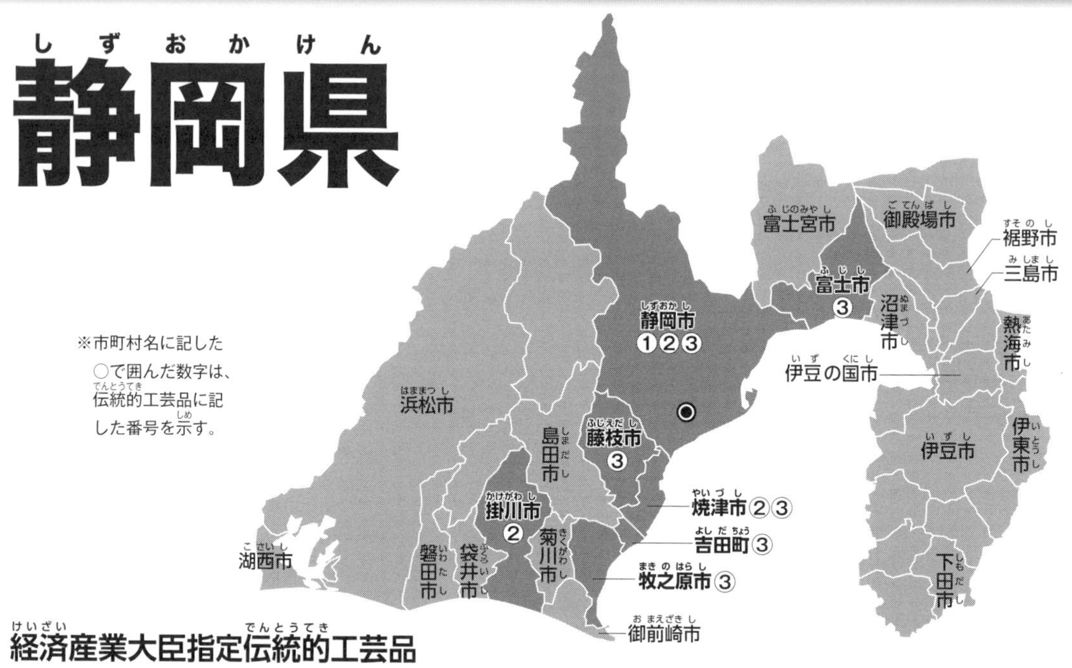

経済産業大臣指定伝統的工芸品

番号	名称［分類］	おもな製品	おもな製造地
①	駿河竹千筋細工［木工品・竹工品］	花器、盛籠、茶托、盛器、盆、虫籠、菓子器	静岡市
②	駿河雛具［人形・こけし］	ひなまつり・端午の節句飾り、ミニチュア製品	静岡市、焼津市、掛川市
③	駿河雛人形［人形・こけし］	雛人形、煉天神、時代人形	静岡市、焼津市、藤枝市、富士市、牧之原市、吉田町

駿河竹千筋細工（木工品・竹工品）

古くからの竹細工の技術をもとに

かつて駿河国とよばれた静岡県東部のなかでも、静岡市を流れる安倍川などの流域は、良質な竹の産地として知られ、古くから竹製品がつくられていたといわれています。そのため、江戸時代初期の17世紀には、精巧な籠枕[*1]が、参勤交代[*2]の大名のあいだで評判となります。その後、編み笠や鈴虫籠がつくられるようになると、駿河竹細工として、広く知られるようになりました。

駿河竹千筋細工は、一般的な竹細工が平らな竹ひごでつくるのに対し、丸ひごでつくる竹細工です。千筋には、畳の幅（約90㎝）に千本並ぶほど細いという意味があります。この駿河竹千筋細工がはじまったのは、江戸時代後期の19世紀の中ごろです。静岡の旅籠[*3]の息子が、宿泊した岡崎藩[*4]の武士から竹細工の技術を学び、その技術を広めました。そして、工夫や研究を重ねることで、今日の駿河竹千筋細工の基礎が築かれたといわれています。

丸ひごが特徴の竹細工

駿河竹千筋細工づくりは、細く割った竹を「ひご通し」という穴のあいた鉄板に通し、丸ひごをつくることからはじまります。その後、竹を熱して曲げた輪に穴をあけ、そこに丸ひごを通して組み立てていきます。

ひごづくりにはじまり、輪づくり、編み、組み立てといった工程は、ほぼ１人の職人がおこないます。いろいろな技法を用いることで、さまざまな形の製品ができ上がりますが、どの製品にも、丸ひごのあたたかさとやわらかさが感じられます。

＊1 籠枕：竹や籐で編んだ枕。
＊2 参勤交代：原則として、1年交代で、江戸と領地に大名を居住させた、江戸幕府の制度。
＊3 旅籠：江戸時代の宿屋。
＊4 岡崎藩：いまの愛知県東部の岡崎市に置かれた藩。

駿河雛具（人形・こけし）

職人の分業によって完成するミニチュアの道具

雛具とは、嫁入り道具の雛形（模型）のことで、嫁ぎ先に見せるためにつくられたミニチュアが原点といわれています。いまでは、ひな祭りのときに雛人形とともに飾られる、箪笥や鏡台などの雛道具のことをいいます。

駿河雛具のはじまりは、室町時代の守護大名として知られる今川氏が、現在の静岡県東部（駿河国）を本拠地としていた16世紀とされています。しかし、大きく発展したのは、江戸時代初期のことです。徳川家康をまつる久能山東照宮の造営などのために全国から集まった職人たちが、完成後もこの地にとどまりました。また、この地は、温暖で湿度の高い気候が漆器づくりに適していたため、たくさんの塗師*1がいました。雛具づくりは、五職といって、指物師*2、挽物師*3、塗師、蒔絵師（→P56）、金具師という専門の職人が、分業体制でそれぞれの工程を担当します。そのため、こうした職人たちがいたことで、雛具づくりがさかんになったのです。

さまざまな伝統工芸品の技術の結晶

駿河雛具は、どんなに小さな道具でも、ほんものと同じ工程で、精巧につくられます。その多くが、手のひらにのるほどのものですが、熟練した職人の技で、ほんものそっくりにつくられているのです。そこには、漆器、蒔絵、挽物など、さまざまな伝統工芸品の技術がいかされています。

＊1 塗師：漆を塗る職人。
＊2 指物師：家具をつくる職人。
＊3 挽物師：木材加工をおこなう職人。

駿河雛人形（人形・こけし）

はじまりは別の人形に衣装を着せたもの

駿河雛人形の原型は、桐塑による煉天神（土天神）といわれています。桐塑とは、キリの粉と糊を練ったものを型でぬき、それを乾燥させるとできる木地です。煉天神とは、平安時代の政治家や学者として知られ、いまでは学問の神様として信仰されている菅原道真を模した人形のことです。

この煉天神に衣装を着せたものは、江戸時代末期の19世紀の中ごろにつくられたものが残っていて、これが駿河雛人形のはじまりともいわれています。

稲藁による胴体づくりと最後の振り付けが特徴

駿河雛人形の製作では、胴体部分に稲藁をかたく巻き、そこに、針金に木毛*を巻きつけてつくった腕や足をつけます。その後、その上に衣装を着け、振り付けをおこなうと完成します。頭とともに、胴体、手足、飾りものは、分業でつくっています。

駿河雛人形の特徴は、胴体をつくるときに、ほかの地域でつくられている雛人形にはあまり見られない稲藁が使われていることです。また、人形の衣装の上下が別になっているという特徴もあります。このことで、分業による製作が可能になり、量産化が実現したため、いまでは、人形の胴体の多くが、静岡県でつくられるようになりました。

なお、最後の振り付けの工程は、肘折りともよばれ、両手を曲げ、手の位置を決めますが、職人の技が集約されている重要な工程だといわれます。また、肘折りを見れば、だれがつくったものかがわかるといわれ、職人の個性があらわれます。

＊木毛：木材を糸のように削ったもの。

愛知県

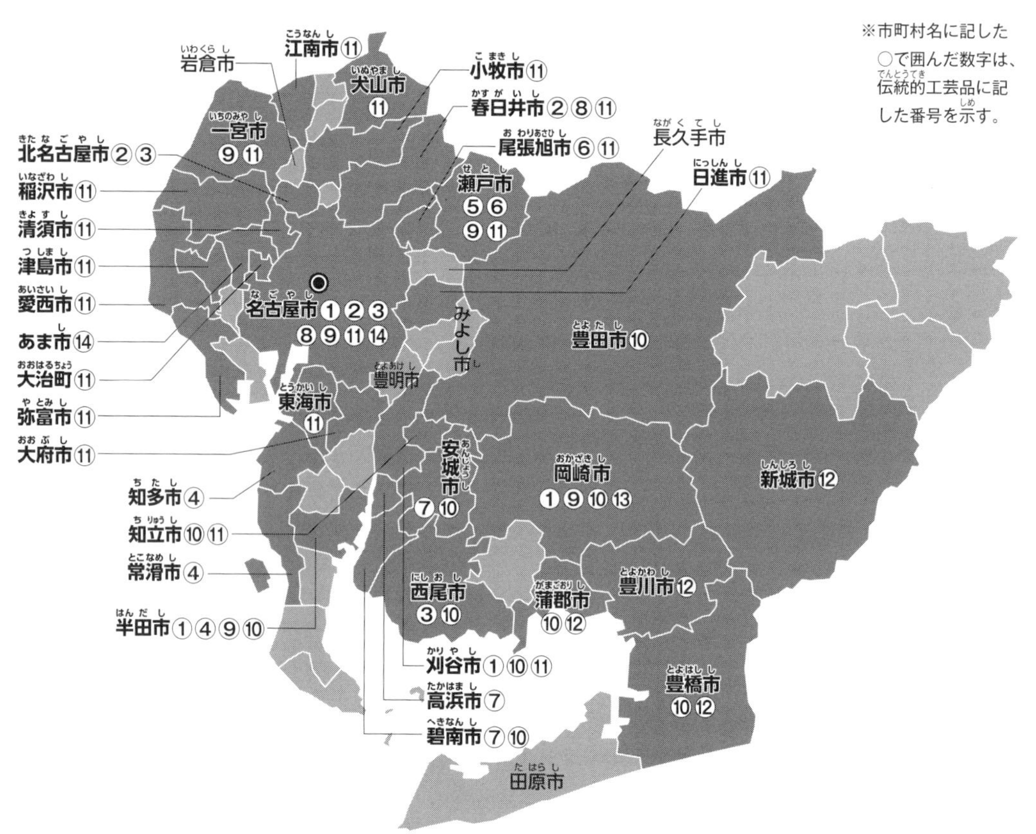

経済産業大臣指定伝統的工芸品

番号	名称［分類］	おもな製品	おもな製造地
①	有松・鳴海絞［染色品］	着物地、羽織、浴衣	名古屋市、岡崎市、半田市、刈谷市ほか
②	名古屋友禅［染色品］	着物地	名古屋市、春日井市、北名古屋市
③	名古屋黒紋付染［染色品］	着物地、羽織	名古屋市、西尾市、北名古屋市
④	常滑焼［陶磁器］	茶器、花器、置物、植木鉢、壷、かめ	常滑市、半田市、知多市
⑤	赤津焼［陶磁器］	茶器、花器、飲食器	瀬戸市
⑥	瀬戸染付焼［陶磁器］	食卓用品、茶道具、華道具、室内装飾用品	瀬戸市、尾張旭市
⑦	三州鬼瓦工芸品［陶磁器］	鬼瓦、インテリア製品、エクステリア製品など	碧南市、安城市、高浜市
⑧	名古屋桐箪笥［木工品・竹工品］	昇箪笥、中開箪笥、衣装箪笥、小袖箪笥、帯箪笥、総桐チェスト	名古屋市、春日井市
⑨	名古屋仏壇［仏壇・仏具］	仏壇	名古屋市、岡崎市、一宮市、瀬戸市、半田市ほか
⑩	三河仏壇［仏壇・仏具］	仏壇、宗教用具	岡崎市、豊橋市、半田市、安城市、西尾市、知立市、刈谷市、蒲郡市、碧南市、豊田市ほか
⑪	尾張仏具［仏壇・仏具］	宗教用具	名古屋市、一宮市、瀬戸市、春日井市、津島市、刈谷市、犬山市、江南市、小牧市、稲沢市、東海市、大府市、知立市、尾張旭市、日進市、愛西市、清須市、弥富市、大治町
⑫	豊橋筆［文具］	書道用筆、面相筆、日本画筆	豊橋市、豊川市、蒲郡市、新城市ほか
⑬	岡崎石工品［石工品］	灯籠、多重塔、鉢物	岡崎市
⑭	尾張七宝［その他の工芸品］	花瓶、香炉、額、飾皿、宝石箱など	名古屋市、あま市

有松・鳴海絞（染織品）

名古屋城の築城をきっかけに

有松・鳴海絞は、現在の名古屋市の南東部にあたる有松町と鳴海町ではじまった絞り染めです。絞り染めとは、糸と針を使って生地をしばったり縫ったりして、染まらない部分をつくることで、模様をつくり出す方法です。江戸時代初期の17世紀のはじめに、名古屋城の築城の手伝いを命じられた豊後国（現在の大分県）の大名が連れて来た人たちが、絞り染めの技法を伝えたといわれています。

その後、この地を治めていた尾張藩によって特産品として保護され、絞り染めの手ぬぐいや浴衣が、東海道を旅する人びとに売られるようになりました。そして、さまざまな絞り染めの技法を開発することで、発展していきました。

さまざまな絞り染めの技法が生む多彩な模様

有松・鳴海絞は、絞り染めの技法が100種類ほどあり、絹や綿の布に、多彩な模様を表現します。また、振り袖や訪問着などの絹織物から、木綿の服地や浴衣まで、幅広くつくっています。

有松・鳴海絞の製作工程は、図案を彫った型紙（→P34）を使い、染料で生地に下絵をつけることからはじまります。そして、下絵にあわせて、生地の染めない部分を糸でくくります。この糸でくくる技法が、100種類ほどあるのです。その後、染め上げてから乾燥させ、糸をほどくと、図案の模様が生地に浮かび上がります。

各工程は、専門の職人による分業です。なかでも、生地を糸でくくる工程では、それぞれの技法をもつ職人が順番に作業をします。そのため、完成までに何か月もかかることもあります。

常滑焼（陶磁器）

長い歴史が物語る製品の種類の多さ

常滑焼は、愛知県南西部の知多半島にある常滑市などでつくられている焼き物です。日本六古窯（→P64）のひとつで、平安時代後期の12世紀ごろにはじまったといわれています。仏教のお経を書いたものを入れ、ご利益を願って地中にうめる「経塚壷」がつくられていました。

室町時代から安土桃山時代には、茶の湯（→P46）や生け花の影響を受け、茶器や花器をつくるようになりました。江戸時代になると、この地で産出する鉄分の多い土の性質をいかし、朱泥とよばれる赤茶色の陶器（→P30）をつくるようになり、今日の常滑焼の基礎を築きました。

いまでは、食器や植木鉢などの日用品の製造に加え、衛生陶器やタイルなど、明治時代にはじまった工業製品の製造もさかんです。

良質な土を伝統的な技法で成形する

常滑焼の原料となる土は、鉄分が多いだけではなく、粘り気があって粒子が細かいという性質があります。こうした良質な土が豊富なこともあり、常滑焼では、次のような伝統的な成形（形づくり）の技法を用い、大きなものから小さなものまで、さまざまなものをつくっています。

ろくろ（→P21）を使う「ろくろ成形」では、急須、湯呑、皿、鉢、花瓶などをつくります。石こう型*1を使う「押し型成形」では、盆栽鉢や置物などをつくります。手ろくろ*2を使う「手びねり成形」では、指の太さほどの紐状の粘土を用いて、急須、湯呑、花瓶、置物などの小物製品をつくります。

*1 石こう型：陶磁器をつくるための石こう製の型。
*2 手ろくろ：手で回して使う小さなろくろ。

赤津焼（陶磁器）

長い歴史のなかで築かれた技術や技法を基礎に

愛知県北西部の瀬戸市は、陶器（→P30）をつくるのに適した良質な土にめぐまれ、古くから焼き物づくりがさかんです。赤津焼は、その瀬戸市で、奈良時代の８世紀に焼かれていた須恵器という土器を起源とする、日本六古窯（→P64）のひとつである瀬戸焼の代表的なものです。

江戸時代初期の17世紀前半までに、赤津焼の特徴とされる7種類の釉薬（→P30）と12種類の装飾技法が確立されていき、現在の赤津焼の基礎が築かれました。そして、この地を領地としていた尾張藩に焼き物をおさめる御用窯となることで、発展していきました。

7種類の釉薬が生むさまざまな色合いの赤津焼

赤津焼は、原料の粘土を器の形にして素地をつくる「成形」、素地に装飾を加える「素地加飾」、素地に絵を描く「下絵付け」、素地に釉薬をかける「施釉」という工程をへて、焼き上げます。

赤津焼は、鉄分をほとんど含まない地元の土からできた粘土を使用します。そのため、釉薬をかけない状態の素地は、白く焼き上がります。そこで、７種類の釉薬を素地にかけることで、さまざまな色合いの赤津焼が生まれるのです。

また、12種類の装飾技法は、素地加飾の工程で用います。なかでも、へらで素地を彫って模様をつける「へら彫り」、型で押して模様をつける「印花」、素地の表面がやわらかいうちに竹櫛や金櫛でさまざまな模様を描く「櫛目」、濃いネズミ色の地に白い土で菊の花の模様などをあらわす「三島手」などが有名です。

名古屋仏壇（仏壇・仏具）

仏教への信仰が育んだ仏壇づくりの技をもとに

名古屋市をはじめとした愛知県の各地では、古くから仏教への信仰心が深く、仏壇づくりの技が育まれてきました。江戸時代初期の17世紀には、この地の職人たちが、京都の東本願寺の造営に参加し、新たな技術を身につけました。そして、日本三大美林（→P16）のひとつとして知られる木曽ヒノキを用いて仏壇をつくり、さらに技術を発展させました。

その後、名古屋市を中心とした愛知県西部を治めた尾張藩による保護もあり、今日の名古屋仏壇の基礎が築かれました。

各工程を担当する職人の技が生む豪華な仏壇

名古屋仏壇の特徴は、台の部分が高いことや、表面に漆が塗られ、金箔がはられているなど、豪華なつくりになっていることです。台が高いのは、木曽川などの水害から仏壇を守るためだったといわれています。

名古屋仏壇は、木地師、荘厳師、彫刻師、内外飾金具師、塗師、蒔絵師、箔押師といった専門の職人による分業でつくります。それぞれの職人が、木地づくり、宮殿*1づくり、彫刻、飾り金具づくり、漆塗り、蒔絵（→P26）、箔押*2などをおこない、釘を使わない「ほぞ組み」という方法で組み立てると、完成します。ほぞ組みとは、ほぞという凹凸の切りこみを木材につくり、出っぱりのある片方の木材を、もう片方の穴のある木材に組み合わせ、木材を組む方法です。この方法でつくると、仏壇は分解できるので、修理をしたり洗ったりすることができます。

*1 宮殿：寺院の本堂で、本尊を安置してある神聖な場所を縮小したもの。

*2 箔押：金箔などをはりつけたり押したりすることで、文様や文字をあらわすこと。

岡崎石工品（石工品）

すぐれた原料と技がつくり出す石の工芸品

岡崎石工品は、愛知県中部の岡崎市でつくられている、石燈籠をはじめとした石工品です。はじまりは、室町時代後期といわれています。

安土桃山時代の16世紀の終わりには、岡崎城主が、城下町の整備のために、現在の大阪府南部にあたる河内国や和泉国から優秀な石工を移住させました。そして、その石工たちが、技術や技法に磨きをかけ、現在の岡崎石工品の基礎を築いたとされています。

また、石の都ともよばれている岡崎市は、石工品の原料となる良質な花崗岩の産地として知られます。そのため、江戸時代には、優れた原料と受けつがれてきた高い技術により、石工品をつくる石屋の数が増え、石屋町が形成されるほど発展しました。

一般家庭の庭に置かれる装飾用の燈籠づくりも

現在の岡崎石工品は、庭燈籠の製造がさかんです。燈籠は、屋外に置かれる日本古来の照明用具で、神社や庭園などに置かれてきました。しかし、最近では、一般の人びとのくらしに取り入れられ、装飾として庭に置かれる庭燈籠がつくられるようになったのです。

庭燈籠には、その形や高さなどにより、立燈籠型、雪見型、鉢物といった種類があります。代表的なものは立燈籠型です。地元産の花崗岩を原料として、さしがね（L字型のものさし）などを用いて墨出し*をおこない、鑿をはじめとしたさまざまな道具を使って部品を仕上げます。そして、地輪、柱（竿）、受、火袋、笠、玉（宝珠）の順で部品を下から積み上げ（→P31）、完成します。

*墨出し：彫り方を変化させる部分の境界線を、原料の石に描くこと。

尾張七宝（その他の工芸品）

尾張藩の武士が製法を確立して発展

七宝とは、金属の表面に色とりどりのガラス質の釉薬（→P30）をのせて焼きつけた七宝焼のことです。古代エジプトではじまり、ヨーロッパから中国をへて、日本に伝わったといわれています。金や銀といった、仏教の経典にある7つの宝物のように美しいので、そうよばれるようになったともいわれます。

日本の七宝は、7世紀ごろにつくられた古墳から出土したものがもっとも古く、以後、寺院や城の建具に使われてきました。広くつくられるようになったのは、江戸時代後期の19世紀前半のことです。愛知県西部を治めていた尾張藩の武士が、オランダの七宝皿をもとに、七宝の製法を確立しました。そして、いまの愛知県北西部の七宝町（現在のあま市南部）とその周辺が、日本の七宝づくりの中心地となりました。

また、江戸時代末期の1867年にフランスのパリでおこなわれた万国博覧会への出品をきっかけに、尾張七宝の名は、世界に広まりました。

職人の手作業が生み出す美しい図柄

尾張七宝の製作は、金属を加工してつくった素地に、図柄を墨で書いていく図案作成からはじまります。その後、図案の上に金属線を植えつけ、図案の輪郭をとります。そして、金属線を境界線とし、さまざまな釉薬をほどこすことで配色をおこない、窯で焼き上げます。最後に、図柄の輪郭となる線がはっきり見えるように、表面を磨いて仕上げます。

こうした工程は、専門の職人による分業が基本ですが、機械を使っておこなう作業は少なく、金属線の植えつけや釉薬をほどこす作業などは、長年の経験をもとに、すべて手作業でおこなわれます。

岐阜県

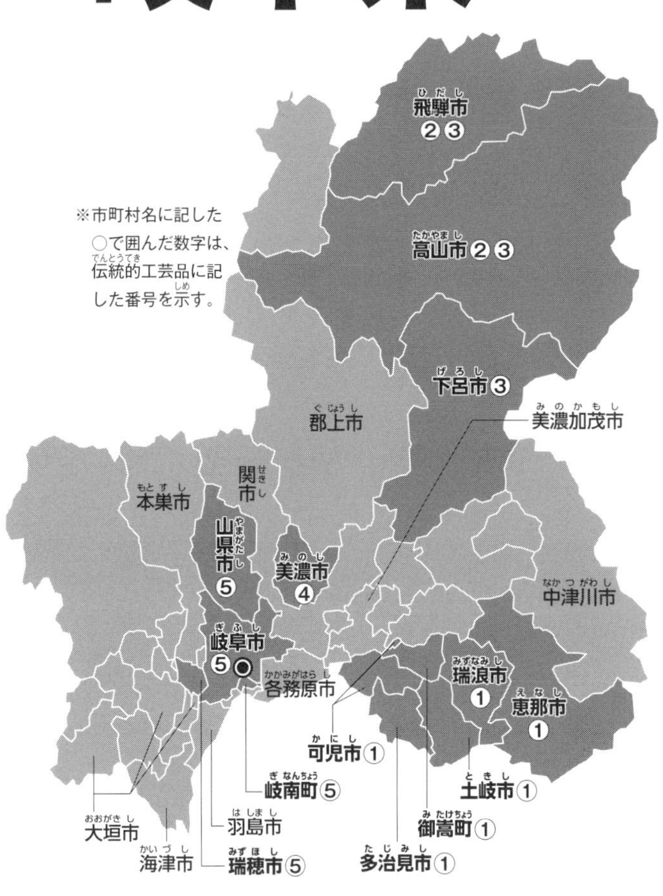

経済産業大臣指定伝統的工芸品

番号	名称［分類］	おもな製品	おもな製造地
①	美濃焼［陶磁器］	花器、茶器、飲食器、置物	多治見市、土岐市、瑞浪市、可児市、恵那市、御嵩町
②	飛騨春慶［漆器］	盆、花器、重箱、菓子器、茶道具、文庫、卓上品、和家具	高山市、飛騨市
③	一位一刀彫［木工品・竹工品］	茶道具、置物、面	高山市、飛騨市、下呂市
④	美濃和紙［和紙］	本美濃紙、美術工芸紙、箔合紙	美濃市
⑤	岐阜提灯［その他の工芸品］	提灯、大内行灯	岐阜市、山県市、瑞穂市、岐南町

美濃焼（陶磁器）

美濃焼の歴史とともに陶磁器の産地として発展

かつては美濃国だった岐阜県南部は、いまは美濃地方とよばれています。美濃焼は、この美濃地方の東部にあたる東濃地方を中心につくられている焼き物です。

はじまりは古く、いまから1300年以上前の7世紀に、朝鮮半島から伝わった須恵器という土器がつくられました。平安時代中期の10世紀には、この須恵器を改良し、釉薬（→P30）を使った白瓷とよばれる陶器（→P30）がつくられるようになり、焼き物づくりをおこなう窯の数が増えていきました。こうした背景には、この地が、粘土とともに、窯をたくための燃料が豊富なことがあります。

その後、室町時代から安土桃山時代には、茶の湯（→P46）がさかんになったことをきっかけに、茶器がつくられるようになり、現在の伝統的工芸品としての美濃焼の基礎が築かれました。

今日の東濃地方は、こうした長い歴史のなかで培われてきた多彩な伝統技法を用いることで、日本でも有数の陶磁器の産地として発展をとげています。

さまざまな種類がある美濃焼

美濃焼は、日用品のほかにも、タイルのような工業製品など、さまざまなものをつくっています。しかし、伝統的工芸品に指定されているのは15品目です。

なかでも、志野、織部、黄瀬戸、瀬戸黒という品目は、安土桃山時代に発展した「桃山陶」とよばれるすぐれた陶器です。志野は、乳白色の地色に、窯の火が生んだ赤褐色の模様が特徴です。織部は、器の形や色の多彩さが特徴です。黄瀬戸は、黄色の地色に花模様などがほどこされていて、瀬戸黒は、窯から取り出して急速に冷やすことで生まれた真っ黒な色が特徴です。

写真提供：一般社団法人 岐阜県観光連盟

飛騨春慶（漆器）

木目の美しさを漆が引き立てる

かつて飛騨国とよばれた岐阜県北部は、いまでは飛騨地方とよばれています。飛騨春慶は、この飛騨地方でつくられている春慶塗です。春慶塗とは、木地を黄色または赤色に染め、透漆という透明度の高い漆をかけて木目の美しさを出す、漆塗りの技法のことです。

江戸時代初期の17世紀のはじめに、現在の高山市で神社や寺の建設にたずさわっていた大工の棟梁が、サワラという木を打ち割ったところ、美しい木目を発見し、盆をつくります。そして、その盆を透漆で塗ったのが、飛騨春慶のはじまりといわれています。

その後、江戸時代末期から明治時代には、重箱のような角物がつくられるようになり、大正時代から昭和時代の初期には、立体的な美しさをもつ工芸品へと発展していきました。

木地師と塗師の技が生む丈夫で美しい漆器

飛騨春慶は、板物、曲げ物、挽物がつくられています。板物は、板を合わせてつくる盆や重箱などです。曲げ物は、板を曲げてつくる丸い器で、盆や硯箱などです。挽物は、ろくろ（→P21）を使って木地をくりぬいてつくる、盆、菓子器、茶托などです。

木地師とよばれる職人が、ヒノキ、サワラ、トチなど、数年かけて十分に自然乾燥させた素材で、木地をつくります。でき上がった木地は、塗師とよばれる漆を塗る職人にわたされ、着色されます。そして、下塗り、摺り、上塗りといった塗りの工程を数か月かけて塗師がおこない、仕上げていきます。何度も漆を塗り重ねて摺りこむことで、美しくて丈夫な漆器に仕上がります。

写真提供：一般社団法人 岐阜県観光連盟

岐阜提灯（その他の工芸品）

地元の豊富な竹や良質な和紙を原料に発展

岐阜提灯は、秋草や風景などが描かれた、球形または卵形の美しい提灯です。良質な竹と和紙をおもな原料とし、岐阜市とその周辺でつくられています。

はじまりは、江戸時代中期の18世紀の中ごろといわれ、原料の竹が豊富で、美濃和紙*の産地が近かったこともあり、発展しました。江戸時代後期の文化・文政の時代（1804～1830）には、今日のような、精巧な細工がほどこされ、清らかですっきりとした形が特徴の提灯となりました。

なお、岐阜提灯には、骨となる竹ひごが細く、美しい絵が描かれた紙がきわめて薄いという特徴もあります。

熟練の技をもつ職人の分業によって完成

岐阜提灯の製造は、張師、摺込師、絵師、木地師といった専門の職人により、分業化されています。

最初に、提灯の原型づくりをおこないます。張師が、火袋の部分（紙でおおわれる部分）となる張り型を組み立て、そこに、0.6～0.7mmという細い竹ひごを巻いていきます。そして、摺込師が型紙（→P34）を使って絵をすりこんだ和紙を、そこにはります。無地の和紙をはり、そこに絵師が絵をつけることもあります。その後、木地師がつくった脚や口輪（提灯の上下につける輪）をつけ、仕上げます。

こうした工程のなかでも、細い竹ひごを均等な強さで巻き、1mmほどしかないのりしろに和紙をはる作業などには、熟練の技が求められます。

＊美濃和紙：美濃市を中心に生産されている和紙。国の伝統的工芸品に指定されていて、本美濃紙という特級品は、「和紙：日本の手漉和紙技術」として、ユネスコの無形文化遺産（→P32）に登録されている。

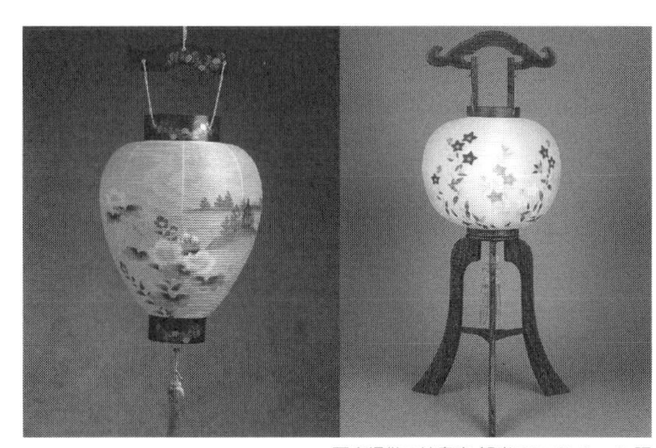

写真提供：岐阜市 観光コンベンション課

三重県

経済産業大臣指定伝統的工芸品

番号	名称［分類］	おもな製品	おもな製造地
①	伊賀くみひも［その他繊維製品］	帯締め、羽織紐、アクセサリー	伊賀市、名張市
②	四日市萬古焼［陶磁器］	急須、土鍋、茶器、食器	四日市市、桑名市、菰野町、朝日町、川越町
③	伊賀焼［陶磁器］	土鍋、食器、茶器	伊賀市、名張市
④	鈴鹿墨［文具］	和墨	鈴鹿市
⑤	伊勢形紙［工芸材料・工芸用具］	染色用具、美術工芸品、インテリア	鈴鹿市

伊賀くみひも（その他繊維製品）

時代とともに変化してきたくみひもの使いみち

くみひもとは、染め上げた絹糸を、色ごとに巻き上げ、組台という機械を使って組んだひもです。伊賀くみひもは、三重県の西部にある伊賀地方でつくる、くみひもを使用した帯締め＊1や羽織紐＊2などのことです。

はじまりは奈良時代以前といわれ、平安時代には、仏具や神具などに使用するひもとして生産されていました。その後、武士の時代になると、甲冑や刀剣に使用するひもとして、さかんに生産されました。

ところが、明治維新によって武士の身分がなくなると、生産は減っていきます。そうしたなか、東京に伝わる江戸組紐の技術を学んだ人物がこの地にもどり、帯締めや羽織紐などの和装品に活用したことで、伊賀くみひもは発展していきました。

いまでは、伝統技術を守りながらも、和装品に加え、アクセサリーやキーホルダーなど、近年の需要に応じたものも製造しています。

4種類の台を使ってさまざまな柄のひもを組む

くみひもは、大きく分けると、丸組、角組、平組の３種類に分かれますが、組み方は、300種類以上あるといわれます。ひもを組む組台は、丸台、角台、綾竹台、高台の４種類ありますが、くみひもの種類とともに、どんな柄のひもを組むかにより、使い分けます。

伊賀くみひもの組台では、高台が代表的です。畳半畳分ほどの大きさで、組み手とよばれる職人が台の上に乗り、50から70ほどの玉に巻かれた糸をあやつり、さまざまな柄のひもを組みます。

＊1 帯締め：帯がゆるまないように、装飾をかねて帯の上に結ぶひも

＊2 羽織紐：羽織の胸元が開かないように、結んでとめるひも。

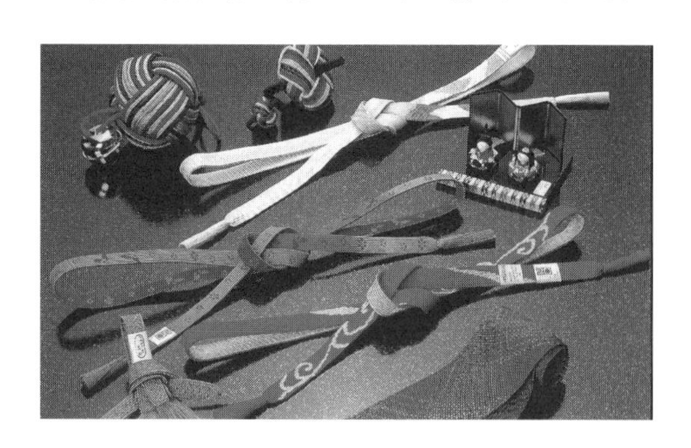

四日市萬古焼（陶磁器）

創始者の思いによって今日に伝わる焼き物

四日市萬古焼は、四日市市や菰野町をはじめとした三重県北部の北勢地方でつくられている焼き物です。はじまりは、江戸時代中期の18世紀の中ごろです。陶芸を趣味としていた桑名の大商人が、自分の作品が永遠に世に伝わることを願い、「萬古不易」という印を押したのが、その名の由来です。

こうして生まれた萬古焼ですが、創始者の商人が亡くなると、焼かれなくなります。現在の四日市萬古焼は、江戸時代後期の19世紀前半に、その技法を研究して焼かれたものがもとになっています。

土の性質をいかしてつくる急須や土鍋

萬古焼として江戸時代にはじまったころには、赤絵*の陶器（→P30）などが焼かれていましたが、一時の中断をへて、ふたたび焼かれるようになると、薄くて茶褐色の陶器がつくられるようになりました。いまでは、紫泥急須や土鍋づくりで知られます。

紫泥急須とは、この地で産出する鉄分の多い土でつくる、あずき色の急須です。この色は、窯の内部を酸素不足の状態にして焼く「還元焼成」によって生まれます。紫泥急須は、使えば使うほど、落ち着いたつやが出るといわれています。

土鍋は、耐熱性を高めるために外国産のペタライトという鉱物を混ぜた、四日市市で発明された土でつくります。そうしたこともあり、国内でつくられている土鍋の多くは、四日市萬古焼の土鍋が占めています。

＊赤絵：赤い絵具を低温で焼きつけた陶磁器。

鈴鹿墨（文具）

平安時代からの墨づくりが江戸時代に発展

鈴鹿墨は、三重県北部の鈴鹿市でつくられている墨です。はじまりは、平安時代初期の９世紀のはじめといわれています。この地の山のマツからとれた松脂という液体を燃やして煤をとり、それを膠*でかためて墨をつくりました。

江戸時代になると、諸大名の家紋を書くための上質な墨が必要になったことや、庶民の子どもたちが学ぶ寺子屋が各地にできたこともあり、墨を必要とする人が増えました。さらに、この地を治めた紀州藩（現在の和歌山市が本拠地）の保護を受け、発展しました。

いまでは、植物性の原材料をもとに、煤と膠を混ぜ、昔ながらの製法で、書道用や絵画用など、使用目的にあわせて、さまざまな墨をつくっています。

墨づくりに適した気温や湿度を知る職人

鈴鹿墨は、混合、型入れ、乾燥、仕上げといった工程をへて、でき上がります。

混合は、溶かした膠を煤に混ぜ、練り合わせをしていく作業です。型入れは、練り上げたものを型に入れ、形を整えていく作業です。乾燥では、灰の中での乾燥を５～30日ほどおこない、その後、自然乾燥を２～６か月ほどおこないます。仕上げでは、貝殻による磨きや装飾などをおこないます。

その後、３年以上寝かせることで、発色が良く、上品で深みのある鈴鹿墨が完成します。

こうした工程は、膠を変質させないように、温度や湿度が低い冬の早朝に、すべて手作業でおこなわれます。

＊膠：獣や魚の皮や骨を、水とともに煮つめてから冷やし、かたまらせたもので、接着剤などとして使われる。

地域団体商標に登録されている伝統工芸品（北陸・東海地方）

28ページの北海道・東北地方と関東・甲信越地方につづき、ここでは、北陸・東海地方の地域団体商標のなかから、伝統工芸品と関係のある産品を紹介します。

都道府県	商標名	産品名
富山県	高岡仏具	仏壇・仏具・葬祭用具・家具
	高岡銅器	工芸品・かばん・器・雑貨
石川県	金沢仏壇	仏壇・仏具・葬祭用具・家具
	七尾仏壇	仏壇・仏具・葬祭用具・家具
	牛首紬	織物・被服・布製品・履物
	加賀友禅	織物・被服・布製品・履物
	金沢箔	貴金属製品・刃物・工具
	九谷焼	焼物・瓦
		工芸品・かばん・器・雑貨
	輪島塗	工芸品・かばん・器・雑貨
		仏壇・仏具・葬祭用具・家具
	能州紬	織物・被服・布製品・履物
	美川仏壇	仏壇・仏具・葬祭用具・家具
	加賀蒔絵	工芸品・かばん・器・雑貨
	小松瓦	焼物・瓦
福井県	越前漆器	工芸品・かばん・器・雑貨
	越前竹人形	おもちゃ・人形
	若狭塗箸	工芸品・かばん・器・雑貨
	越前瓦	焼物・瓦
	越前打刃物	貴金属製品・刃物・工具
	越前織	織物・被服・布製品・履物
		工芸品・かばん・器・雑貨
	越前和紙	工芸品・かばん・器・雑貨
静岡県	駿河漆器	工芸品・かばん・器・雑貨
	遠州織物	織物・被服・布製品・履物
愛知県	三州瓦	焼物・瓦
	常滑焼	焼物・瓦
		工芸品・かばん・器・雑貨
	有松鳴海絞	織物・被服・布製品・履物
	三河木綿	織物・被服・布製品・履物
	豊橋筆	工芸品・かばん・器・雑貨
	名古屋仏壇	仏壇・仏具・葬祭用具・家具

都道府県	商標名	産品名
愛知県	三河仏壇	仏壇・仏具・葬祭用具・家具
	尾張七宝	工芸品・かばん・器・雑貨
		仏壇・仏具・葬祭用具・家具
	瀬戸焼	焼物・瓦
		工芸品・かばん・器・雑貨
		おもちゃ・人形
		仏壇・仏具・葬祭用具・家具
岐阜県	飛騨一位一刀彫	工芸品・かばん・器・雑貨
	岐阜提灯	工芸品・かばん・器・雑貨
	美濃焼	焼物・瓦
		工芸品・かばん・器・雑貨
	飛騨春慶	工芸品・かばん・器・雑貨
		仏壇・仏具・葬祭用具・家具
	飛騨のさるぼぼ	おもちゃ・人形
	美濃焼	焼物・瓦
		工芸品・かばん・器・雑貨
	みずなみ焼	焼物・瓦
		工芸品・かばん・器・雑貨
	飛騨の家具	仏壇・仏具・葬祭用具・家具
	飛騨・高山の家具	仏壇・仏具・葬祭用具・家具
	関の刃物	貴金属製品・刃物・工具
	美濃和紙	工芸品・かばん・器・雑貨
三重県	伊賀くみひも	織物・被服・布製品・履物
	四日市萬古焼	焼物・瓦
		工芸品・かばん・器・雑貨
	伊勢型紙	工芸品・かばん・器・雑貨
	伊賀焼	焼物・瓦
		工芸品・かばん・器・雑貨
	くわな鋳物	工芸品・かばん・器・雑貨

※2018(平成30)年1月31日までに登録されているもの。
※経済産業省「地域団体商標ガイドブック2018」を参考にしたので、工業製品も含まれる。

近畿地方
日本海
円山川
丹後半島
若狭湾
豊岡盆地
大江山 833
氷ノ山1510
由良川
丹波高地
野坂山地
伊吹山地
伊吹山 1377
琵琶湖
彦根
沖島
近江盆地
比良山地
京都府
篠山盆地
滋賀県
鈴鹿山脈
御在所山 1212
比叡山848
京都盆地
京都
大津
野洲川
瀬田川
兵庫県
宇治川
播磨平野
六甲山地
六甲山 931
笠置山 324
淀川
揖保川
加古川
神戸
大阪
大阪平野
生駒山地
生駒山642
若草山342
奈良
奈良盆地
笠置山地
家島諸島
明石海峡
大和川
信貴山 437
播磨灘
大阪湾
大阪府
金剛山地
葛城山959
金剛山1125
奈良県
瀬戸内海
淡路島
和泉山脈
吉野川
紀ノ川
鳴門海峡
和歌山
和歌山平野
大台ケ原山 1695
高野山 985
八剣山 1915
釈迦ケ岳 1800
十津川
紀伊山地
紀伊水道
護摩壇山 1372
紀伊半島
和歌山県
熊野川（新宮川）
那智山 909
太平洋
大島
潮岬

滋賀県

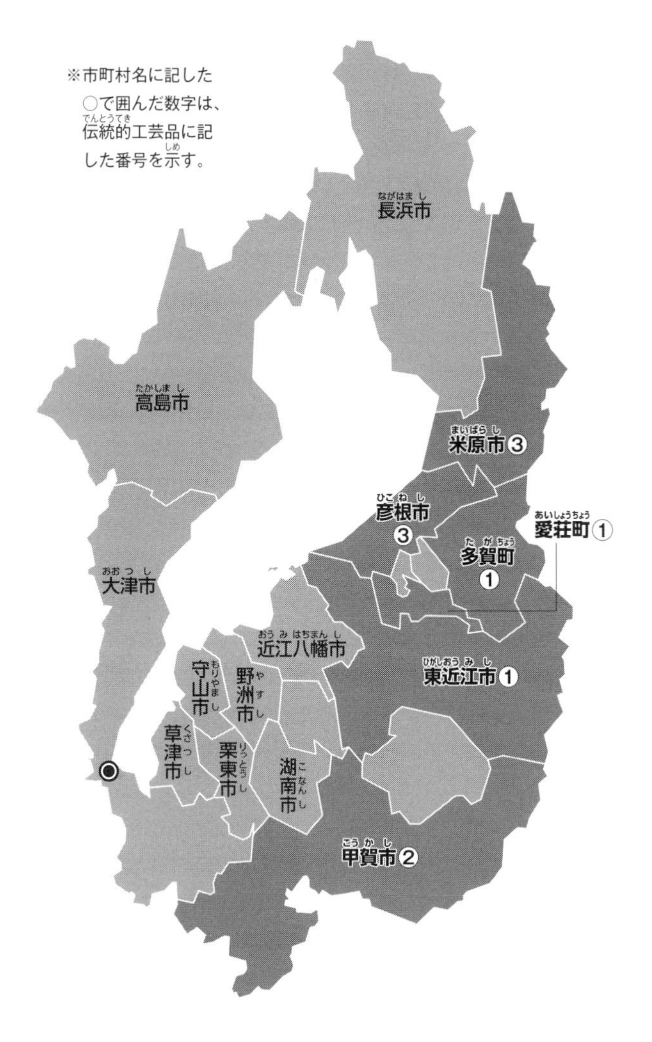

経済産業大臣指定伝統的工芸品

番号	名称［分類］	おもな製品	おもな製造地
①	近江上布［織物］	着物地、帯、婦人服地	東近江市、愛荘町、多賀町
②	信楽焼［陶磁器］	花器、食器、傘立、置物、植木鉢、庭園用品	甲賀市
③	彦根仏壇［仏壇・仏具］	仏壇	彦根市、米原市

近江上布（織物）

麻織物づくりにめぐまれた環境のなかで発展

上布とは、夏の衣服に用いる、軽くて薄い、高級な麻織物です。近江上布は、滋賀県（かつての近江国）のなかでも、東近江市や愛荘町など、琵琶湖の東側の地域でつくられています。この地は、愛知川の豊かな水にめぐまれ、近江盆地にあるため、高温多湿な気候です。そうした環境が、乾燥すると切れやすい麻糸には適していて、古くから麻織物がつくられていました。

室町時代がはじまりといわれる近江上布は、近江商人*によって全国に広められ、江戸時代には、この地を治めた彦根藩の保護を受け、発展しました。そして、染めの技術も発展し、独特の上品な絣模様（かすれたような模様）が生まれました。

上品な絣模様を生む２つの技法

近江上布には、絣と生平があります。

絣は、伝統的な染色技法である櫛押捺染と型紙捺染により、先に絣模様（かすったようにところどころが染まった小さな模様）を糸につけてから織ります。櫛押捺染とは、櫛のような形の道具を糸に押しつけて染める技法です。型紙捺染とは、羽根という金枠に巻いた糸の上に型紙（→P34）をのせ、染料をつけた刷毛で染めていく技法です。染色後は、絣模様を合わせながら織っていきます。絣は、さらっとした肌ざわと優しい色づかいが涼し気で、夏の着物の最高級品です。

生平は、よこ糸に大麻の手績糸（手で作った糸）を使用し、全国的にも非常にめずらしい地機という機で織られ、江戸時代とほほ同じ製造方法でつくられています。生平は、麻の繊維の色や質感がそのまま残っていて、手織の特徴がわかりやすく、たいへん素朴な織物です 。

＊近江商人：江戸時代を中心に活躍した、近江国が出身の商人。行商と出店によって全国に進出し、多くの成功者を出した。

信楽焼（陶磁器）

時代ごとにさまざまなものがつくられた焼き物

信楽焼は、滋賀県南部の信楽町（現在の甲賀市の西部）でつくられている焼き物で、日本六古窯（→P64）のひとつです。たぬきの置物で有名ですが、はじまりは古く、1877（明治10）年に宮内庁で編纂された「工芸志料」によれば、鎌倉時代中期とされています。

信楽焼が広く知られるようになったのは、室町時代から安土桃山時代のことです。茶の湯（→P46）がさかんになり、武野紹鴎や千利休などの有名な茶人が、茶器として取り上げたのです。

その後、江戸時代には、壷や徳利、土鍋などの生活用品が中心につくられ、明治時代になると、火鉢の生産がさかんになりました。

近年では、食器や花瓶、置物やタイルなど、さまざまなものがつくられています。

すぐれた地元の土の性質をいかして

信楽焼の特徴は、成形しやすく、こしが強いという地元の土の性質をいかしてつくる、厚みのある、大きな陶器（→P30）です。なかには、1mをこえる壷もあります。

また、穴窯[*1]や登り窯[*2]を使って焼くことで、燃やした薪の灰が素地につき、火色という赤いまだら模様や、焦げとよばれる黒褐色の色合いが生まれます。こうした信楽焼ならではの素朴な味わいも、地元の土の性質によるものです。

＊1 穴窯：斜面を掘り下げ、上部を土でおおっただけの窯。

＊2 登り窯：丘などの斜面を利用してつくった、いくつかの部屋（焼成室）が階段のように並ぶ窯。下の部分で薪を燃やすと、下の部屋から上の部屋に炎が登り、すべての部屋に熱が伝わる。

彦根仏壇（仏壇・仏具）

戦のない平和な世の中の訪れをきっかけに

彦根仏壇は、滋賀県東部の彦根市を中心に、江戸時代前期の17世紀の中ごろからつくられている仏壇です。この地を治めた彦根藩が、武具をつくる職人、漆塗りの職人、木工や彫金などの細工をおこなう職人に、戦のない平和な世の中になったので、武具づくりのかわりに、仏壇づくりをおこなうことをすすめました。

その後、仏教が広まり、藩によって仏壇づくりが保護されたこともあり、発展していきました。

仏壇づくりの七職による分業制

彦根仏壇の製作は、七職による伝統的な手作業による分業制といわれています。七職とは、7つの工程を担当する職人のことで、木地師、宮殿師、彫刻師、漆塗師、金箔押師、錺金具師、蒔絵師です。

木地師は、ヒノキまたはスギの木の材料で、仏壇の本体をつくります。宮殿師は、仏壇の内部につける屋根回りをつくります。彫刻師は、彫刻をほどこし、欄間＊などの装飾部をつくります。漆塗師は、木地への漆塗りなどをおこないます。金箔押師は、内部に金箔をはります。錺金具師は、真鍮や銅板への彫金（→P59）をおこない、仏壇の装飾金具をつくります。蒔絵師は、金粉、銀粉、貝殻などを用い、蒔絵（→P26）をほどこします。

こうした工程をへて完成した部品を、問屋や仏壇店が組み立てることで、豪華でおごそかな雰囲気をもつ彦根仏壇が完成します。

＊欄間：和室などの間仕切り部分の天井と鴨居（→P58）のあいだに、光と風を入れるために設けられる、装飾を備えた木製の枠。

京都府

※市町村名に記した○で囲んだ数字は、伝統的工芸品に記した番号を示す。

経済産業大臣指定伝統的工芸品

番号	名称［分類］	おもな製品	おもな製造地
①	西陣織［織物］	着物地、金襴、裂地、緞帳	京都市、宇治市、亀岡市、城陽市、長岡京市ほか
②	京鹿の子絞［染色品］	着物地、羽織、兵児帯、帯揚、洋装用品、室内装飾品	京都市、亀岡市、木津川市、南丹市、井手町、笠置町、和束町ほか
③	京友禅［染色品］	着物地、コート、羽織	京都市、宇治市、亀岡市、城陽市、向日市、久御山町
④	京小紋［染色品］	着物地、コート、羽織	京都市、宇治市、亀岡市、城陽市、向日市ほか
⑤	京黒紋付染［染色品］	着物地、羽織、ネクタイ、腕章	京都市、宇治市、亀岡市、久御山町ほか
⑥	京繍［その他繊維製品］	着物地、羽織、旗幕、緞帳	京都市、宇治市
⑦	京くみひも［その他繊維製品］	和装飾用、帯締め、羽織紐、和洋服飾品	京都市、宇治市
⑧	京焼・清水焼［陶磁器］	飲食器、花器、茶器、香道用品	京都市、宇治市、城陽市、向日市、亀岡市、長岡京市
⑨	京漆器［漆器］	茶道具、食器、家具	京都市
⑩	京指物［木工品・竹工品］	箪笥、飾棚、茶道具	京都市
⑪	京仏壇［仏壇・仏具］	仏壇	京都市、宇治市、亀岡市、城陽市、向日市、長岡京市、木津川市、南丹市
⑫	京仏具［仏壇・仏具］	木製仏具、金属製仏具、木彫仏、仏画軸	京都市、宇治市、亀岡市、城陽市、向日市、長岡京市、木津川市、南丹市
⑬	京石工芸品［石工品］	石灯籠、鉢物、挽臼、層塔、彫刻物	京都市、宇治市、亀岡市、向日市、八幡市
⑭	京人形［人形・こけし］	市松人形、雛人形、五月人形、風俗人形、御所人形	京都市、宇治市、亀岡市、八幡市
⑮	京扇子［その他の工芸品］	招涼持ち扇、儀式扇、芸事扇、飾り扇	京都市、宇治市、亀岡市、南丹市
⑯	京うちわ［その他の工芸品］	うちわ	京都市
⑰	京表具［その他の工芸品］	掛軸、巻物、額装、襖、屏風、衝立	京都市ほか

西陣織（織物）

京都の織物の歴史とともに

西陣織は、京都の西陣でつくられている、先染めの紋織物です。先染めとは、あらかじめ染めた糸で布を織ることで、紋織物とは、糸を使って模様を織り出した織物のことです。西陣織の名は、室町時代中期におきた応仁の乱[*1]が終わり、京都をはなれていた職人たちが、西軍の陣地があった場所（西陣）に集まり、織物づくりをはじめたことに由来します。

しかし、京都の織物の歴史は古く、5～6世紀にはじまり、平安時代になって都が置かれると、すぐれた織物職人を貴族が集めたこともあり、急速に発展しました。そのため、西陣織のはじまりは、平安時代以前とされています。

江戸時代になると、幕府の保護を受け、ますます発展していきます。そして、明治時代には、海外の技術を取り入れ、ジャカード[*2]という機械を使って織るなど、近代化をはたします。そして、いまでは、日本の高級織物の代表格として、伝統的な帯や着物に加え、ネクタイやショールなどを生産しています。

種類に応じてちがう工程

西陣織は、図案を考え、糸を染めるなど、織り上げるまでに多くの工程があります。それらの大部分は、専門の職人による分業です。

また、西陣織には、たて糸とよこ糸を部分的に染めて文様をあらわす「絣」、よこ糸で文様を織り出すためにたて糸をつつみこむようにして織る「綴」、多くの色のついた糸を使って美しい文様を織り出す「錦」など、たくさんの種類があります。そして、種類に応じて、工程にちがいがあります。

＊1 応仁の乱：将軍のあとつぎ問題などで対立した守護大名が、1467年から11年間にわたり、京都を中心に、東軍と西軍に分かれて戦った内乱。

＊2 ジャカード：紋紙という穴のあいた紙からデータを読み取り、たて糸を上下させる指示を織機におこなう機械。

京友禅（染色品）

2つの技術が生む華やかで多彩な柄模様

友禅とは、模様染めのことです。京都では、布の染色技術が8世紀から伝わりますが、京友禅のはじまりは、江戸時代前期の17世紀後半といわれています。扇絵師の宮崎友禅斎が、それまでの染色技術に、扇づくりで用いる絵柄を取り入れ、友禅染という技術を生み出しました。

その後、町人の文化が栄えると、さまざまな色を使って絵画のような模様をほどこす友禅染は、たいへんな人気となり、さかんになりました。

明治時代になると、それまでの筆や刷毛を使って布に模様を直接描く「手描友禅」の技術に加え、型紙（→P34）を使って模様を染める「型友禅」という技術が開発されました。その結果、大量に染めることが可能になり、多くの人びとに広がっていきました。

いまでは、高度な技術を受けつぐことで、華やかで多彩な柄模様を染める、日本を代表する染物となっています。

日本各地に伝わり発展

京友禅の特徴は、華やかな色彩にありますが、そこに刺繍や金箔などをほどこすことで、きらびやかで豪華に仕上がります。多くの工程がありますが、専門の職人による分業です。

江戸時代にはじまった友禅染の技術は、日本各地に伝わり、江戸友禅（東京手描友禅／→P42）、加賀友禅（→P61）、名古屋友禅などが生まれ、発展しました。そして、それぞれの土地の特徴をいかした伝統工芸品として、今日に受けつがれています。

京繍（その他繊維製品）

平安京の誕生とともにはじまった刺繍

京繍は、京都に都が置かれた8世紀末がはじまりの刺繍です。刺繍をするための職人を抱えた「縫部司（または織部司）」という役所が、平安京に置かれました。

貴族の着物や武具のほか、繍仏*などにも活用され、発展しました。友禅染（→P81）の技術が江戸時代に確立するまでは、布地に装飾をほどこす重要な方法のひとつでしたが、のちに、友禅染の装飾にも用いられました。また、明治時代には、刺繍絵画といった新たな分野も生まれました。

いまでは、絹織物や麻織物に、絹糸のほか、金糸や銀糸などを用い、伝統的な高度な技法で、刺繍をほどこしています。

15種類の針を使い分けて刺繍をほどこす

京繍は、墨などで下絵を描いた生地を刺繍台という台に置き、あらかじめ色をつけておいた絹糸などを使って刺繍をほどこすことで完成します。刺繍に使う針は、手打針とよばれる手づくりの針で、糸の太さや生地の種類によって使い分けるため、15種類あります。

また、基本となる技法は、まつい繍、繍切り、割り繍、刺し繍、切り押え繍など、15種類以上あります。まつい繍は、「の」の字になるように、線を繍っていく技法です。繍切りは、小さな模様を、布地の目に関係なく、左右斜め縦横に繍いつける技法です。割り繍は、木の葉や花の模様を繍いつけるときに、V字型に角度をつけて繍う技法です。刺し繍は、ひとつの模様を重ねながら繍う技法です。切り押え繍は、先に繍い上げた糸の上から細い糸で繍い、先に繍った糸が浮かないようにする技法です。

＊繍仏：仏像を刺繍であらわしたもの。

京焼・清水焼（陶磁器）

江戸時代の優れた職人たちによってさかんに

京都の焼き物のはじまりは、5世紀前半といわれていますが、本格的にはじまったのは、8世紀末に京都に都が置かれ、平安時代がはじまってからです。

室町時代には、茶の湯（→P46）や生け花などの影響を受け、茶器や花器などがつくられるようになりました。

江戸時代になると、陶器（→P30）をつくる優れた職人たちがあらわれます。江戸時代前期の17世紀には、野々村仁清やその教えを受けた尾形乾山が、華やかな色や絵柄の焼き物を生み出し、京都の焼き物づくりは、さかんになりました。江戸時代中期の18世紀には、奥田頴川が磁器（→P62）をつくることに成功し、芸術性の高い作品づくりに取り組む職人もあらわれ、京都の焼き物は、ますますさかんになりました。

明治時代になると、ドイツから工芸家を招いたことをきっかけに、外国の技術が取り入れられます。また、大規模な工場での生産もおこなわれるようになり、京都の焼き物は、さらに発展していきました。

京都でつくられている焼き物の総称に

京焼は、16世紀後半から江戸時代にかけて、京都でさかんにつくられていた焼き物のことをいいます。野々村仁清や尾形乾山、奥田頴川は、京焼の名工として知られます。

清水焼は、江戸時代中期の18世紀後半に、京都市東部の五条坂清水という場所ではじまった焼き物です。京焼のなかでは、代表的な焼き物です。

そうしたこともあり、いまでは、京都でつくられている焼き物のすべてを、京焼・清水焼としています。

京漆器（漆器）

全国の漆器づくりの中心地として発展

漆器の技術は、奈良時代に唐（現在の中国）から伝わった技術をもとに、日本独自のものが生み出されました。この技術は、平安時代のはじまりとともに京都に受けつがれ、発展しました。

京漆器は、室町時代以降、京都を中心に栄えた茶の湯（→P46）の文化とともに広まります。その結果、全国の漆器づくりの中心地として、京都は栄えました。そして、安土桃山時代から江戸時代初期には本阿弥光悦が、江戸時代中期には尾形光琳が、京漆器の名工として活躍し、多くの優れた作品と技術や技法を生み出しました。

いまでは、丈夫さとともに、優れたデザインや上品で美しい仕上がりが高く評価され、水準の高い漆器をつくっています。

蒔絵や螺鈿によって装飾をほどこす加飾の工程

京漆器の製作工程には、木材を使って器のもとをつくる「木地づくり」、できた木地に漆を塗り重ねる「塗り」があり、最後に、蒔絵や螺鈿などによって装飾をほどこす「加飾」があります。

なかでも、加飾の工程でおこなう蒔絵は、平安時代の京都で生まれた技法です。漆を塗った面に模様を描き、その上に金粉や金箔をはめ、装飾をほどこします。また、同じく加飾の工程の螺鈿は、アワビなどの貝殻の真珠色に光る部分を磨いて切り、漆器の表面に散りばめ、模様をあらわすことで装飾をほどこす技法です。

京指物（木工品・竹工品）

平安時代からつくられているさまざまな木工品

京都では、木材を指し合わせて（組み合わせて）つくる箪笥や道具といった指物が、平安時代からつくられてきました。室町時代には、茶の湯（→46）の広がりによって茶道具がつくられるようになり、発展しました。

京指物には、無垢材（→P51）を用いた高級家具の調度指物とともに、キリ、スギ、クワ、ケヤキなどの木材を用いた茶道具指物があります。

ろくろ（→P21）や旋盤を使ってつくる円形の木工品の「挽物」、薄い板を曲げてつくる木製容器の「曲げ物」、板を組み合わせてつくる木工品の「板物」など、さまざまなものがつくられています。

木肌の美しさと装飾の美しさが特徴の木工芸

京指物は、「木地仕上げ」の工程と、装飾をほどこす「加飾」の工程に特徴があります。木地仕上げでは、木肌の美しさや自然の木目をいかすために、それぞれの木地の性質に合わせて磨き、仕上げます。加飾では、錺金具を取りつけたり、絵付けをおこなったり、蒔絵（→P26）をほどこしたりするなど、京都ならではの伝統技術を用いておこないます。

こうして完成する製品は、調度指物や茶道具指物から、美術工芸品にいたるまで、とても多彩です。そのため、京指物は、「京の木工芸」ともよばれています。

京仏具（仏壇・仏具）

仏教の広まりとともに全国屈指の仏具の産地に

仏具とは、仏像のほか、経を読むときにたたく木魚、線香を立てる香炉、ろうそくを立てる燭台など、仏教の寺院などで、仏前にそなえる器具のことです。京都では、天台宗を開いた最澄や真言宗を開いた空海が活躍した９世紀ごろに、仏具の製作がはじまったといわれています。11世紀には、仏像をつくる「仏所」という工房を設け、優れた技術をもつ職人たちを京都に集め、本格的な仏具づくりがはじまりました。

そして、江戸時代になり、各家庭に仏壇が置かれるようになると、仏具の需要は増えていきました。いまでは、多くの寺院や文化財がある京都は、全国屈指の仏具の産地として知られます。

専門の職人の分業と手作業でつくる京仏具

京仏具は、寺院用仏具と家庭用仏具に分けられますが、さらに、木製の仏具、金属製の仏具、木彫仏、仏画軸（掛け軸）に分けることができます。その種類は1500以上になり、大量生産ではなく、一品ごとに、手づくりで製作しています。

仏具づくりは、専門の職人による分業制です。用途に応じてさまざまな仏具を製作しているので、木地づくり、木彫、漆塗り、錺金具づくり、金属工芸、仏像彫刻など、40以上の職種があります。そのため、京仏具は、高度な職人技の結晶ともいえます。

京石工芸品（石工品）

平安時代の石造品から発展した石工芸品

はじまりは、京都が都になった平安時代はじめの８世紀末です。平安京の造営で、石を材料にした石造品が、多くつくられるようになりました。

その後、仏教がさかんになると、寺院の土台となる石（礎石）のほか、石仏や石塔、石燈籠といった石の彫刻物がつくられるようになり、石工の技術は、大きく発展します。そして、鎌倉時代以降は、優れた石工芸品がつくられました。また、安土桃山時代に茶の湯（→P46）がさかんになると、その影響を受けた庭園には、石燈籠や石の彫刻物が欠かせないものとなり、美を追求した石工芸品が考え出されるようになりました。

その後は、長いあいだ日本の文化の中心だった京都に残る優れた石工芸品をもとに、石燈籠をはじめ、さまざまなものをつくり、発展していきました。

１人の職人がすべての工程を担当

現在の京石工芸品は、石燈籠をはじめとした庭園装飾用のものが中心です。その製造工程は、荒石とよばれる原石を、完成時の形や大きさに合わせて墨で線引きしたあとに、加工していくことからはじまります。その後、形を整え、彫刻をほどこし、仕上げていきます。石燈籠の場合は、地輪、柱（竿）、受、火袋、笠、宝珠（玉）によって構成されるので（→P31）、これらの部品を下から積み上げ、完成します。

こうした工程のすべては、１人の職人（石工）が担当します。

京人形（人形・こけし）

千年の都で培われた人形づくりの技術

はじまりは平安時代で、貴族の子どもたちの遊び道具であり、雛人形の原型でもある「ひいな遊び*」の人形といわれています。

京都は、日本の人形づくりの中心として、発展してきました。それは、8世紀の終わりから1000年以上も都が置かれ、さまざまな工芸が発達し、人形づくりに適した技術が集まっていたからです。人形は、頭、手足、衣装などの部品を組み合わせることで完成しますが、こうした部品づくりに、多くの工芸技術が活用できたのです。

そうしたこともあり、江戸時代になると、雛人形のほかにも、幼児の姿のものが多い「御所人形」や、衣装を着せて子どもの姿をした「市松人形」なども生まれ、京人形の技術は、今日に受けつがれてきました。

高度な技術をもった職人の分業によって完成

京人形のなかでも、主流となる雛人形の製作には、頭師、髪付師、手足師、小道具師、胴着付師など、それぞれの部品をつくる、高度な技術をもった職人がかかわります。そのため、細かく分業化されています。

頭師は、キリでつくった人形の頭に、胡粉（→P37）でできた白い液体を塗り、目、鼻、口を小刀で切り出し、目や口などを描きます。髪付師は、髪を植えつけるための溝を頭に彫り、そこに、黒く染めた生糸の髪を植えこみ、結い上げます。手足師は、木製の腕に、指となる細い針金を差し、胡粉でできた白い液体を塗り重ね、指の形をつくります。胴着付師は、ワラに和紙を巻いてつくった胴に、手足をつけ、豪華な衣装を着せつけていきます。最後に、小道具師がつくった扇や尺などをもたせると、雛人形は完成します。

＊ひいな遊び：小さな紙人形でおこなう、ままごと遊びのこと。

京扇子（その他の工芸品）

日本の伝統文化や伝統芸能の必需品として発展

はじまりは、平安時代初期の９世紀です。薄いヒノキの板を重ねてつなぎ合わせて扇の形にする「桧扇」がはじまりです。その後、竹と紙でできた「紙扇」がつくられ、いまのような扇の形になっていきました。

室町時代になると、能や茶の湯（→P46）の文化がさかんになり、舞踊や茶道などのための扇がつくられるようになります。そして、16世紀には、現在の扇子づくりの技法が確立しました。

扇は、日本の伝統文化や伝統芸能には欠かせないものですが、一般の人びとが使うようになったのは、江戸時代になってからです。

専門の職人の手仕事による分業

扇子は、素材や製法により、板扇と貼扇に分かれます。板扇は、ヒノキやスギなどの薄い板を重ねて、糸でつづり合わせた扇です。貼扇は、竹などでできた扇の中骨（扇骨）に、紙や絹をはったもので、紙をはったものは紙扇、絹をはったものは絹扇とよばれます。

京扇子の製作は、扇骨づくりにはじまります。紙扇の場合は、和紙をはり合わせて地紙をつくる「地紙加工」、金箔をはったり絵を描いたりする「加飾加工」、地紙に扇子の折り目をつける「折加工」をおこない、扇骨と地紙を接着して仕上げます。各工程は、専門の職人による分業で、手仕事によっておこなわれます。

大阪府

経済産業大臣指定伝統的工芸品

番号	名称［分類］	おもな製品	おもな製造地
①	大阪欄間［木工品・竹工品］	欄間、衝立、彫刻額	大阪市、岸和田市、吹田市、貝塚市、枚方市、茨木市、松原市、摂津市、東大阪市、能勢町
②	大阪唐木指物［木工品・竹工品］	棚、机、台、箱物	大阪市ほか
③	大阪泉州桐簞笥［木工品・竹工品］	収納家具、各種桐簞笥	岸和田市、堺市、和泉市、東大阪市、大阪市、忠岡町
④	大阪金剛簾［木工品・竹工品］	簾	大阪市、富田林市、河内長野市
⑤	堺打刃物［金工品］	包丁	堺市、大阪市
⑥	大阪浪華錫器［金工品］	神仏具、酒器、茶器、菓子器、花器	大阪市、松原市、羽曳野市、東大阪市
⑦	大阪仏壇［仏壇・仏具］	仏壇	大阪市、八尾市、東大阪市、堺市、岸和田市ほか

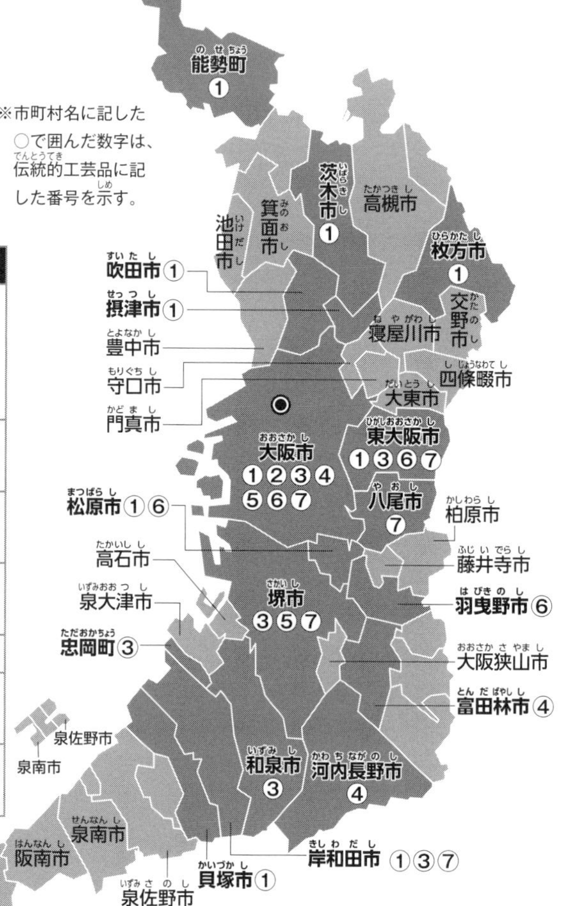

大阪欄間（木工品・竹工品）

江戸時代にはじまり広まった数種類の欄間

欄間とは、和室などの間仕切り部分の天井と鴨居（→P58）のあいだに、光と風を入れるために設けられる、装飾を備えた木製の枠です。大阪欄間のはじまりは、江戸時代初期の17世紀のはじめです。大阪府南部の和泉市にある聖神社や大阪市の四天王寺などに、今日に受けつがれている伝統技法の基礎が見られます。江戸時代以降は、一般の住宅にも取り入れられ、広まりました。

欄間は、富山県でつくられている伝統的工芸品の井波彫刻（→P58）にもありますが、井波彫刻が彫刻欄間を中心としているのに対し、大阪欄間は、彫刻欄間のほかにも、透彫欄間、筬欄間、組子欄間など、いくつかの種類があります。彫刻欄間は、景色を立体的に彫り出した欄間で、透彫欄間は、原材料のキリの肌と透かし模様が調和した欄間です。筬欄間は、たての桟を細かく入れ、よこの桟を中央に三筋と上下に一筋ずつ入れた欄間です。組子欄間は、組子*を用いて簡潔な幾何学模様をあらわした欄間です。

手間と時間をかけてつくる美しい木目の欄間

大阪欄間は、スギ、キリ、ヒノキといった美しい木目の木を、自然乾燥させてから必要な大きさに切り出し、原材料とします。彫刻欄間をつくるときには、筆を使って下絵を描き、特殊な鋸を表裏に通してくりぬいたり、下絵にあわせて必要のない部分を切りぬいたりします。そして、立体的に彫り、イボタ蝋という蝋で磨いて仕上げます。

とても手間と時間のかかる工程ですが、いたるところで、長年にわたって培われた職人の技術や技法がいかされます。

＊組子：障子や欄間などの枠の間に、たてよこに組みこんだ細い部材。

大阪金剛簾（木工品・竹工品）

地元の天然の竹を利用してはじまった簾づくり

簾は、細く割った竹などを横に並べ、糸で編み連ねたもので、室内の仕切りや日よけなどに用います。そのはじまりは、平安時代に使われていた御簾だといわれています。御簾は、宮中や神前などで、間仕切りや飾りに使用され、現在の座敷簾の原型とされるものです。当時は、貴族や武家、神社や寺院などにしか、使用が許されていませんでした。

大阪金剛簾は、大阪府と奈良県の境にある金剛山の麓で自生する良質な竹を用い、現在の富田林市周辺で、江戸時代後期に、さかんにつくられるようになりました。いまでは、京都府のほか、岡山県や島根県などの中国地方でとれるマダケを使い、つくられています。

飾りとして高級な布を縫いつけてつくる簾

大阪金剛簾は、竹ひごづくり、編み上げ、仕上げの３つの工程をへて、完成します。

竹ひごは、乾燥させたマダケの皮をむいてから割り、さらに細く割ってつくります。その後、つや出しや着色をした竹ひごを、編み上げていきます。そして、編み上げた簾の両端を切りそろえ、飾りとして、簾の四方や中央に、西陣織（→P81）などの高級な布を縫いつけ、縁をつけます。最後に、金具や房などを取りつけ、仕上げます。

なお、縁に縫いつける高級な布は、定規を使わずに切断するので、職人の腕の見せどころです。また、その布を縫いつける作業は、２人の職人が、簾の表と裏に立ち、縫い目が目立たないように、慎重におこないます。

堺打刃物（金工品）

古くからの鍛冶の技術をもとにした包丁づくり

堺打刃物は、大阪府中部の堺市を中心に製造されている、鉄を打ち鍛えてつくる刃物です。はじまりは、1573年の織田信長による足利義昭（室町幕府15代将軍）の追放により、安土桃山時代がはじまったころです。南蛮貿易でもたらされた、たばこ包丁（たばこの葉をきざむ包丁）が、堺でつくられるようになりました。

たくさんの古墳がある堺では、その造営のために、古くから鋤や鍬などがつくられ、鉄をたたいたりのばしたりする「鍛冶」の技術が発達していました。そのため、平安時代や鎌倉時代には梵鐘（寺院のつり鐘）が、室町時代には刀剣や武具がつくられていました。

たばこ包丁は、堺でつくられたものが切れ味が良く、江戸幕府が、「堺極」という品質証明の印を入れ、専売品としたことで、全国に広がりました。江戸時代前期の17世紀末になると、出刃包丁がつくられるようになり、以後、堺では、料理用の包丁を中心に、さまざまな包丁がつくられるようになりました。

各工程の職人がもつ技術が生む包丁の切れ味

堺打刃物の包丁づくりの工程には、熱した鉄をたたいたりのばしたりする「鍛冶」のほかにも、さまざまな方法で研ぐことで刃物を仕上げる「刃付け（研ぎ）」と、研ぎ上がった刃を入念に確認して柄をつける「柄付け」があります。また、鍛冶には20ほどの工程があり、刃付けには30近くの工程があります。

各工程は、専門の職人が担当します。そのため、完全な分業体制で、包丁をつくります。しかし、包丁の切れ味は、鍛冶、刃付け、柄付けの３つの技術の結晶といわれているので、各工程を担当する職人どうしの協力や理解が欠かせないといわれています。

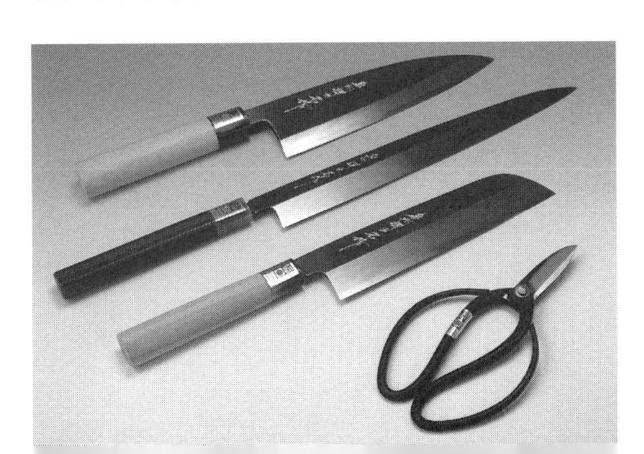

兵庫県

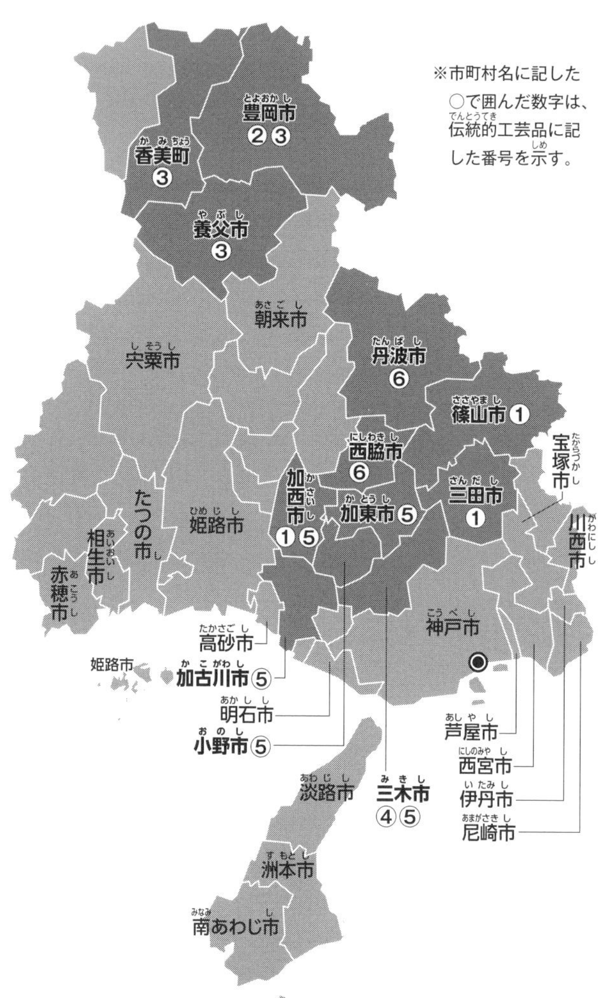

経済産業大臣指定伝統的工芸品

番号	名称［分類］	おもな製品	おもな製造地
①	丹波立杭焼［陶磁器］	食器、酒器、茶器、花器、置物、植木鉢	篠山市、三田市、加西市
②	出石焼［陶磁器］	花器、茶器	豊岡市
③	豊岡杞柳細工［木工品・竹工品］	柳行李、バスケット類	豊岡市、養父市、香美町
④	播州三木打刃物［金工品］	鋸、のみ、鉋、小刀	三木市
⑤	播州そろばん［文具］	そろばん	小野市、加西市、三木市、加古川市、加東市
⑥	播州毛鉤［その他の工芸品］	毛鉤	西脇市、丹波市

丹波立杭焼（陶磁器）

800年以上の歴史と伝統技術を受けついで

丹波立杭焼は、現在の兵庫県東部と京都府中部にまたがる丹波国の立杭というところで、平安時代末期の12世紀後半にはじまったといわれている焼き物で、日本六古窯（→P64）のひとつです。立杭は、現在の兵庫県篠山市にある地名です。

当初、丹波立杭焼は、壷や甕などをつくっていましたが、江戸時代初期の茶人や造園家として知られる小堀遠州などの指導を受け、すぐれた茶器を生み出しました。

また、安土桃山時代までは、穴窯（→P79）を使用していましたが、その後、登り窯（→P79）を使用するようになり、大量生産をおこなうようになりました。さらに、足で回転させる「蹴ろくろ*1」が生み出され、それらは、丹波立杭焼の伝統技術として、今日に受けつがれています。

登り窯が生み出す独特の色や模様

現在の丹波立杭焼は、湯のみや皿、壷や花瓶など、くらしのなかで使うものを中心に、素朴で飾り気のない製品を生産しています。なかでも、登り窯で焼くものには、「灰かぶり」とよばれる独特の色や模様が生まれます。これは、燃えた薪の灰が、釉薬（→P30）と溶け合ってあらわれるもので、そのあらわれ方は、ひとつひとつちがいます。

なお、この登り窯をつくる技術は、丹波立杭窯（作窯技術）として、国の無形文化財*2に指定されています。

*1 蹴ろくろ：この地域独特の左回転のろくろ（→P21）。
*2 無形文化財：芸能や工芸などの作品を生み出す技術そのもので、歴史上または芸術上の価値が高いもの。

豊岡杞柳細工（木工品・竹工品）

古くからの籠づくりが藩の保護で江戸時代に発展

豊岡杞柳細工は、兵庫県北部の豊岡市を中心とした地域でつくられている、コリヤナギというヤナギの枝で編まれた、柳行李*や籠といった竹製品です。

はじまりは古く、1世紀といわれています。現在の豊岡市を流れる円山川の荒れ地に生えるコリヤナギで、籠を編みました。

その後、安土桃山時代の16世紀後半に、豊岡城が築かれ、城下町が整備されると、産業として、本格的につくられるようになりました。そして、江戸時代になると、この地を治めた京極家（豊岡藩）に保護され、コリヤナギの栽培や杞柳細工の製造と販売に力が入れられたため、豊岡杞柳細工は、広く知られるようになりました。

原料のコリヤナギの性質を利用してつくる

コリヤナギには、水にひたすとやわらかくなり、かわくとかたくなる性質があります。杞柳細工は、この性質を利用して、コリヤナギをやわらかくして編み上げ、乾燥させることで丈夫に仕上げます。さらに、コリヤナギは、水辺に生育しているため、虫が寄りつきにくく、湿気を寄せつけないという性質もあり、柳行李づくりに適しています。

また、籠づくりでは、編み方に多くの技法があります。そのため、どの技法を用いて職人が編み上げていくかにより、さまざまな製品ができ上がります。

＊柳行李：ヤナギでできた衣類入れ。

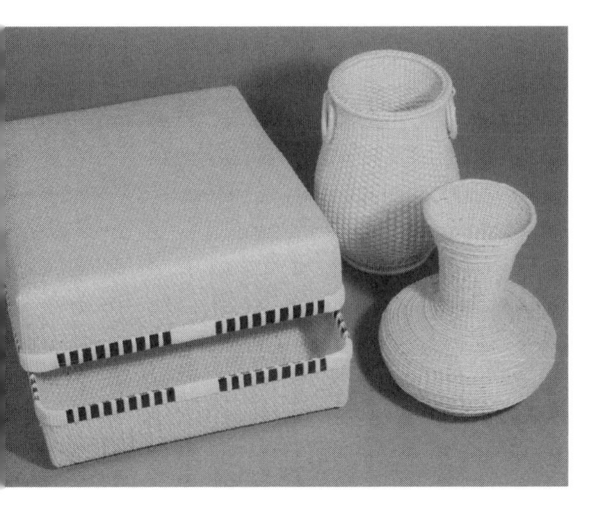

播州そろばん（文具）

全国一のそろばん生産地

そろばんの歴史は古く、いまから5000年ほど前のメソポタミア（いまの西アジアのイラク付近）にまでさかのぼるとされています。その後、古代ギリシャや古代ローマでも使われていたといわれ、日本には、室町時代の終わりごろ（16世紀の中ごろ）に、中国から長崎を経由し、大津（現在の滋賀県の県庁所在地）に伝わりました。

播州そろばんは、かつて播州とよばれていた兵庫県南西部でつくられているそろばんです。はじまりは、安土桃山時代の16世紀後半です。羽柴秀吉（のちの豊臣秀吉）がこの地の三木城を攻めたときに大津にのがれた住民が、そろばんの製造技術を身につけ、この地にもどり、そろばんづくりをはじめたのです。

生産の中心となる小野市は、全国の7割ほどのそろばんを生産しています。

材料をつくる職人と組み立てる職人の分業制

そろばんのおもな材料は、玉、軸、枠で、それぞれ専門の職人がつくります。そして、それらの材料を専門の職人が組み立てることで、一丁ずつ完成させます。

玉は、カバやツゲという、かたい材質の木を削ってつくります。玉を通す軸は、竹を割ってから削って竹ひごにし、それを磨いてつくります。枠は、かたくてじょうぶなコクタンなどの木材でつくります。

組み立てをおこなう職人は、上下の枠の間に入る中桟（梁）という板に軸を入れ、そこに玉を入れていきます。そして、上下左右の枠や裏側の板などをしっかりと組み合わせ、塗装や磨きをおこない、仕上げます。

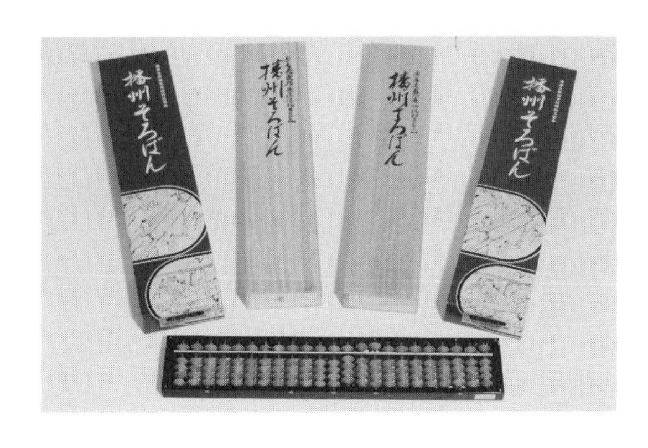

奈良県

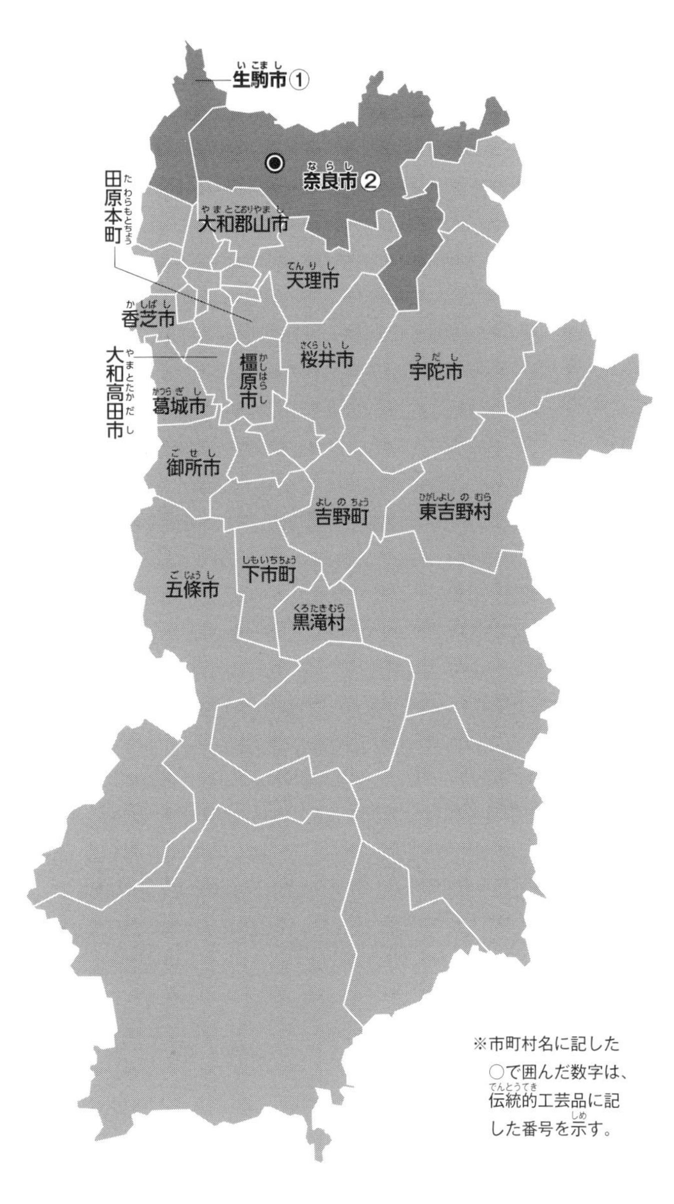

※市町村名に記した○で囲んだ数字は、伝統的工芸品に記した番号を示す。

経済産業大臣指定伝統的工芸品

番号	名称［分類］	おもな製品	おもな製造地
①	高山茶筌［木工品・竹工品］	茶筌、美術品、コーヒーの泡立て用	生駒市
②	奈良筆［文具］	書道用筆	奈良市

高山茶筌（木工品・竹工品）

室町時代からの秘伝の技法を受けついで

茶筌とは、茶碗に入れた抹茶と湯を、かき回して泡を立てたり練ったりする、竹製の茶道具です。10cmほどの竹筒の半分程度を細く割り、その先端部分を内側に曲げて穂にしたものです。高山は、奈良県北西部の生駒市にある地名です。

室町時代中期の15世紀に、この地の領主の息子が、わび茶という茶の湯（→P46）の創始者として知られる村田珠光の依頼でつくったのがはじまりといわれています。そして、茶の湯がさかんになるとともに、この地での茶筌づくりは発展しました。いまでは、全国の茶筌の９割以上を、この地でつくっているといわれています。

それは、茶筌づくりの技法が秘伝とされ、「一子相伝」という方法で、後つぎとなる子だけに伝えられていたからです。のちに、その技法は16人の家来に伝えられ、それぞれが一子相伝によって技法を伝え、今日に受けつがれました。

小刀と職人の指先で１本ずつ手作業でつくる

高山茶筌は、薄茶用、濃茶用、野点用など、用途によってちがいがあります。また、茶道の流派によって、材料の竹の種類や形、穂の数などにちがいがあるため、たくさんの種類があります。

高山茶筌の製作には、１本の竹を割り、60～240本の穂先をつくり出して仕上げるまで、８つの工程があります。すべての工程が、小刀と指先などによる手作業です。なかでも、穂先の部分を湯にひたしてから薄く削る「味削り」という工程は、できぐあいによって茶の味がかわるといわれるほど、とても難しい工程です。

奈良筆（文具）

奈良筆のはじまりが日本の筆づくりのはじまり

筆のはじまりは、いまから2300年ほどまえの中国で、秦の始皇帝が中国を統一した時代です。日本に伝わったのは６世紀のことで、奈良時代（８世紀）には、南都七大寺*1などで、写経*2や筆記に、さかんに使われました。

筆づくりが日本ではじまったのは、９世紀のことです。書道の達人としても知られる空海（弘法大師）が、遣唐使として中国にわたり、帰国後、自ら学んだ筆づくりの方法を、大和国（いまの奈良県）に伝えました。これが、現在の奈良筆のはじまりといわれています。

以後、日本の筆づくりは、寺院や神社の多い奈良を中心に、発展していきました。

すぐれた筆を生む職人の手仕事と経験

奈良筆の製作は、すべてが手仕事です。原料となる毛をより分け、灰でもみ、毛の先をそろえることからはじまります。その後、性質のちがう毛を、役割に応じて長短に切り分け、水にひたして平たく整え、片寄りがなくなるまで、練り混ぜます。そして、芯をつくって上毛（薄くのばしたきれいな毛）を巻きつけ、根元の部分を焼きかため、麻糸を巻いて筆の穂をつくり上げます。最後に、軸を取りつけ、仕上げます。

原料は、十数種類の動物の毛ですが、職人は、弾力や強弱、長短などを考え、組み合わせを決めます。毛は、動物の種類に加え、刈り取った時期や部位によって微妙なちがいがありますが、職人は、長年の経験をたよりに、それを見きわめ、筆に仕上げていきます。

＊1 南都七大寺：南都とよばれた奈良にある７つの大寺。東大寺、大安寺、興福寺、元興寺、薬師寺、法隆寺、西大寺の七寺。

＊2 写経：お経を書き写すこと。

もっと知ろう　奈良県指定の伝統的工芸品

奈良県には、優れた伝統技術や技法でつくられる工芸品が多く、人びとの生活に豊かさとうるおいをあたえています。奈良県では、次の18の工芸品を、県指定の伝統的工芸品としています。

分類	工芸品名	おもな製造地
織物	奈良晒	奈良市
染色品	笠間藍染	宇陀市
陶磁器	赤膚焼	奈良市、大和郡山市
木工品・竹工品	木製灯籠	奈良市
	大塔坪杓子	五條市
	三方（三宝）	下市町
	吉野杉桶・樽	下市町
	くろたき水組木工品	黒滝村
	大和指物	大和郡山市

※工芸品の分類は、国の伝統的工芸品の分類を参考に判断した。

分類	工芸品名	おもな製造地
木工品・竹工品	神酒口	下市町
	東吉野杉・檜木工品	東吉野村
	高山茶道具	生駒市
	神具・神棚	下市町
和紙	吉野手漉き和紙	吉野町
人形・こけし	大和出雲人形	桜井市
その他の工芸品	鹿角細工	奈良市、田原本町
	奈良団扇	奈良市
	奈良表具	桜井市ほか

和歌山県

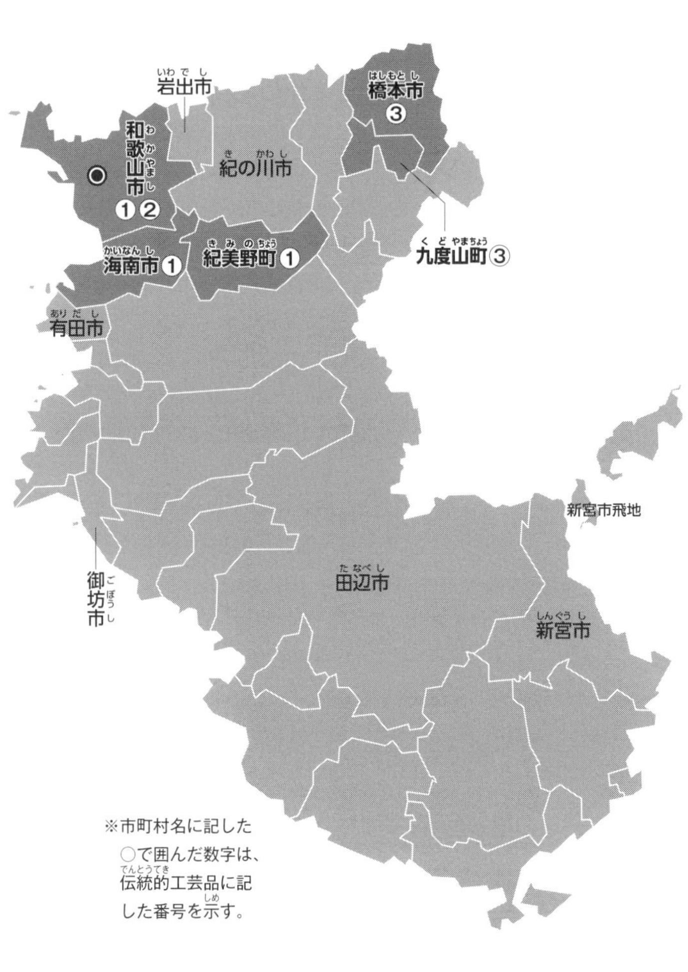

※市町村名に記した○で囲んだ数字は、伝統的工芸品に記した番号を示す。

経済産業大臣指定伝統的工芸品

番号	名称［分類］	おもな製品	おもな製造地
①	紀州漆器［漆器］	盆類、菓子鉢器類、食器類	和歌山市、海南市、紀美野町
②	紀州箪笥［木工品・竹工品］	桐箪笥	和歌山市
③	紀州へら竿［木工品・竹工品］	おもにへら鮒釣りを目的とした釣り竿	橋本市、九度山町

紀州漆器（漆器）

地元産のヒノキを使った木地づくりから発展

紀州は、和歌山県と三重県南部にあたる、かつての紀伊国のことです。紀州漆器は、和歌山県北西部の海南市などでつくられている、紀州産のヒノキを木地（→P16）とした、挽物、曲げ物、板物（→いずれもP83）の漆器です。

室町時代後期の戦国時代ともよばれる16世紀ごろに、木地師という木地をつくる職人が、この地の豊富なヒノキを使い、お椀をつくりはじめました。その後、漆を塗る技術が伝わり、渋地椀をつくります。渋地椀とは、柿渋（→P22）に木炭の粉を混ぜたものを下地（木地）に塗ったお椀です。この渋地椀は、全国に広まり、現在の海南市の黒江というところでつくられていたので、黒江塗とよばれました。その後、この地を治めた紀州藩の保護を受け、生産量が増えたこともあり、紀州漆器として知られるようになりました。

なお、紀州漆器には、根来塗とよばれるものもあります。これは、和歌山県の根来寺の僧が、日ごろ使用するためにつくった、黒地に朱塗りの漆器です。

伝統の技術と技法で専門の職人が分業でつくる

紀州漆器は、日常生活で気軽に使えるものが中心ですが、なかには、豪華な蒔絵（→P26）をほどこしたものもあります。そのため、木地づくりの工程と漆塗りの工程のほかにも、装飾をほどこす加飾の工程があり、細かく分けると、全部で50～70ほどの工程があります。

こうした工程は、伝統の技術や技法を受けついだ専門の職人の分業でおこなわれます。そのため、乾燥に必要な日数を含めると、完成までに3か月ほどかかります。

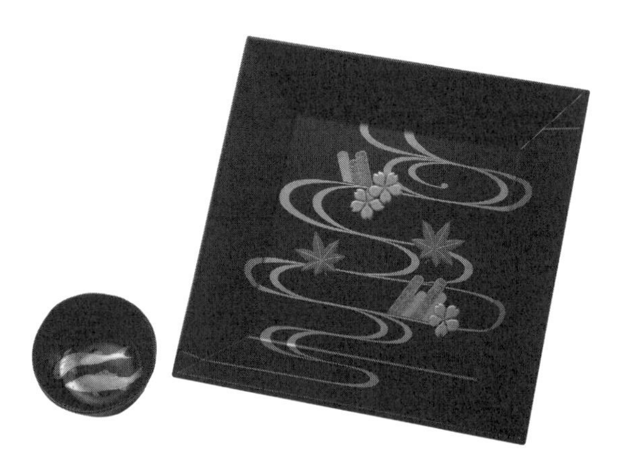

紀州箪笥（木工品・竹工品）

江戸時代にはじまった箪笥が桐箪笥として発展

紀州箪笥は、19世紀から和歌山市でつくられている箪笥です。江戸時代後期に、和歌山城の天守*1に雷が落ちて燃え上がり、多くの家具が失われてしまいました。その天守を再建するときに、家具もつくり直したという記録があります。

また、和歌山県内では、19世紀の中ごろに町人の家にあったとされる箪笥が見つかるなど、武士以外の階級の人びとのためにも、婚礼支度用の箪笥がつくられていたことがわかっています。

当初は、スギやモミなどで箪笥をつくっていましたが、現在は、キリを使った桐箪笥が中心です。

木目の細かさというキリの美しさをいかす

紀州箪笥の製造は、半年から2年ほど自然乾燥させたキリの木を切り、必要な幅につぎ合わせ、扉や引き出しなどの部材をつくることからはじまります。木目の細かさがキリの美しさといわれるので、そうした部分は、箪笥の印象を決める扉に使用します。

その後、部材を組み立て、本体や引き出し、扉をつくりますが、垂直に組み合わせる部分には、組手ほぞという凹凸の切りこみを入れます。組手ほぞは、古くから伝わるすぐれた組手（組み合わせの方法）です。組み合わせる部分が蟻の頭に似ている「蟻型組手ほぞ」や、片側から組手が見えない「包み蟻型組手ほぞ」など、いくつかの方法があり、組み合わせる部分に応じて、使い分けます。

そして、うづくり*2で磨いて木目の美しさを出し、ヤシャブシという木の実の煮汁で染め、蝋で磨いて仕上げます。最後に、扉を取りつけ、引き出しを合わせ、金具をつけると完成します。

＊1 天守：城の中心部（本丸）に築かれた、もっとも高い櫓。
＊2 うづくり：カルカヤという草の根を麻糸で巻き束ねた箒のようなもの。

紀州へら竿（木工品・竹工品）

天然のタケでつくる釣り竿

紀州へら竿は、和歌山県北東部の橋本市などで、明治時代からつくられている釣り竿です。へら竿とは、ヘラブナという魚を釣るときに使う竿です。3尺（約90cm）ほどの竹を、3～5本つなぎ合わせてあります。のばすと数mになりますが、使わないときには、コンパクトに収納できるようになっています。

紀州へら竿の特徴は、竿の先が円すい状に削られ、握り手は太く、全体的にバランスがとれていて、ていねいに装飾されていることです。

大阪市で確立された製造技法が、橋本市に根づき、生産がさかんになりました。それは、原材料となるスズ竹（高野竹）の産地に近く、同じく原材料のマダケが、橋本市を流れ、和歌山県北部を横断する紀ノ川の流域でとれたからです。そうしたこともあり、へら竿のうち、天然のタケを使うものの大部分は、和歌山県でつくっています。

職人の手作業が生む美しく実用的な釣り竿

紀州へら竿の製造工程は、何年か乾燥させた原材料のタケを選別し、全体のバランスに重点を置き、設計作業をおこなうことからはじまります。その後、タケを火に入れ、曲がりを直してまっすぐにし、内部をくりぬきます。そして、装飾をほどこしたり、つなぎ目を調整したり、竿の先を削ったり、握り手の部分を調整したりして、仕上げていきます。

こうした工程を、すべて手作業で、1人の職人がおこなうことで、丈夫なうえに、独特の反発力と上品な美しさのある紀州へら竿が完成します。

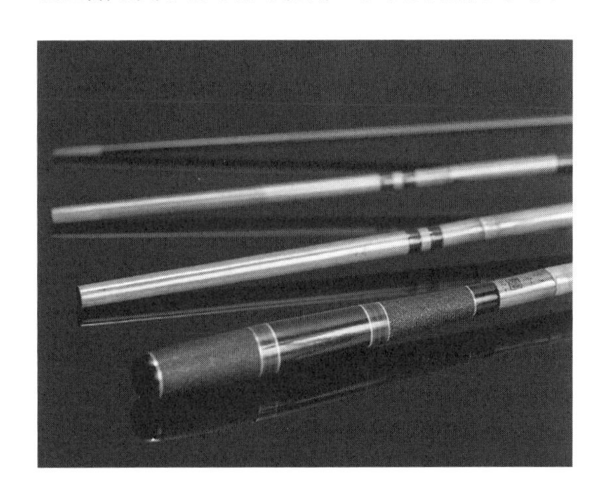

地域団体商標に登録されている伝統工芸品（近畿地方）

ここでは、近畿地方の地域団体商標（→P28）のなかから、伝統工芸品と関係のある産品を紹介します。

都道府県	商標名	産品名
滋賀県	信楽焼	焼物・瓦
		工芸品・かばん・器・雑貨
		おもちゃ・人形
		仏壇・仏具・葬祭用具・家具
	近江の麻	織物・被服・布製品・履物
	近江ちぢみ	織物・被服・布製品・履物
	高島ちぢみ	織物・被服・布製品・履物
	彦根仏壇	仏壇・仏具・葬祭用具・家具
京都府	京人形	おもちゃ・人形
	京石工芸品	工芸品・かばん・器・雑貨
	京仏壇	仏壇・仏具・葬祭用具・家具
	京雛	おもちゃ・人形
	京印章	工芸品・かばん・器・雑貨
	京仏具	仏壇・仏具・葬祭用具・家具
	京甲冑	おもちゃ・人形
	京房ひも	織物・被服・布製品・履物
		工芸品・かばん・器・雑貨
	京くみひも	織物・被服・布製品・履物
		工芸品・かばん・器・雑貨
	京小紋	織物・被服・布製品・履物
	京友禅	織物・被服・布製品・履物
	西陣爪掻本綴織	織物・被服・布製品・履物
	西陣御召	織物・被服・布製品・履物
	西陣金襴	織物・被服・布製品・履物
		工芸品・かばん・器・雑貨
	京鹿の子絞	織物・被服・布製品・履物
	京扇子	工芸品・かばん・器・雑貨
	京うちわ	工芸品・かばん・器・雑貨
	京念珠	仏壇・仏具・葬祭用具・家具
	京石塔	仏壇・仏具・葬祭用具・家具
	誂京染	織物・被服・布製品・履物
	京焼・清水焼	焼物・瓦
		工芸品・かばん・器・雑貨
	京たたみ	工芸品・かばん・器・雑貨
	京の色紙短冊和本帖	工芸品・かばん・器・雑貨

都道府県	商標名	産品名
京都府	京漆器	工芸品・かばん・器・雑貨
	京竹工芸	工芸品・かばん・器・雑貨
	京象嵌	工芸品・かばん・器・雑貨
	京陶人形	おもちゃ・人形
	京和装小物	織物・被服・布製品・履物
		工芸品・かばん・器・雑貨
	京七宝	工芸品・かばん・器・雑貨
	京染	織物・被服・布製品・履物
	京手描友禅	織物・被服・布製品・履物
	京装束	織物・被服・布製品・履物
	京神具	仏壇・仏具・葬祭用具・家具
	黒谷和紙	工芸品・かばん・器・雑貨
大阪府	大阪欄間	工芸品・かばん・器・雑貨
	和泉木綿	織物・被服・布製品・履物
	泉州タオル	織物・被服・布製品・履物
	大阪泉州桐箪笥	仏壇・仏具・葬祭用具・家具
	大阪仏壇	仏壇・仏具・葬祭用具・家具
	堺刃物	貴金属製品・刃物・工具
	堺打刃物	貴金属製品・刃物・工具
	堺線香	仏壇・仏具・葬祭用具・家具
兵庫県	豊岡鞄	工芸品・かばん・器・雑貨
	播州毛鉤	工芸品・かばん・器・雑貨
	淡路瓦	焼物・瓦
	豊岡杞柳細工	工芸品・かばん・器・雑貨
	播州そろばん	工芸品・かばん・器・雑貨
	播州織	織物・被服・布製品・履物
	三木金物	貴金属製品・刃物・工具
	播州針	工芸品・かばん・器・雑貨
	神戸シューズ	織物・被服・布製品・履物
	丹波焼	焼物・瓦
奈良県	高山茶筌	工芸品・かばん・器・雑貨
	吉野割箸	工芸品・かばん・器・雑貨
	吉野杉箸	工芸品・かばん・器・雑貨
和歌山県	紀州備長炭	工芸品・かばん・器・雑貨
	紀州箪笥	仏壇・仏具・葬祭用具・家具

※2018（平成30）年1月31日までに登録されているもの。
※経済産業省「地域団体商標ガイドブック2018」を参考にしたので、工業製品も含まれる。

中国・四国地方

隠岐諸島
白島崎
島後
大満寺山
608
西ノ島
中ノ島
島前
知夫里島
日
本
海
多古鼻
地蔵崎
島根半島
日御碕
宍道湖
松江
中海
美保湾
出雲平野
米子平野
日野川
斐伊川
船上山
616
大山
1729
蒜山
1202
津黒山
1118
天神川
長尾鼻
鳥取砂丘
鳥取
鳥取県
鳥取平野
三国山1252
扇ノ山1310
氷ノ山1510
三室山1358
千代川
那岐山
1255
後山
1345
三瓶山
1126
大万木山
1218
船通山1142
道後山1271
比婆山
1299
島根県
岡山県
江の川
浜田
阿佐山
1218
大佐山
1069
中
国
山
地
吉
備
高
原
旭川
吉井川
高津川
恐羅漢山
1346
冠山
1339
太田川
十種ヶ峰
989
青野山908
広島平野
広島県
福山平野
高梁川
岡山
岡山平野
児島湾
児島半島
見島
相島
大島
青海島
川尻岬
油谷湾
仙崎湾
莇ヶ岳
1004
寂地山1109
平家ヶ岳
1066
広島
広島湾
秋吉台
西鳳翩山
742
山口県
山口
厳島
江田島
小瀬川
芸予諸島
大三島
大島
倉橋島
瀬戸内海
三崎
飯野山
(讃岐富士)
422
大平山
479
高松
讃岐平野
香川県
小豆島
星ヶ城山817
志度湾
直島
豊島
水島灘
塩飽諸島
矢筈山
789
琴平山
524
伊吹島
魚島
燧灘
讃岐山脈
徳島平野
徳島
島田島
鳴門海峡
下関
関門海峡
佐波川
宇部岬
周防灘
安芸灘
高縄山
986
高縄半島
中島
屋代島
新居浜平野
石鎚山
1982
伊予富士
1756
瓶ヶ森
1896
笹ヶ峰
1859
東三方ヶ森
1233
松山
松山平野
重信川
伊予灘
肱川
愛媛県
笹ヶ峰
1860
工石山1516
竜王山
1060
吉野川
徳島県
雲早山1496
剣山1955
那賀川
三嶺
1893
石立山1708
蒲生田岬
稲叢山
1506
高知
高知平野
甚吉森
1423
大島
笠取山
1562
四国山地
仁淀川
物部川
野根山983
佐田岬半島
佐田岬
宇和海
雨包山
1111
不入山
1336
高知県
土佐湾
室戸岬
戸島
宇和島湾
鬼ヶ城山
1151
日振島
豊後水道
由良岬
篠山1065
堂が森857
内海
興津崎
四万十川
太平洋
宿毛湾
今ノ山868
沖ノ島
足摺岬

鳥取県

経済産業大臣指定伝統的工芸品

番号	名称［分類］	おもな製品	おもな製造地
①	弓浜絣［織物］	着物地、座布団、のれん、袋物	米子市、境港市
②	因州和紙［和紙］	画仙紙、書道半紙、襖紙	鳥取市
③	出雲石燈ろう［石工品］	庭園用石燈籠、神社仏閣奉納用石燈籠	境港市

弓浜絣（織物）

農家の女性の自家用の衣料としてはじまる

弓浜絣は、藍色と白色で描き出す模様の美しさが特徴の綿織物です。鳥取県北西部の弓ヶ浜半島では、砂地を利用した綿の生産が、江戸時代中期の17世紀後半にはじまりました。そして、染料となる藍の栽培もおこなわれ、江戸時代後期の19世紀前半には、浜の目絣とよばれる絵絣が、農家の女性たちにより、織られるようになりました。

絣は、文様の図案にあわせて、あらかじめ染めた糸（絣糸）で織った織物です。絵絣は、絵画のような文様を織り出した絣です。

その後、この地を治めた鳥取藩の保護育成策と絣の技術の進歩により、弓浜絣は発展しました。

なお、弓浜絣は、農家の女性たちが、自分たちが着る自家用の衣料として織りはじめたこともあり、素朴で、ざっくりとした感じがあるのも特徴です。

糸を括って染めることで生まれる美しい模様

弓浜絣は、よこ糸に絣糸を使用し、平織り（→P53）という織り方で、たて糸とよこ糸を1本ずつ交差させて織っていきます。そこで、よこ糸をあらかじめ染める工程では、80本ほどの糸をそろえ、別の糸で括り、染色をおこないます。そのため、乾燥させてから括った糸をほどくと、括った部分だけが染まらず、白くなっています。

その後、染めた糸を1本ずつ分け、白い部分を合わせながら織ると、藍色と白色が描き出す美しい模様が生まれます。

因州和紙（和紙）

書道用紙として人気がある長い歴史をもつ和紙

かつて因州（因幡国）ともよばれた鳥取県では、千年以上も前から、和紙がつくられています。平安時代に書かれた「延喜式（→P59）」には、因幡国から朝廷に和紙が献上されたという記録があります。

17世紀前半の江戸時代初期には、この地を治めた鳥取藩が公務で使う「御用紙」となり、さかんに生産されるようになりました。

明治時代から大正時代にかけては、生産方式の技術指導もあり、生産力が向上しましたが、第二次世界大戦後は、生活様式の変化や事務機（コピー機）の登場などもあり、主力だった障子紙や事務用の紙の需要が減り、生産量も減少しました。しかし、きめが細かく、筆運びがなめらかで、高品質といわれる因州和紙は、書道用紙としての人気は高く、その生産量は全国上位です。

古くからの技術や技法による手作業で

因州和紙は、コウゾ、ミツマタ、ガンピという３種類の木のなかから、つくる和紙に適したものを選び、それらの皮から繊維を取り出し、原料として使用します。そして、その原料を煮る「蒸煮」、煮たものを叩いて細かい繊維にする「叩解」、水に溶かした繊維を漉いて紙にする「抄紙」などをおこない、乾燥させると、因州和紙が完成します。

工程の多くは、古くから受けつがれてきた技術や技法による手作業です。

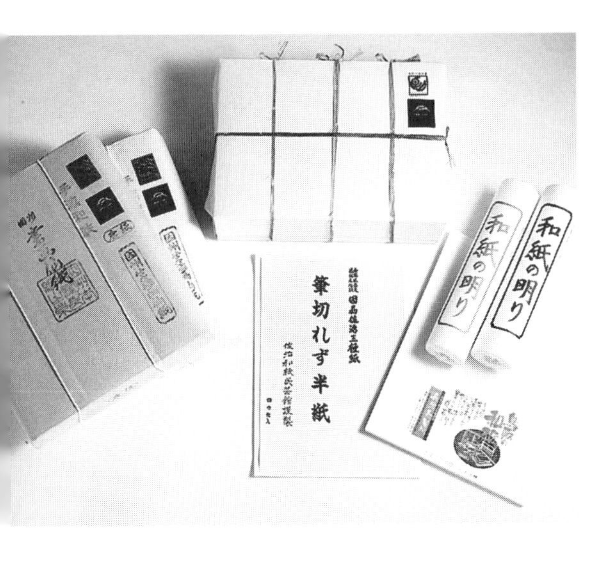

出雲石燈ろう（石工品）

原料の来待石の特徴をいかしてつくる

出雲石燈ろうは、かつて出雲国とよばれた島根県東部の松江市などでつくられていますが、その松江市と、中海をへだててとなり合う、鳥取県北西部の境港市でもつくられています。

はじまりは古く、奈良時代といわれていますが、さかんになったのは、江戸時代になってからです。徳川家康の孫にあたる松平直政が、17世紀の中ごろに松江藩の藩主となり、領内の来待（現在の松江市南西部）でとれる石の価値を認めます。そして、藩の外へのもち出しを禁止し、特産品として保護します。

この石は、来待石とよばれ、火山灰がかたまってできた砂岩です。やわらかく、加工しやすいこともあり、出雲石燈ろうの原料となりました。

また、来待石には、雨を含むと苔がつきやすく、色合いが良いという特徴もあるので、この石でつくる出雲石燈ろうは、全国に知られるようになりました。ほかにも、寒さや熱にも強いという特徴があるので、来待石を用いて江戸時代初期につくったものが、いまでも残っています。

特殊な工具や方法を用いて表面を仕上げる

現在の出雲石燈ろうは、石の美術品ともいわれる来待石を、手斧、つるはし、鑿などで加工して、120種類以上の製品がつくられています。

その製造工程は、石燈ろうの部品として、地輪、柱（竿）、受、火袋、笠、玉（宝珠）をつくる「型造り」からはじまります（→P31）。その後、各部品を組み上げる「接合」や、彫刻や飾りを入れる「彫り」をおこないます。そして、最後の仕上げでは、特殊な工具や方法により、「なめらか」「粒状」「等線状」「鮫肌状」「原石状」といった状態で、表面を整えます。

こうして完成する出雲石燈ろうは、国内だけではなく、海外からも高く評価されているので、輸出もおこなわれています。

島根県

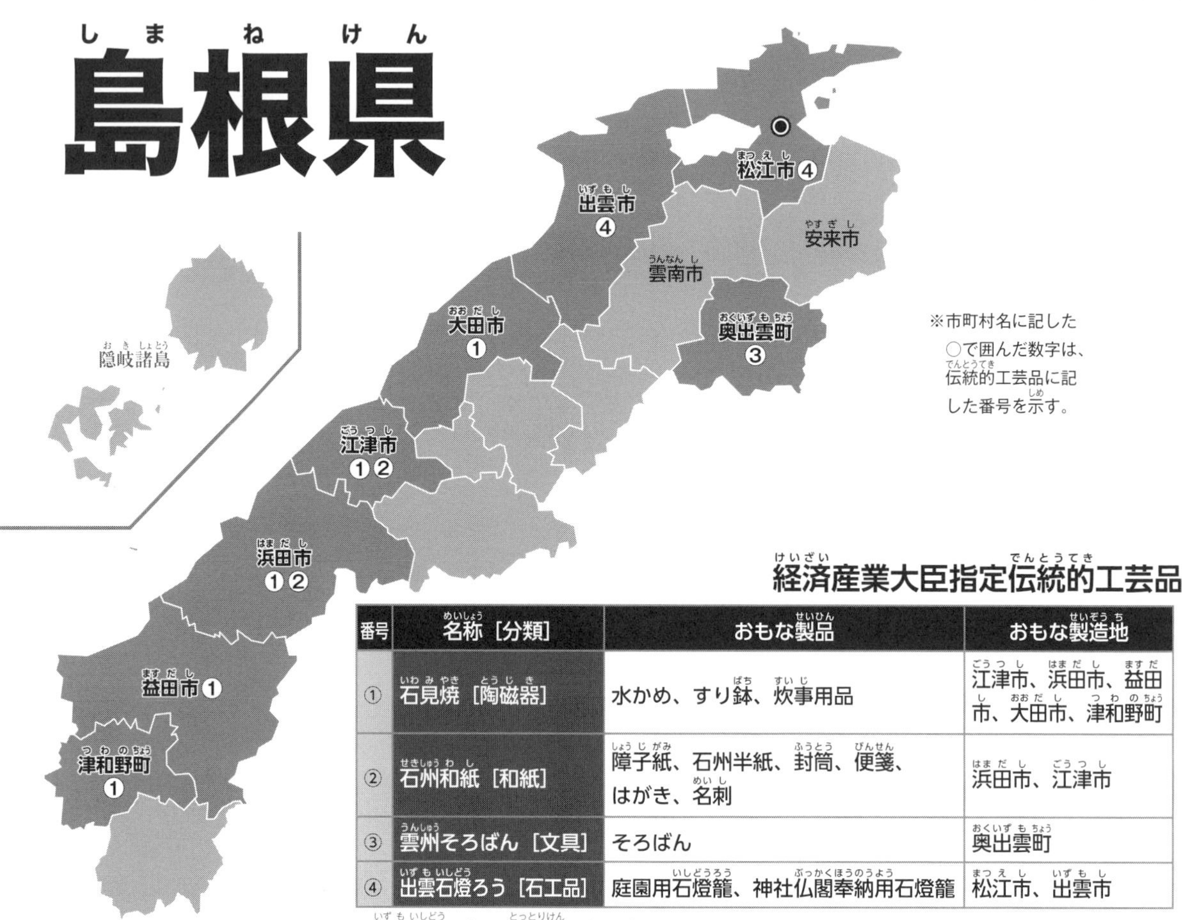

経済産業大臣指定伝統的工芸品

番号	名称［分類］	おもな製品	おもな製造地
①	石見焼［陶磁器］	水かめ、すり鉢、炊事用品	江津市、浜田市、益田市、大田市、津和野町
②	石州和紙［和紙］	障子紙、石州半紙、封筒、便箋、はがき、名刺	浜田市、江津市
③	雲州そろばん［文具］	そろばん	奥出雲町
④	出雲石燈ろう［石工品］	庭園用石燈籠、神社仏閣奉納用石燈籠	松江市、出雲市

※出雲石燈ろうは、鳥取県でもつくられているため、P97を参照してください。

石見焼（陶磁器）

かめのような生活用品の製造を中心に

石見焼は、かつて石見国とよばれた島根県西部で、江津市を中心につくられている焼き物のことです。はじまりは、江戸時代中期の18世紀の中ごろです。この地の職人が、現在の山口県の職人から、焼き物のつくり方を習い、片口*や徳利などをつくりました。

明治時代には、「大はんどう」という大型の水がめが大量に生産され、いまのような水道のない時代に、水をたくわえる生活用品として、広く使用されました。

石見焼に使う粘土は、地元の土からつくった良質なもので、高温で焼き上げることが可能です。そのため、大はんどうのような大型の陶器（→P30）でも、とても丈夫につくることができます。また、酸や塩、水にも強いので、漬物用のかめのような、貯蔵用の容器として、全国的に有名です。

*片口：一方だけに、つぎ口がある鉢。

石見焼の特徴を生む粘土づくりからはじめる

石見焼の製造は、原料の粘土づくりからはじまります。地元の土に水を入れて泥水をつくり、粘土として使うものと不要なものを分け、粘土として使うものを乾燥させます。その後、でき上がった粘土を練り、ろくろ（→P21）などを使って素地をつくる「成形」をおこないます。そして、それを乾燥させてから800℃の温度で焼く「素焼き」をおこないます。最後に、素地に釉薬（→P30）をかけ、1300℃の高温で焼き上げると、石見焼は完成します。

なお、石見焼で使う釉薬は、鉄を含む地元の石を使った茶褐色の釉薬や、アルカリを含む石を使った透明な釉薬が主流です。透明な釉薬は、焼き方により、黄土色になったり、青色になったりします。

石州和紙（和紙）

製造技術の価値が世界にも認められている和紙

石州は、島根県西部にあたる、かつての石見国のことです。石州和紙は、その島根県西部の浜田市などでつくられています。

はじまりは古く、奈良時代の歌集「万葉集」の代表的な歌人の柿本人麻呂が、この地の人びとに、つくり方を教えたという説があります。また、平安時代に書かれた「延喜式（→P59）」には、石見国から朝廷に和紙が献上されたという記録があるので、1000年以上前から、和紙づくりがおこなわれていたと考えられます。

石州和紙は、強くて弾力性があるにもかかわらず、やわらかくて軽いという特徴があります。とくに、地元産のコウゾを原料とした良質の和紙は、「石州半紙」として知られ、その製造技術が、国の重要無形文化財（→P32）に指定されているほか、ユネスコの無形文化遺産（→P32）に登録されています。さらに、長期保存にも適しているので、書画用紙のほかにも、美術工芸や書籍用の和紙にも使われています。

受けつがれてきた技術や技法が生む良質な和紙

石州和紙は、コウゾ、ミツマタ、ガンピなどの木の皮から取り出した繊維を原料に、トロロアオイという草の根からとった粘液（→P65）を加えた水槽で、簀桁という用具を使い、「流し漉き」とよばれる技法で、紙を漉いてつくります。紙を漉く「抄紙」の工程の前には、原料を煮る「蒸煮」、煮たものを叩いて細かい繊維にする「叩解」という工程があり、最後には、乾燥という工程もあります。

こうした工程を、長いあいだ受けつがれてきた技術や技法により、手作業でおこなうことで、良質な石州和紙ができ上がります。

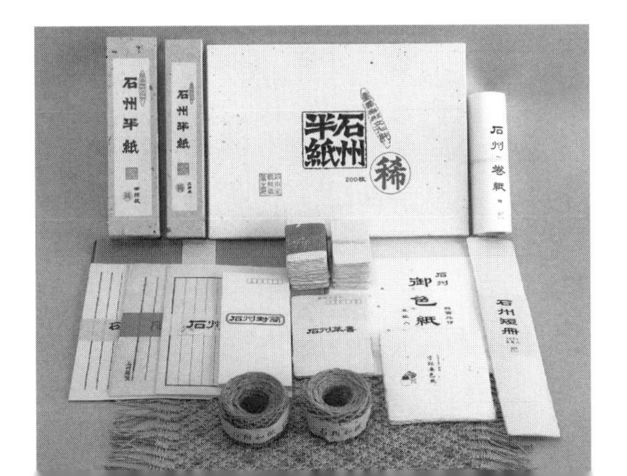

雲州そろばん（文具）

丈夫で使いやすい雲州そろばんに

雲州は、島根県東部にあたる、かつての出雲国のことです。雲州そろばんは、その島根県東部の奥出雲町でつくられています。

はじまりは、江戸時代後期の19世紀の中ごろです。この地の大工が、現在の広島県の職人がつくったそろばんを手本に、地元でとれたカシ、ウメ、ススタケといった木を材料に、見事なそろばんをつくりました。その後、珠を削る手回しのろくろ（→P21）が開発され、生産量が増えます。そして、明治時代になると、とても丈夫で使いやすいそろばんとして、全国に知られるようになりました。

良いそろばんを生む珠と軸の仕上げ

そろばんは、珠、軸、枠によって構成され、それぞれを、専門の職人が、伝統的な技術を用いて、ほぼ手作業でつくります。また、珠、軸、枠ごとに細かな工程があるので、雲州そろばんは、180以上の工程をへて、完成します。

現在の雲州そろばんは、珠には、カバ、イス、ツゲ、コクタンなどの木を、枠には、コクタンなどの木を、軸には、ススタケなどのタケの木を、それぞれ材料としています。これらの材料は、十分に乾燥させることで、組み立てるときに狂いが生じないようにしています。

そろばんは、珠の動きが良く、さえた高い音がするものが良いといわれています。そのため、雲州そろばんの製造では、珠の仕上げとともに、軸となる竹の仕上げに、とくに気を配っています。

岡山県

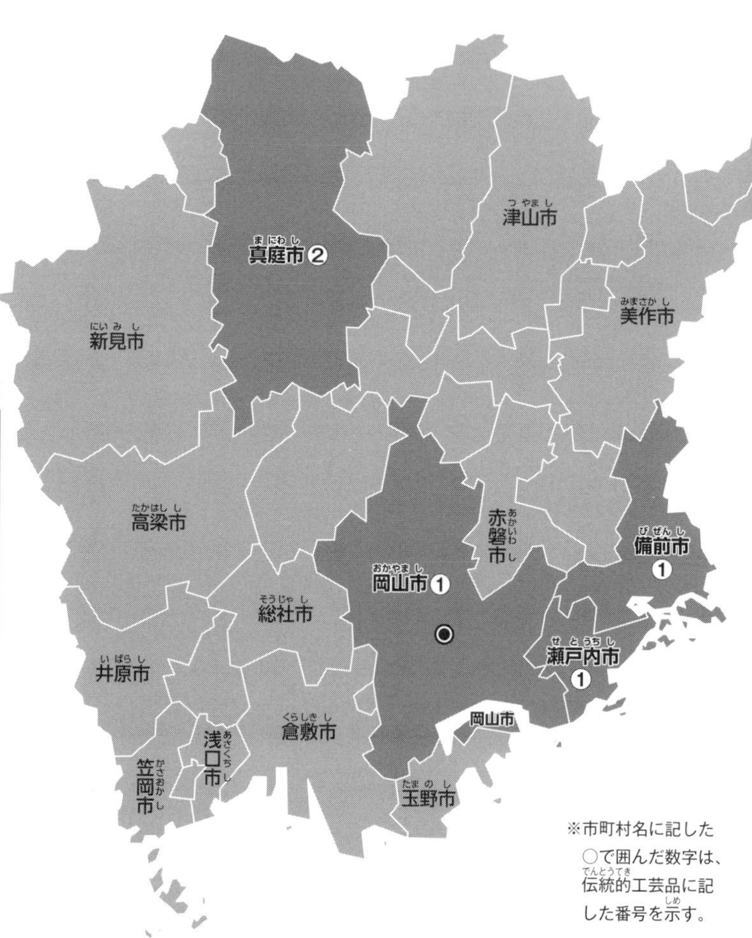

※市町村名に記した○で囲んだ数字は、伝統的工芸品に記した番号を示す。

経済産業大臣指定伝統的工芸品

番号	名称［分類］	おもな製品	おもな製造地
①	備前焼［陶磁器］	食器、酒器、茶器、花器、置物	備前市、岡山市、瀬戸内市
②	勝山竹細工［木工品・竹工品］	そうけ、めしぞうけ、米あげぞうけ、パン籠、盛籠、花器、壁掛け	真庭市

備前焼（陶磁器）

長い歴史をほこる焼き物のひとつ

備前焼は、かつて備前国とよばれた岡山県南東部で、備前市を中心につくられている焼き物です。はじまりは古く、すでに平安時代にはつくられていたといわれ、日本六古窯（→P64）のひとつとなっています。

鎌倉時代から室町時代には、瓶、壷、鉢などの実用品がつくられ、安土桃山時代にかけて、茶の湯（→P46）が広まると、茶器がつくられるようになります。そして、江戸時代にかけては、茶器の名品をたくさん生み、この地を治めた岡山藩（備前藩）の保護もあり、全国的に知られるほど、さかんになりました。

その後、江戸時代末期に、日本のほかの地域でも陶磁器の生産がさかんになると、備前焼の人気は落ちこみます。しかし、時代が昭和になると、熱心な職人や作家たちの努力もあって、ふたたびさかんになりました。

土と炎が生む自然の芸術

備前焼の特徴は、土と炎が生み出す、素朴でありのままの美しさだといわれています。それは、粘土で形づくった素地を、釉薬（→P30）をかけず、絵柄や模様も描かず、長時間かけて焼き上げるからです。そのことで、窯変という現象がおこり、焼くときの窯の内部の状態や灰により、色や模様が生まれるのです。

備前焼の窯変には、胡麻や桟切りなど、いくつかの種類があります。胡麻では、マツの木の灰が素地にふりかかり、胡麻をふりかけたような模様ができます。桟切りでは、窯の床の部分で灰にうもれた素地に、模様ができます。

こうしたこともあり、備前焼は、まったく同じ作品をつくることができない、自然の芸術といわれています。

写真提供：公益社団法人 岡山県観光連盟

勝山竹細工（木工品・竹工品）

そうけづくりにはじまった実用的な竹細工

勝山竹細工は、岡山県北部の真庭市でつくられています。勝山は、真庭市にある地名です。

はじまりは、江戸時代後期の19世紀のはじめです。農耕用や家庭用のざるの一種で、「そうけ」とよばれるものをつくりました。そうけには、野菜などのもち運びに使用する「箕ぞうけ」、夏のあいだにご飯を保存するために使う「飯ぞうけ」、穀物を入れる器として使う「大ぞうけ」、洗った米の水切りをする「米揚げぞうけ」などがあります。

現在は、そうけのほかにも、パン籠や盛籠、花器など、実用的なものをつくっています。そうしたこともあり、勝山竹細工の特徴は、使いやすさと丈夫さですが、ほかにも、材料のマダケの甘い香りや、竹ひごの編み目模様の美しさといった特徴もあります。

材料のマダケを昔ながらの技法で編み上げる

材料のマダケは、日光にあてて乾燥させたり、皮をむいたりすることなく、幹が青いまま使います。マダケを、用途にあわせて割ったり削ったりして、骨や竹ひごをつくります。そして、「輪作り」や「ござ目編み」といった昔ながらの技法で、すべて手作業で編み上げると、勝山竹細工が完成します。

このように、マダケの表側の青い部分と内側の白い部分を使うことで、編み上げたときに、縞模様が生まれます。また、長く使うことで、マダケが飴色になり、つやが増します。

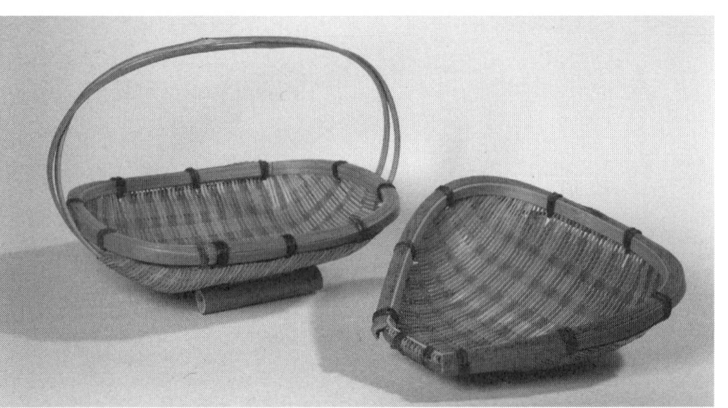

写真提供：公益社団法人 岡山県観光連盟

もっと知ろう 岡山県指定の郷土伝統的工芸品

岡山県では、製造過程、技術や技法、原材料で、決められた条件を満たした次の11の品目を、県指定の郷土伝統的工芸品としています。

分類	工芸品名	おもな製造地
織物	手織作州絣	津山市
	烏城紬	岡山市
陶磁器	虫明焼	瀬戸内市
漆器	郷原漆器	真庭市
木工品・竹工品	がま細工	真庭市
和紙	津山箔合紙	津山市
	備中和紙	倉敷市
文具	高田硯	真庭市
人形・こけし	津山ねり天神	津山市
その他の工芸品	倉敷はりこ	倉敷市
	撫川うちわ	岡山市

※郷土伝統的工芸品の分類は、国の伝統的工芸品の分類を参考に判断した。

撫川うちわ。

写真提供：公益社団法人 岡山県観光連盟

広島県

経済産業大臣指定伝統的工芸品

番号	名称［分類］	おもな製品	おもな製造地
①	宮島細工［木工品・竹工品］	しゃもじ、ろくろ細工、刳物細工、彫刻	廿日市市
②	広島仏壇［仏壇・仏具］	金仏壇	広島市、三原市、福山市、府中市、三次市ほか
③	熊野筆［文具］	毛筆、画筆、化粧筆	熊野町
④	川尻筆［文具］	書道用筆	呉市
⑤	福山琴［その他の工芸品］	琴	福山市

宮島細工（木工品・竹工品）

宮島の社寺をつくった職人の技術をもとに

宮島細工は、広島県南西部の廿日市市でつくられています。宮島は、廿日市市の南側に広がる広島湾に浮かぶ島で、日本三景[*1]のひとつとして知られ、世界遺産に登録されている厳島神社があります。

はじまりは、鎌倉時代といわれ、神社や寺院を建てるために鎌倉や京都から宮島に招かれた大工や指物師（→P67）の技術が、宮島細工のもとになっています。いまの廿日市市が、近くの森林で切り出された木材が集まる場所だったこともあり、発展しました。

しゃもじなどの日用品の製造が中心ですが、江戸時代末期の19世紀の中ごろに、ろくろ（→P21）の技術や彫刻の技術がもたらされたこともあり、宮島彫とよばれる芸術性の高いものもつくられています。

写真提供：広島県 商工労働局 観光課

素材のもつ自然の木目や色合いをいかして

宮島細工は、トチ、ケヤキ、マツ、クリ、サクラなどの木を素材に、しゃもじをはじめ、挽物（→P83）や刳物[*2]、彫刻など、さまざまな木工品をつくっています。どの製品も、自然の木目や色合いをいかした木製品に仕上がります。

なかでも、しゃもじは、楽器の琵琶のような優しい形に加え、いやなにおいがせず、ご飯がくっつきにくいという特徴があります。こうした品質の良さから、しゃもじの生産量では、宮島細工が日本一をほこります。

＊1 日本三景：日本で、景色の良い3つの場所。宮島（厳島）のほか、宮城県の松島と京都府の天橋立。
＊2 刳物：鑿などを使い、木片をくりぬいてつくる木工品。

熊野筆（文具）

農民の生活を支えた筆づくりからのはじまり

熊野筆は、広島県南西部の熊野町で、江戸時代後期の19世紀前半からつくられている筆です。山間部の熊野町では、農地が少なく、農民の多くは、農業だけでは生活を支えきれませんでした。そこで、現在の和歌山県の熊野地方や奈良県の吉野地方に出稼ぎに行き、帰郷するときには、仕入れた筆や墨の行商をおこないました。このことが、この地の筆とのかかわりとなり、広島藩主の浅野家が召し抱えた職人の指導を受け、筆づくりがはじまりました。

いまでは、習字に使う毛筆のほかにも、絵画に使う画筆や、口紅や化粧品のための化粧筆などをつくっています。そして、これらの筆の生産量の多くを、熊野筆が占めています。

材料の動物の毛を選ぶ選毛が筆づくりの基礎

熊野筆は、ウマ、タヌキ、イタチ、シカ、ヤギといった動物の毛でつくります。それぞれの質のちがいを見きわめて毛を選び、混ぜ合わせることで穂首をつくります。その後、穂首を軸につけ、糊でかためて仕上げると、熊野筆は完成します。

どの工程も、手作業でおこなわれるので、正確さやきめ細かさが求められます。なかでも、使用する毛を選ぶ「選毛」という最初の工程は、選び方をまちがえると良い筆ができないので、筆づくりでは基礎となる、とても重要な工程です。

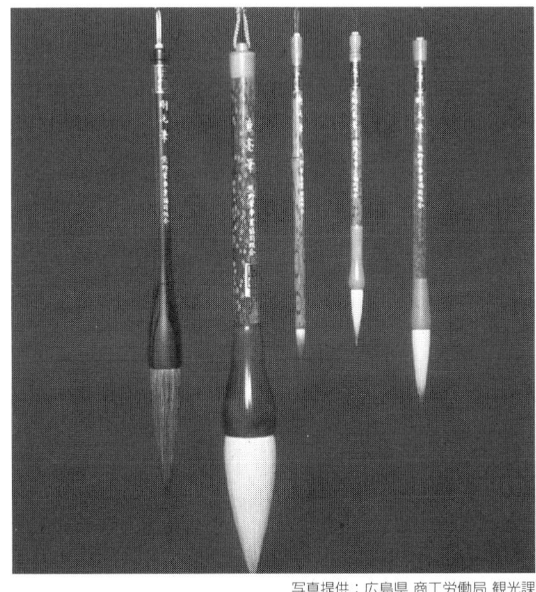

写真提供：広島県 商工労働局 観光課

福山琴（その他の工芸品）

歴代藩主の取り組みが福山琴の製造につながる

福山琴は、広島県南東部の福山市でつくられている琴です。はじまりは、江戸時代初期の17世紀前半に、福山城ができたころといわれています。この地を治めた福山藩の歴代藩主が、歌謡や音曲を強くすすめたこともあり、武士や町人の子女の習い事として琴が広まり、その製造がおこなわれました。

江戸時代の終わりごろから明治時代にかけては、優れた琴の演奏家が生まれます。そして、製造工程の改善がおこなわれ、たくさんの琴がつくられるようになると、優れた琴の産地として発展しました。

そうしたこともあり、いまでは、全国の琴の多くが、福山市でつくられています。

なお、200をこえる国の伝統的工芸品のなかで、楽器が指定されているのは、福山琴だけです。

華やかな装飾や精巧な細工がほどこされる琴

福山琴のおもな製造工程は、製材、乾燥、甲造、装飾、仕上げの5つです。原材料となるキリの選定や墨付け＊をしてから、製材をおこないます。そして、約1年かけて乾燥させてから、木地の加工をおこない、その表面を焼いたり磨いたりする「甲造」と、蒔絵（→P26）をほどこしたり飾りつけをしたりする「装飾」をおこないます。その後、金具の取りつけや調整をして仕上げます。

熟練の職人の手作業で丹念につくられる福山琴は、音色が良く、丈夫です。また、木目の美しさや装飾の華やかさとともに、精巧な細工が特徴です。

＊墨付け：木材などの材料として使用する部分に、線を引いたり印をつけたりすること。

写真提供：広島県 商工労働局 観光課

山口県

※市町村名に記した○で囲んだ数字は、伝統的工芸品に記した番号を示す。

経済産業大臣指定伝統的工芸品

番号	名称［分類］	おもな製品	おもな製造地
①	萩焼［陶磁器］	茶器、花器、食器、装飾用品	萩市、長門市、山口市、阿武町
②	大内塗［漆器］	丸盆、銘々皿、茶托、人形	山口市、萩市
③	赤間硯［文具］	硯	下関市、宇部市

萩焼（陶磁器）

朝鮮半島から伝わった焼き物の技術をもとに

萩焼は、山口県北部の日本海に面した萩市などでつくられている焼き物です。はじまりは、江戸時代初期の17世紀のはじめです。この地を本拠地とした長州藩（現在の山口県）の藩主だった毛利氏が、16世紀末期におこなわれた朝鮮出兵*のときに朝鮮半島から連れ帰った職人に、焼き物をつくらせたのがはじまりです。

とくに、茶の湯（→P46）の道具となる茶器が、高く評価されていましたが、いまでは、茶器のほかに、食器や花器などもつくっています。

土の質と焼き加減が生み出す萩焼の特徴

萩焼の製造工程は、防府市や山口市でとれる大道土を主体に、萩市沖合の見島でとれる見島土、萩市の東方でとれる金峯土など、県内でとれる良質な土を混ぜ、粘土をつくることからはじまります。その後、粘土を練って形づくった素地を、低い温度で長時間焼きます。そして、釉薬（→P30）をかけてから、高い温度で長時間焼きます。このとき、窯の火の具合などで美しい模様が偶然できる「窯変」がおこります。こうして、土の質や焼き加減によって、あたたかみのある素朴な萩焼が完成します。

なお、萩焼には、素地の粘土に使う土が粗いこともあり、吸水性が高いという特徴があります。そのため、表面にある細かいひびのすき間から水分がしみこみやすいので、年月がたつにつれ、表面の色が少しずつ変化していきます。その変化は、「萩の七化け」とよばれ、萩焼の魅力とされています。

＊朝鮮出兵：豊臣秀吉によっておこなわれた、2度にわたる朝鮮半島での侵略戦争。

大内塗（漆器）

室町時代の輸出品としてのはじまり

山口市を中心につくられている大内塗のはじまりは、16世紀前半の室町時代後期といわれています。西の京都ともよばれて発展した現在の山口市を拠点に、いまの中国地方の広い地域を治めていた守護大名の大内氏が、朝鮮や明（現在の中国）との貿易をおこなうにあたり、重要な輸出品として、漆器の製造を、この地の人びとに強くすすめました。

その後、大内氏はほろび、貿易はとだえてしまいましたが、大内塗の技術は、江戸時代以降も引きつがれ、今日にいたります。

大内氏の家紋を金箔であしらった模様が特徴

大内塗は、大内朱という渋い朱色の漆を塗り重ねた木地（→P16）の表面に、秋の草花を手描きし、大内菱とよばれる大内氏の家紋を金箔であしらった模様があることが特徴です。おもな製造工程は、木で器などを形づくる「木地」、きれいに仕上げるための基礎をつくる「下地」、漆を塗っては研ぎ磨く「塗装」、さまざまな装飾をほどこす「加飾」の4つです。木地をつくる木地師という職人とともに、漆を塗る塗師という職人の分業でおこなわれますが、ほとんどが手作業です。

なお、大内塗では、大内人形という漆塗りの人形が有名です。これは、男女一対の人形で、夫婦円満の象徴ともいわれています。大内氏が、都から迎えた姫が故郷を恋しがるので、京都から職人をよび寄せ、屋敷内を人形で飾らせて姫を喜ばせたという物語から生まれたといわれています。

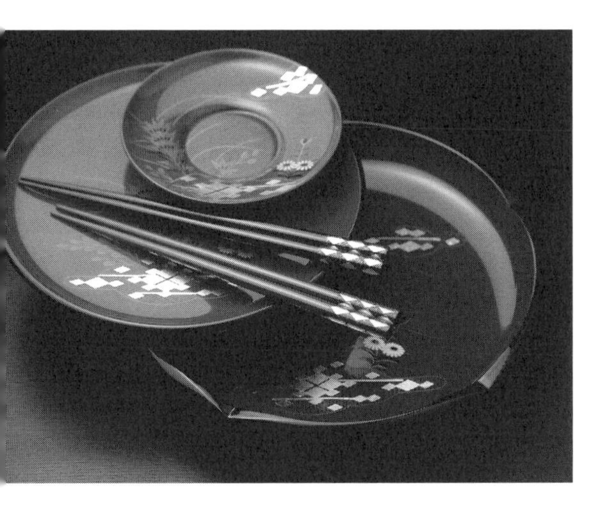

赤間硯（文具）

優れた石を使ってつくる貴重な硯

赤間硯は、かつて赤間関とよばれていた、山口県南西部の下関市とともに、宇部市でつくられています。はじまりは古く、鎌倉時代といわれ、幕府が置かれた鎌倉にある鶴岡八幡宮に奉納されたという記録があります。

赤間硯の原石となる赤間石は、山口県南西部の宇部市周辺でとれる、赤茶色の美しい石です。きめ細かでかたい材質なので、硯に適しているうえ、ねばりがあるので、彫刻がしやすいといわれています。

江戸時代にこの地を治めた長州藩は、赤間石がとれる山に入ることを禁止しましたが、参勤交代（→P66）の贈り物などとして硯が必要なときには、藩の管理のもとで採石していた、特別な山もありました。

さまざまな鑿を使った手作業で石を削って彫る

赤間硯は、採石した赤間石を選別して形をつくり、内彫り、磨き、仕上げなど、いくつかの工程をへて、完成します。幅2～10mmほどの鑿を使った手作業が中心で、昔ながらの技術や技法が用いられています。

内彫りでは、墨をする部分（陸）と墨汁をためる部分（海）の位置を決める「縁立て」をおこない、さらに、大きな鑿を使って荒く削る「荒削り」をおこないます。その後、小さな鑿を数本使って彫っていく「仕上げ彫り」をおこないます。そして、鑿の跡などを磨き、風化防止のために漆を塗るなどして仕上げます。

徳島県

※市町村名に記した○で囲んだ数字は、伝統的工芸品に記した番号を示す。

経済産業大臣指定伝統的工芸品

番号	名称［分類］	おもな製品	おもな製造地
①	阿波正藍しじら織［織物］	着物地、のれん、ランチョンマット、ネクタイ、ハンカチ、タペストリー	徳島市
②	大谷焼［陶磁器］	酒器、かめ、鉢	鳴門市
③	阿波和紙［和紙］	画仙紙、工芸紙、包装紙	吉野川市、三好市、那賀町

阿波正藍しじら織（織物）

偶然のできごとが誕生のヒントといわれる織物

阿波正藍しじら織は、かつて阿波国とよばれた徳島県で、藍で染めた糸を使ってつくる、しじら織という綿織物です。

しじら織は、しぼとよばれるでこぼこが布面にある織物です。さらりとしていて肌ざわりが良く、軽くて涼しいので、夏の衣料としては最適です。はじまりは、明治維新のころの19世紀後半です。機織りをしていた女性が、シャガ縞という織物をぬらしてしまいます。そこで、そのまま日光でかわかしたところ、布面がところどころ縮み、これまで見たことがないような凹凸（しぼ）ができていました。その部分は、女性が糸の本数をまちがって織ったところでした。この偶然のできごとをヒントに、たて糸とよこ糸のはり具合に差をつけて布を織り、それから湯でもむことで、しぼを生み出す方法を考え出したのです。

古くから徳島県の特産の藍を使って糸を染める

藍は、植物のアイの葉からつくった、濃い青色の染料です。なかでも、徳島県の藍は、品質が良く、きれいに染まるので、昔から阿波正藍とよばれ、ほかの産地のものとは別格あつかいでした。

国の伝統的工芸品に指定されている阿波正藍しじら織に使われる藍は、乾燥したアイの葉を何十日もかけて発酵させてつくる天然の藍です。糸を染める工程は、すべて手仕事で、藍（藍液）の入った藍がめに糸をひたしてはしぼるという作業をくりかえし、濃い色に仕上げていきます。

大谷焼（陶磁器）

商人がつくった窯から発展した大谷焼

大谷焼は、現在の徳島県北東部の鳴門市にあった大谷村でつくられてきた焼き物です。江戸時代後期の18世紀後半に、豊後国（現在の大分県）の焼き物細工師が、この地の土を使ってつくったのがはじまりとされています。

当時、焼き物はめずらしく、この地を治めた徳島藩の藩主が興味をもち、九州から多くの職人を雇い入れ、藩が営む窯を設けました。しかし、高額な原材料を九州から取り寄せるなどしたため、費用がかさみ、数年後には閉鎖されてしまいます。

そこで、この地の商人が、信楽焼（→P79）の職人を雇い、自分の弟に技術を習得させます。そして、窯をつくり、地元の土を使った焼き物づくりをはじめ、今日の大谷焼へと発展していきました。

大きな陶器づくりの製法にも特徴がある大谷焼

大谷焼は、鉄分の多い地元の土を使ってつくります。そのため、こげ茶色のものが一般的で、素朴な土の味わいの焼き物という特徴があります。

また、製法にも特徴があります。大谷焼では、古くから藍がめのような大きな陶器（→P30）をつくっていますが、その製造で用いるのが、寝ろくろという製法です（写真）。ろくろは、おもに回転運動によって円形のものをつくり上げる機械ですが、寝ろくろでは、２人一組となり、１人が寝ころんでろくろを足でけって回し、もう１人が、大きな陶器の素地を、粘土で形づくります。

なお、大谷焼の登り窯（→P79）は、こうした大きな陶器を焼き上げるので、大きさが日本一といわれています。

阿波和紙（和紙）

江戸時代から明治時代にかけて発展した和紙

はじまりは、いまから1300年ほど前の奈良時代といわれています。朝廷につかえていた忌部族という人たちが、徳島県北部を横断する吉野川の下流域（現在の吉野川市のあたり）で、原料のコウゾを植え、紙の製法を伝えたという記録があります。

江戸時代には、現在の徳島県などを治めた徳島藩が使用する紙となり、阿波和紙は、大量に生産されるようになります。また、特産の藍を使った藍染和紙が、全国に知られるようになりました。

明治時代になると、1890（明治23）年にパリ（フランス）でおこなわれた万国博覧会に出品されるなど、最盛期を迎えます。そうしたこともあり、その当時の阿波和紙をつくる家の数は、吉野川流域で500戸、その支流の川田川の流域では200戸だったといわれています。

さまざまな色合いの和紙づくりが特徴

阿波和紙は、コウゾ、ミツマタ、ガンピといった木の皮から取り出した繊維を原料に、紙漉きに適したこの地の水を使い、受けついできた技術でつくります。

阿波和紙の特徴でもある、さまざまな色合いの和紙は、でき上がった和紙を後から染めてつくります。古くから伝わる「藍染め」の技法のほかにも、染料につけた和紙を手で揉んで染める「揉み染め」、和紙を手折りして手染めする「板締め染め」、じょうぶな和紙の染めない部分を糸でしばってから染料にひたして模様をつける「絞り染め」などの技法があります。

香川県

経済産業大臣指定伝統的工芸品

番号	名称［分類］	おもな製品	おもな製造地
①	香川漆器［漆器］	盆、茶托、菓子器、座卓	高松市、さぬき市、観音寺市、三木町
②	丸亀うちわ［その他の工芸品］	うちわ	丸亀市

香川漆器（漆器）

高松藩のすすめではじまった漆器づくりが原点

高松市をはじめ、香川県内の各地でつくられている香川漆器は、江戸時代にはじまりました。この地を治めた高松藩が、人びとに、漆器づくりをすすめました。

江戸時代後期の19世紀のはじめには、玉楮象谷という漆器づくりの職人が、タイや中国から伝わった漆器の技法を研究し、それに日本古来の技法を加え、新しい技法を開発しました。そうした技法が今日に受けつがれ、特色ある漆器がたくさんつくられていますが、それらがまとめて、香川漆器とよばれています。

今日に受けつがれる香川漆器の技法

玉楮象谷が開発した、蒟醤、存清、彫漆という3つの技法に、象谷塗と後藤塗を加えた5つの技法が、今日の香川漆器に受けつがれています。

蒟醤は、漆を何回も塗り重ねた表面に、ケンという彫刻刀を使って文様を線で彫り、できたくぼみに色漆*をうめこむ技法です。存清は、漆を塗った面に、色漆で絵を描き、ケンを使って輪郭や絵の主要部を線で彫るなどして仕上げる技法です。彫漆は、漆を何回も塗り重ねて、その表面をケンで彫り、美しい模様をつくり出す技法です。象谷塗は、木地（→P16）にくりかえし漆を塗り、最後に、マコモという草の粉をまいて仕上げる技法で、玉楮象谷の名がつけられています。後藤塗は、朱の漆を塗ったあとに、指先でなでたりたたいたりして模様をつける技法です。

＊色漆：顔料という着色料を加え、色をつけた漆。

丸亀うちわ（その他の工芸品）

日本一のうちわの産地となった丸亀市

香川県北西部の丸亀市は、瀬戸内海に面し、かつては、金刀比羅宮*に参拝する人たちの玄関口として、にぎわいました。丸亀うちわは、江戸時代前期の17世紀の中ごろに、その参拝者へのみやげものとしてはじまりました。

その後、この地を治めた丸亀藩の武士の内職として発展し、今日の丸亀うちわの基礎が築かれました。うちわは、竹や和紙を材料につくりますが、丸亀うちわが発展したのは、そうした材料のすべてを、四国の各地から手に入れることができたからです。

いまでは、日本国内で生産されているうちわの約９割が、丸亀市でつくられています。

職人の手作業で竹で骨をつくって和紙をはる

丸亀うちわの大部分は、柄と骨が一本の竹でつくられています。持ち手にあたる柄は、丸いもの（丸柄）と平たいもの（平柄）がありますが、丸亀うちわは、平柄が主流です。

丸亀うちわは、47の工程をへて、職人の手作業でつくられますが、「骨」と「貼り」の工程に大きく分かれます。骨は、マダケやハチクといった竹を削ってつくります。まっすぐに割れる竹の性質を利用して、一定の幅で竹をさきます。そして、骨ができると、ていねいに和紙を貼り、仕上げます。

＊金刀比羅宮：香川県西部の琴平町にある神社で、航海や漁業の守り神などとして、古くから信仰されている。

もっと知ろう　香川県指定の伝統的工芸品

香川県には、国の伝統的工芸品に指定されている２品目を含め、多くの伝統的工芸品があります。2018（平成30）年度の段階で、次の37品目が、県の伝統的工芸品に指定されています。

品目	工芸品名	製造地
漆・木工品	香川漆器	高松市ほか
	志度桐下駄	さぬき市
	讃岐一刀彫	琴平町、まんのう町
	讃岐桶樽	三木町、綾川町
	欄間彫刻	高松市ほか
	組手障子	高松市ほか
	桐箱	高松市、琴平町
	肥松木工品	高松市
	菓子木型	高松市
竹・紙製品	讃岐提灯	高松市
	高松和傘	高松市
	丸亀うちわ	丸亀市
	香川竹細工	さぬき市
	一閑張・一貫張	丸亀市、坂出市
	竹一刀彫	三木町

品目	工芸品名	製造地
わら製品	古式畳	高松市ほか
石製品	豊島石灯籠	土庄町
	庵治産地石製品	高松市
	鷲ノ山石工品	高松市
金工品	打出し銅器	高松市
	讃岐鋳造品	高松市、三豊市
	讃岐鍛冶製品	観音寺市
	左官鏝	高松市
窯業製品	神懸焼	小豆島町
	讃岐装飾瓦	三豊市、三木町
	岡本焼	三豊市
	理平焼	高松市

品目	工芸品名	製造地
織物・染物	保多織	高松市
	讃岐のり染	高松市、観音寺市、琴平町
玩具	高松張子	高松市
	高松嫁入人形	高松市
	張子虎	三豊市
	讃岐かがり手まり	高松市
祭祀品	讃岐獅子頭	高松市、善通寺市、三豊市
	節句人形	三豊市、観音寺市、琴平町
	手描き鯉のぼり	坂出市
	金糸銀糸装飾刺繍	観音寺市

愛媛県

※市町村名に記した○で囲んだ数字は、伝統的工芸品に記した番号を示す。

経済産業大臣指定伝統的工芸品

番号	名称［分類］	おもな製品	おもな製造地
①	砥部焼［陶磁器］	飲食器、花器、置物	松山市、松前町、砥部町
②	大洲和紙［和紙］	障子紙、たこ紙、書道用紙	西予市、内子町

砥部焼（陶磁器）

試行錯誤のうえで誕生した焼き物

砥部焼は、愛媛県中部の砥部町を中心につくられている焼き物です。はじまりは、江戸時代中期の18世紀後半といわれています。

当時の砥部町は、砥石*1の産地として知られていましたが、その切り出しによって生まれる砥石屑の処理に、たいへん苦労していました。そこで、この地を治めていた大洲藩は、砥石の商人の進言を受け、それを使って磁器（→P62）をつくることにしました。そして、磁器づくりがさかんな肥前国（現在の佐賀県と長崎県）から職人をよび寄せ、磁器をつくりはじめます。

ところが、失敗の連続で、職人たちは故郷に帰ってしまいます。それでも、試行錯誤をくり返した結果、3年近くをへて、ようやく磁器づくりに成功しました。

その後、釉薬（→P30）の開発や新たな陶石の発見、技術の改良などにより、今日の砥部焼の基礎を築きました。

厚手であたたかみのある白さが特徴

砥部焼は、食器などの庶民的な日用品が中心です。厚手のものが多く、熱いものを入れても、もちやすくてさめにくいという特徴に加え、割れにくいという特徴があります。

また、あたたかみのある白い素地にほどこされた「呉須絵」も特徴です。呉須絵は、焼くと藍色になる、呉須という絵具で描いた絵模様です。

*砥石：刃物や石材などを、研いだり磨いたりする石。

大洲和紙（和紙）

多くの書道家に愛用されている良質な和紙

大洲和紙は、愛媛県中部の内子町などでつくられている和紙です。平安時代に書かれた「延喜式（→P59）」に記述があるので、そのころには生産されていたと考えられています。江戸時代前期の17世紀には、この地を治めた大洲藩の保護により、発展しました。

大洲和紙の特徴は、薄くてもしなやかで強く、保存性に優れていて長もちすることです。そのため、書道用紙や障子紙をはじめ、画仙紙、版画用紙、表装用紙、色和紙、凧紙など、さまざまな目的で使用されています。とくに、質の良さから、多くの書道家に愛用されている書道用紙は、その生産量が全国上位です。

また、泉貨紙という二枚重ねの厚手の和紙は、東大寺二月堂のお水取りという行事で僧侶が着用する紙子（紙の着物）にも使用されています。

昔ながらの伝統的な技法で和紙をつくる

大洲和紙は、いまでも伝統的な技法でつくられています。原料は、コウゾ、ミツマタ、ガンピなどの木の皮です。その原料を煮る「蒸煮」、煮たものを叩いて細かい繊維にする「叩解」、繊維を水に溶かしてから漉いて紙にする「抄紙」などの工程をへて乾燥させると、でき上がります。

なかでも、紙漉きをおこなう「抄紙」の工程では、昔ながらの「流し漉き」の技法が用いられています。流し漉きとは、簀桁という道具で、繊維とねばりけのある液体を混ぜ合わせた水をすくい、手前と奥にゆらして繊維のからみを良くし、余分な水を流す作業をくり返すことで、均一な紙をつくる技法です。

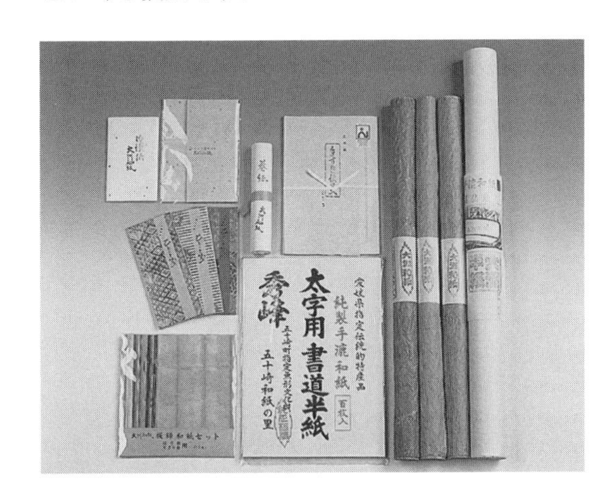

もっと知ろう　愛媛県伝統的特産品

愛媛県では、県内で長い年月をこえて受けつがれてきた伝統的な技術や技法により製造され、県の風土のなかで育まれてきた郷土色豊かな工芸品や民芸品などを、愛媛県伝統的特産品に指定しています。ここでは、食品2品目を除く、26品目を紹介します。

分類	工芸品名	製造地
織物	伊予かすり	松山市
染色品	筒描染製品	八幡浜市
その他繊維製品	太鼓台刺繍飾り幕	四国中央市
	伊予生糸	西予市
陶磁器	二六焼	四国中央市
	菊間瓦	今治市
	砥部焼	松山市、東温市、砥部町、松前町
漆器	桜井漆器	今治市
木工品・竹工品	伊予簀	新居浜市
	西条だんじり彫刻	西条市
	伊予竹工芸品	松山市
	桐下駄	内子町
	下駄	大洲市

分類	工芸品名	製造地
金工品	和釘	松山市
和紙	伊予手すき和紙	四国中央市
	周桑手すき和紙	西条市
	大洲和紙	西予市、内子町
その他の工芸品	水引・水引製品	四国中央市
	姫だるま	松山市
	姫てまり	松山市
	和ろうそく	内子町
	和傘	内子町
	棕櫚細工	内子町
	高張提灯	大洲市
	節句鯉幟	宇和島市
	宇和島牛鬼張り子	宇和島市

※伝統的工芸品の分類は、国の伝統的工芸品の分類を参考に判断した。

高知県

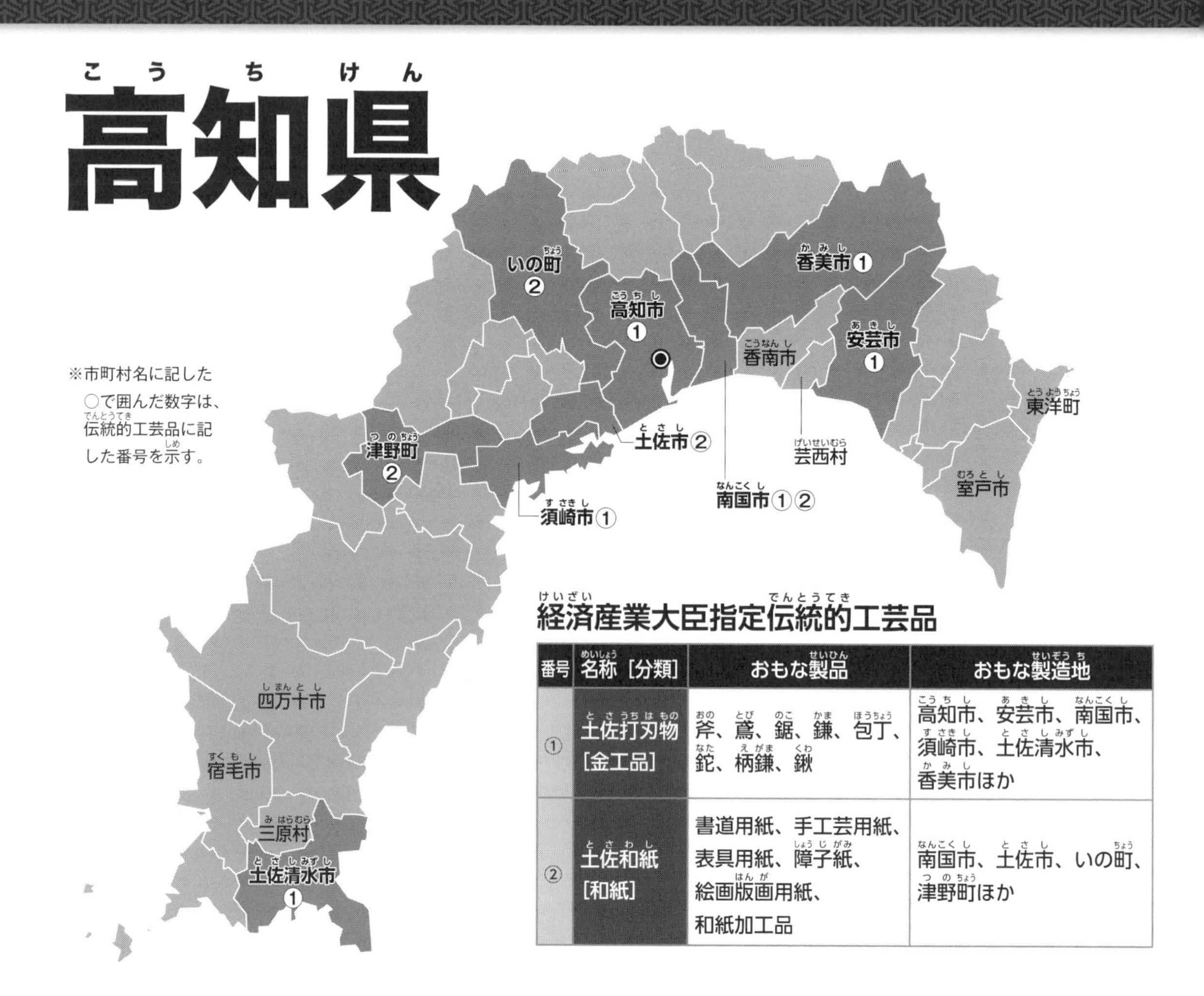

経済産業大臣指定伝統的工芸品

番号	名称［分類］	おもな製品	おもな製造地
①	土佐打刃物［金工品］	斧、鳶、鋸、鎌、包丁、鉈、柄鎌、鍬	高知市、安芸市、南国市、須崎市、土佐清水市、香美市ほか
②	土佐和紙［和紙］	書道用紙、手工芸用紙、表具用紙、障子紙、絵画版画用紙、和紙加工品	南国市、土佐市、いの町、津野町ほか

土佐打刃物（金工品）

江戸時代の土佐藩の政策をきっかけに発展

土佐国（現在の高知県）では、鎌倉時代後期の14世紀ごろに、大和国（現在の奈良県）から刀鍛冶が移住し、室町時代後期の戦国時代には、武具や刀剣づくりを、さかんにおこなっていました。

土佐打刃物が発展するのは、江戸時代初期の17世紀前半のことです。いまの高知県を治めた土佐藩が、森林資源の確保と新田の開発という政策を進めたため、林業用や農業用の刃物の需要が拡大し、生産量も品質も向上したのです。

明治維新によって武士の身分がなくなると、刀の需要はなくなりますが、鉈、斧、鋸、鎌などの用具の製造技術が進歩し、時代が昭和になると、包丁の生産が増えていきました。

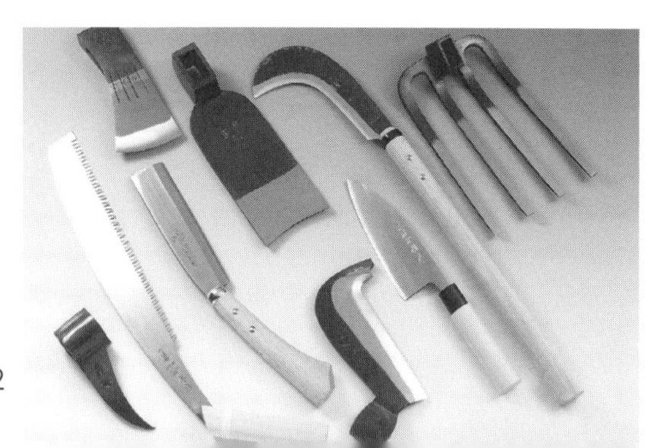

土佐の自由鍛造によって多彩な刃物をつくる

鉄を打ち鍛えてつくる土佐打刃物は、日本刀をつくる刀鍛冶の技術がもとになっています。さらに、全国各地から形や重さのちがう刃物の注文を多く受けてきたこともあり、寸法と形を書いた注文書だけで製造できるので、「土佐の自由鍛造」とよばれています。そのため、少ない量で多くの種類のものをつくる「少量多品種製造」が可能です。そうしたこともあり、いまでは、林業、農業、建築業といった業務用の道具から、包丁をはじめとした家庭用の道具まで、さまざまな刃物をつくっています。

また、土佐打刃物は、林業や農業のための実用的な道具をつくることで発展してきたので、切れ味の良さに加え、手入れがしやすく長もちするといった特徴もあります。

土佐和紙（和紙）

全国一の和紙の産地を築いた吉井源太

土佐国とよばれた高知県では、古くから和紙づくりがおこなわれていました。平安時代に書かれた「延喜式（→P59）」には、土佐の和紙が朝廷に献上されたという記録があります。江戸時代には、天然の染料で染めた「土佐七色紙」が幕府に献上され、土佐和紙が広く知られるようになりました。

江戸時代末期から明治時代には、伊野村（現在のいの町）出身の吉井源太が、和紙を漉く簀桁という道具の大型化に成功し、生産量を増やしました。また、土佐典具帖紙という、世界一薄くて丈夫な手漉き和紙を考え出し、職人を指導してつくらせました。そして、タイプライターの用紙として、その輸出も手がけました。

こうした技術の改良や新製品の開発がおこなわれたこともあり、高知県は、全国有数の和紙の産地となりました。

いまでも紙の生産がさかんな高知県

高知県で和紙の生産がさかんになったのは、森林資源にめぐまれていたからです。いまでも、林野率*は８割を上回り、全国一です。そのため、和紙の原料となる、コウゾやミツマタといった木が豊富です。

また、古くから受けつがれてきた土佐和紙の技術もあり、書道用紙や障子紙をはじめ、多くの種類の紙を生産しています。

そうしたこともあり、製紙業は、現在の高知県の工業の中心となっています。

＊林野率：総土地面積に対する林野面積の割合。

もっと知ろう　高知県伝統的特産品

高知県では、地域で受けつがれてきた全国にほこれる伝統的特産品を、「高知県伝統的特産品」として指定しています。現在、11品目が指定されていますが、どれも50年以上の歴史があり、高知県独自の技術でつくられています。

分類	工芸品名	製造地
陶磁器	安芸國鬼瓦	安芸市
	内原野焼	安芸市
	尾戸焼・能茶山焼	高知市
漆器	土佐古代塗	高知市
木工品・竹工品	虎斑竹細工	須崎市
	まんじゅう笠	芸西村
文具	土佐硯	三原村
その他	土佐凧	香南市
	土佐備長炭	室戸市、東洋町
	フラフ・のぼり	香南市、香美市
	宝石珊瑚	高知市、宿毛市ほか

虎斑竹細工。

地域団体商標に登録されている伝統工芸品(中国・四国地方と九州・沖縄地方)

ここでは、中国・四国地方と九州・沖縄地方の地域団体商標(→P28)のなかから、伝統工芸品と関係のある産品を紹介します。

都道府県	商標名	産品名
鳥取県	因州和紙	工芸品・かばん・器・雑貨
	石州瓦	焼物・瓦
岡山県	備前焼	焼物・瓦
		工芸品・かばん・器・雑貨
広島県	福山琴	工芸品・かばん・器・雑貨
	府中家具	仏壇・仏具・葬祭用具・家具
	広島針	工芸品・かばん・器・雑貨
	びんご畳表	工芸品・かばん・器・雑貨
山口県	赤間硯	工芸品・かばん・器・雑貨
徳島県	徳島唐木仏壇	仏壇・仏具・葬祭用具・家具
	阿波しじら織	織物・被服・布製品・履物
香川県	庵治石	工芸品・かばん・器・雑貨
愛媛県	菊間瓦	焼物・瓦
	今治タオル	織物・被服・布製品・履物
高知県	土佐打刃物	貴金属製品・刃物・工具
福岡県	博多人形	おもちゃ・人形
	小石原焼	焼物・瓦
		工芸品・かばん・器・雑貨
	博多織	織物・被服・布製品・履物
	上野焼	焼物・瓦
		工芸品・かばん・器・雑貨
	八女提灯	工芸品・かばん・器・雑貨
	八女福島仏壇	仏壇・仏具・葬祭用具・家具
	久留米かすり/久留米絣	織物・被服・布製品・履物
	大川家具	仏壇・仏具・葬祭用具・家具

都道府県	商標名	産品名
佐賀県	唐津焼	焼物・瓦
		工芸品・かばん・器・雑貨
熊本県	くまもと畳表	工芸品・かばん・器・雑貨
大分県	小鹿田焼	焼物・瓦
		工芸品・かばん・器・雑貨
鹿児島県	本場奄美大島紬	織物・被服・布製品・履物
	薩摩焼	焼物・瓦
		工芸品・かばん・器・雑貨
		仏壇・仏具・葬祭用具・家具
	本場大島紬	織物・被服・布製品・履物
	川辺仏壇	仏壇・仏具・葬祭用具・家具
沖縄県	琉球びんがた	織物・被服・布製品・履物
	首里織	織物・被服・布製品・履物
	本場久米島紬	織物・被服・布製品・履物
	壺屋焼	焼物・瓦
		工芸品・かばん・器・雑貨
	宮古上布	織物・被服・布製品・履物
	琉球かすり/琉球絣	織物・被服・布製品・履物
	沖縄赤瓦	焼物・瓦
	読谷山花織	織物・被服・布製品・履物
	知花花織	織物・被服・布製品・履物

※2018(平成30)年1月31日までに登録されているもの。
※経済産業省「地域団体商標ガイドブック2018」を参考にしたので、工業製品も含まれる。

九州・沖縄地方
日本海
響灘
関門海峡
対馬
浅茅湾
長崎県
壱岐
大島
玄界灘
遠賀川
能古島
志賀島
福岡県
博多湾
糸島半島
福岡
唐津湾
東松浦半島
筑紫山地
経読岳 992
周防灘
両子山 720
姫島
国東半島
生月島
宇久島
小値賀島
平戸島
野崎島
北松浦半島
松浦川
天山 1046
佐賀
脊振山 1055
筑後川
英彦山 1200
山国川
玖珠川
鶴見岳 1375
大分
別府湾
速吸瀬戸（豊予海峡）
佐賀関半島
豊後水道
佐賀県
筑紫平野
釈迦岳 1231
由布岳 1583
大分川
大野川
国見山 1018
くじゅう連山
大分県
江島
経ヶ岳 1076
有明海
多良岳 996
西彼杵半島
大村湾
中通島
平島
五島列島
菊池川
熊本県
阿蘇山
高岳 1592
番匠川
九州山地
祖母山 1756
傾山 1605
長崎県
長崎
島原半島
熊本
白川
角力灘
福江島
男女群島
橘湾
雲仙岳 1486
島原湾
熊本平野
宇土半島
緑川
大崩山 1644
延岡平野
五ヶ瀬川
長崎半島
天草灘
八代平野
国見岳 1739
宮崎県
上島
下島
球磨川
市房山 1721
尾鈴山 1405
人吉盆地
八代海
白髪岳 1417
小丸川
国見山 969
紫尾山 1067
小林盆地
宮崎平野
日向灘
霧島山
韓国岳 1700
新燃岳 1421
高千穂峰 1574
宮崎
大淀川
甑島列島
上甑島
中甑島
下甑島
川内川
鹿児島県
都城盆地
鰐塚山 1118
八重山 677
御岳 1117
鹿児島
高隈山 1236
太平洋
野間岬
薩摩半島
鹿児島湾
笠野原
志布志湾
内之浦湾
都井岬
池田湖
大隅半島
甫与志岳 967
開聞岳 924
長崎鼻
佐多岬
トカラ列島
種子島
屋久島
沖縄県
先島諸島
伊良部島
池間島
水納島
下地島
宮古島
与那国島
八重山列島
来間島
多良間島
宮古列島
鳩間島
小浜島
石垣島
西表島
竹富島
新城島
黒島
波照間島
大島（奄美大島）
奄美諸島
徳之島
東シナ海
沖永良部島
鹿児島県
伊平屋島
与論島
伊是名島
辺戸岬
沖縄諸島
伊江島
与那覇岳 503
八重岳 454
多野岳 385
恩納岳 363
沖縄島
久米島
那覇
中城湾
太平洋
慶良間列島
沖縄県
大東諸島

福岡県

※市町村名に記した○で囲んだ数字は、伝統的工芸品に記した番号を示す。

経済産業大臣指定伝統的工芸品

番号	名称［分類］	おもな製品	おもな製造地
①	博多織［織物］	帯、小物、ネクタイ、ドレス生地、インテリア製品	福岡市、朝倉市、太宰府市、大野城市ほか
②	久留米絣［織物］	着物地、洋装、インテリア商品	久留米市、八女市、筑後市、大川市、うきは市、広川町、大木町
③	小石原焼［陶磁器］	かめ、壷、置物、飲食器	東峰村
④	上野焼［陶磁器］	茶器、酒器、花器、飲食器、香器、装飾器	福智町
⑤	八女福島仏壇［仏壇・仏具］	金仏壇	八女市、久留米市、筑後市、みやま市、広川町
⑥	博多人形［人形・こけし］	美人もの、男もの、歌舞伎もの	福岡市、小郡市、筑紫野市、春日市、大野城市、太宰府市、糸島市ほか
⑦	八女提灯［その他の工芸品］	盆提灯、祭礼提灯、献灯提灯、装飾提灯	八女市、柳川市、筑後市、久留米市、みやま市、広川町

博多織（織物）

男帯で知られる長い歴史のある織物

博多織は、古くから海外との交流で栄えた博多港がある、福岡市などでつくられている絹織物です。

はじまりは、鎌倉時代中期の13世紀の中ごろといわれています。宋（現在の中国）にわたった博多の商人が、織物の技術をもち帰りました。

江戸時代になると、この地を治めた福岡藩の初代藩主の黒田長政が、博多織を幕府に毎年献上したため、「献上博多」とよばれました。そして、藩の保護を受け、発展しました。

博多織は、「男帯といえば博多織」といわれるほど、男性の着物の帯として、とても人気があります。博多織の帯は、一度しめるとゆるみにくく、しめるときに「キュッキュッ」という「絹鳴り」がするという特徴があり、大相撲の力士も使っています。

なお、博多織は、男性用の帯のほかにも、女性用の帯や小物、ネクタイなどもつくられています。

博多織の絵柄を決める２つの工程

あらかじめ染めた糸で織り上げる博多織は、絵柄を決める「意匠」が、最初の製造工程です。織物の設計図をつくり、使用する糸の色を決めます。その後、設計図にあわせて、糸を染めます。

そして、たて糸を織り機にかけます。たて糸が絵柄の模様を出す博多織では、「機仕掛」とよばれるこの工程が、たいへん重要です。

最後に、たて糸によこ糸を強く引きしめながら通すことで、きめ細かく張りの良い博多織に仕上げます。

久留米絣（織物）

江戸時代に少女が考え出した技法がもとに

久留米絣は、福岡県南西部の久留米市を中心につくられている、紺の地に白または青の細かい絣柄が特徴の綿織物です。はじまりは、江戸時代後期の19世紀のはじめのことです。井上伝という少女が、古くなって色あせた藍染めの着物が、ところどころ白く色がぬけて斑点模様ができているのを見て、糸を括って染め分け、その糸を織り上げて模様を生み出す技法を考え出しました。

その後、この技法は、伝自身によって広められます。そして、さまざまな絣模様を生む新たな技法が考え出され、改良や工夫が加えられた結果、久留米絣は発展しました。

伝統的な高度な技術がつくり上げる久留米絣

久留米絣は、括り、染め、織りなど、30以上の工程をへて、でき上がります。

括りは、図案にあわせて、絣模様になる部分の印を糸につけ、印をつけたところを麻の糸で括る工程です。

染めは、糸を藍（→P106）で染める工程です。糸の束を、濃度の低い藍から濃度の高い藍へと、順番に浸しては絞り、地面にたたきつけるという作業をくり返しおこない、染め上げます。そして、糸の括られた部分をほどくと、染まっていない白いところがあらわれ、まだら模様の絣糸ができ上がります。

織りは、図案にあわせて、絣糸を織り上げる工程です。

こうした工程は、経験によって培われた高度な技術が必要なため、久留米絣の技術は、国の重要無形文化財（→P32）に指定されています。

博多人形（人形・こけし）

瓦職人がつくった粘土の人形がもとに

1600年の関ヶ原の戦い（→P35）での活躍により、筑前国（現在の福岡県北西部）をあたえられた黒田長政が、福岡城を築いているときに、粘土でできた人形を、瓦職人から献上されました。これが、博多人形のはじまりといわれています。今日の博多人形のように、粘土を原料とした素焼きの人形に彩色がほどこされたものが生まれたのは、江戸時代後期の19世紀前半のことです。その後、名工たちの活躍もあり、全国に広がっていきました。

明治時代になると、フランスのパリなどでおこなわれた国際的な博覧会で高く評価されます。そして、日本を代表する人形として、海外に輸出されるようになりました。

いまでは、美人もの、男もの、子どももの、能や歌舞伎を題材にした浮世絵ものなど、たくさんの種類の博多人形がつくられています。

素焼きの人形に彩色をほどこして完成する

博多人形は、原型、型取り、生地づくり、焼成、彩色といった工程をへて、完成します。

まず、地元でとれた粘土を練り上げ、デザインにあわせて、人形の原型をつくります。そして、石こうで型を取り、その型に練り上げた粘土をつめ、人形の生地をつくります。その後、窯で生地を焼き、素焼きの人形に、胡粉（→P37）などを塗って肌の部分を白くし、着物や帯などを筆で描いて彩色をおこないます。

最後に、人形の顔の部分を描く「面相」をおこなうと、生き生きとしたあたたかな表情の博多人形ができ上がります。

佐賀県

玄海町②
唐津市②
伊万里市①②
多久市②
有田町①②
武雄市①②
白石町②
嬉野市①②
鹿島市
小城市
佐賀市
神埼市
鳥栖市
みやき町

※市町村名に記した○で囲んだ数字は、伝統的工芸品に記した番号を示す。

経済産業大臣指定伝統的工芸品

番号	名称［分類］	おもな製品	おもな製造地
①	伊万里・有田焼［陶磁器］	和洋食器、装飾品	伊万里市、武雄市、嬉野市、有田町
②	唐津焼［陶磁器］	茶器、花器、徳利	唐津市、武雄市、多久市、伊万里市、嬉野市、玄海町、有田町、白石町

伊万里・有田焼（陶磁器）

日本の磁器づくりのはじまり

土を焼いてつくる焼き物は、陶磁器ともよばれますが、陶土という粘土が原料の陶器と、陶石という石をくだいてつくる粘土が原料の磁器に分かれます。伊万里・有田焼は、佐賀県西部の伊万里市や有田町などでつくられている磁器です。

16世紀末期におこなわれた朝鮮出兵（→P104）のときには、朝鮮半島から焼き物の職人たちが連れてこられました。伊万里・有田焼は、そのうちのひとりが、江戸時代初期の17世紀のはじめに、現在の有田町で陶石を発見し、はじまりました。

伊万里・有田焼のはじまりは、日本の磁器づくりのはじまりでもあります。それまで日本でつくられていた陶器が、茶色っぽい色のものが多く、たたくと濁った音がするのに対し、磁器は、色が白く、たたくと澄んだ音がし、丈夫で長もちするという特徴があります。

ヨーロッパにも知られて発展

伊万里・有田焼が発展したのは、17世紀の中ごろのことです。酒井田柿右衛門という職人が、白色の磁器に、赤、緑、黒、黄などの色の絵具で絵や文様をほどこす「色絵付け」に成功します。そして、ヨーロッパにも知られるようになり、さかんに輸出されました。

なお、現在の有田町ではじまったにもかかわらず、伊万里・有田焼とよばれているのは、江戸時代には、伊万里港から船に積まれて運び出されたため、伊万里焼とよばれていたからです。

唐津焼（陶磁器）

朝鮮半島からの技術によってさかんに

唐津焼は、佐賀県北西部の唐津市を中心につくられている焼き物です。安土桃山時代の16世紀の終わりには、すでに焼かれていたといわれていますが、朝鮮出兵（→P104）のときに朝鮮半島から連れてこられた職人たちが、新たな技術をもたらしたことで、さかんになりました。

唐津焼は、伊万里・有田焼が白い磁器なのに対し、茶色っぽい陶器です。はじまったころには茶の湯（→P46）がさかんだったこともあり、独特のぬくもりや力強さが感じられる素朴な味わいが、多くの茶人に好まれました。そして、茶器として発展しました。

いまでは、茶器だけではなく、花瓶や食器などもつくっています。

多彩な成形と装飾の方法

唐津焼は、粘土を器の形にしていく成形をおこない、成形された素地に装飾をほどこし、窯で焼くことで完成しますが、成形と装飾の方法が多いことが特徴です。

成形の方法には、ろくろ（→P21）を使う方法のほかにも、粘土をひものようにして積み上げて形づくる「紐づくり」、高い円筒の形にした粘土の内側に木を当てて外側からたたく「叩き」などの方法があります。

装飾の方法には、素地に彫りをほどこす方法のほかにも、刷毛を使って素地に文様をつける「刷毛目」、素地の表面を削り落としながら文様を描く「掻き落とし」などの方法があります。

もっと知ろう 佐賀県指定伝統的地場産品

佐賀県は、伝統産品の重要性を認識し、産業としての発展を支援するために、県内の伝統的な工芸品や食品を、県独自の指定制度により、「佐賀県指定伝統的地場産品」に指定しています。ここでは、食品3品を除き、工芸品10品を紹介します。

工芸品名	おもな製造地	はじまり	おもな製品
鹿島錦	鹿島市	1800年代の中ごろ	帯、バッグ、財布、アクセサリー
佐賀錦	佐賀市	1800年代の中ごろ	帯、バッグ、財布、アクセサリー
白石焼	みやき町	1806（文化3）年	茶碗、花入、水差し、湯吞、皿類など
諸富家具・建具	佐賀市、神埼市	1956（昭和31）年ごろ	家具類、建具類
名尾手漉和紙	佐賀市	文禄年間（1592～1596年）	ちょうちん、障子紙、名刺、便せんなど
鍋島緞通	佐賀市	元禄年間（1688～1704年）	敷物、座布団
西川登竹細工	武雄市	明治時代初期（1800年代後半）	ざる、かご、ほうき、ほげそうけなど
肥前びーどろ	佐賀市	明治時代初期（1800年代後半）	グラス、コップ、金魚鉢、花瓶など
浮立面	鹿島市	1700年代	装飾用面、面浮立用面
弓野人形	武雄市	明治時代中期（1800年代の終わりごろ）	武者人形、ひな人形、達磨像、大黒恵比寿など

長崎県

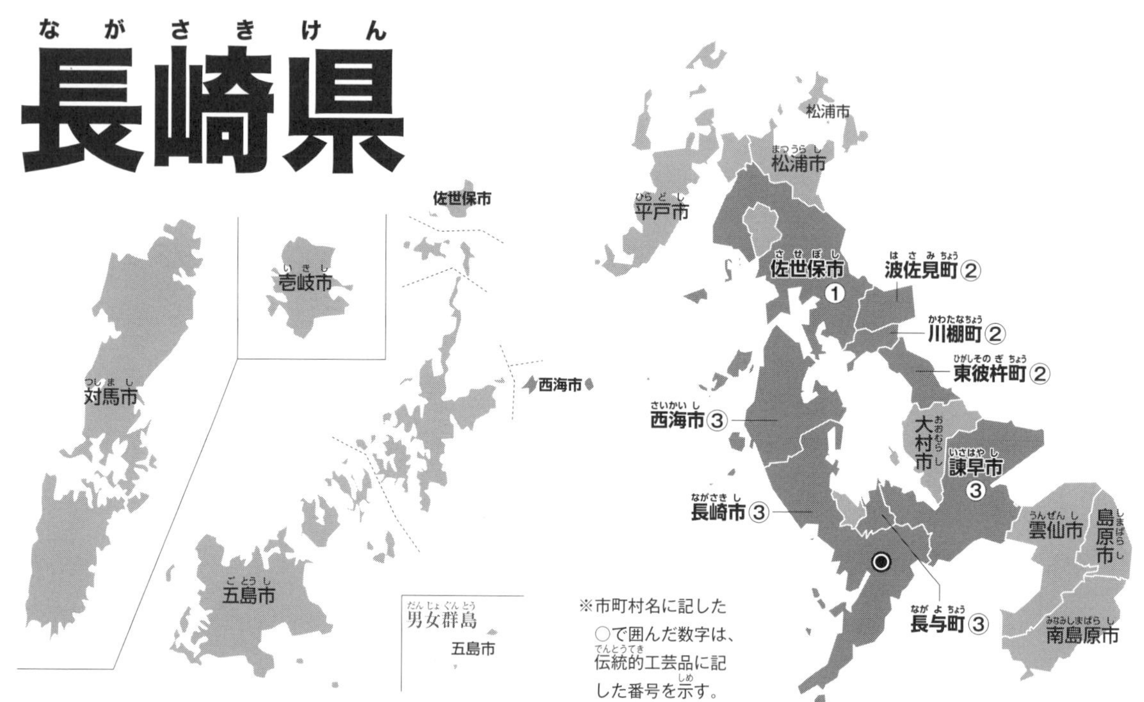

※市町村名に記した○で囲んだ数字は、伝統的工芸品に記した番号を示す。

経済産業大臣指定伝統的工芸品

番号	名称［分類］	おもな製品	おもな製造地
①	三川内焼［陶磁器］	香炉、酒器、花器、茶器、割烹食器	佐世保市
②	波佐見焼［陶磁器］	和飲食器	波佐見町、川棚町、東彼杵町
③	長崎べっ甲［その他の工芸品］	髪飾りなどの小物、宝船などの大物製品	長崎市、諫早市、西海市、長与町

三川内焼（陶磁器）

ヨーロッパへの輸出品づくりで発展

16世紀末期におこなわれた朝鮮出兵（→P104）のときに、現在の長崎県北部を治めていた松浦氏が、朝鮮半島から焼き物の職人を連れ帰り、つくらせたのがはじまりです。その後、江戸時代にこの地を治めた平戸藩のために、焼き物をつくることになりました。

三川内焼は、陶石という石をくだいてつくる粘土が原料の磁器（→P62）です。松浦氏の城があった平戸島ではじまったものの、良い陶石にめぐまれませんでした。そこで、職人たちが領内をさがしたところ、現在の佐世保市の三川内という場所で見つかります。そして、そこに窯を設けたため、三川内焼とよばれるようになりました。

江戸時代初期の平戸藩は、オランダやイギリスなどとの貿易で栄えました。しかし、1641年の鎖国によって外国との交流が制限され、平戸港での貿易ができなくなります。そこで、平戸藩が、ヨーロッパの人びとが使うコーヒー茶碗を開発し、長崎からオランダや中国への輸出をはじめると、三川内焼は発展していきました。

絵柄や細工に手間をかけた磁器

三川内焼の特徴は、とても手間をかけて、絵柄や細工をほどこしていることです。

絵柄としては、白い素地に描かれた「呉須絵」が有名です。呉須絵は、焼くと藍色になる呉須という絵具で描いた絵模様です。三川内焼の代表的な呉須絵は、唐子が遊ぶようすを描いた「唐子絵」です。唐子は、中国風の服装や髪形をした子どもです。

細工としては、細かな美しい彫刻を素地にほどこす「透かし彫り」などが知られています。

写真提供：一般社団法人 長崎県観光連盟

波佐見焼（陶磁器）

染付と青磁が特徴の磁器

波佐見焼は、長崎県中部の波佐見町などでつくられている磁器（→P62）です。16世紀末期の朝鮮出兵（→P104）のときに、朝鮮半島から連れてこられた焼き物の職人により、陶器（→P30）づくりがはじまりました。

江戸時代になると、この地で原料の陶石が発見されたため、磁器がつくられるようになります。そして、いまの波佐見焼の特徴でもある染付や青磁もはじまり、この地を治めた大村藩の特産品として、発展していきました。

染付とは、磁器の素地に呉須（→左ページ）で絵付けをおこない、その上に透明な釉薬（→P30）をかけて焼いたものです。青磁とは、鉄を含んだ釉薬を素地にかけ、青や緑がかった色に焼き上げた磁器です。

庶民のための日常食器を江戸時代からつくる

波佐見焼は、江戸時代からつづく日常食器の生産で知られています。日常食器は、日常生活で使用される食器で、茶碗や皿、徳利などが代表的です。

なかでも、唐草模様を簡単に筆で描いた、厚手の染付の茶碗は、「くらわんか碗」とよばれ、丈夫でこわれにくい素朴な製品として、江戸時代には、波佐見焼の日常食器の代表格となりました。

この茶碗は、手ごろな値段で売られ、それまで高級品とされ、庶民には手が届かないといわれていた磁器の茶碗を、身近なものとしました。そのため、手軽で良質な食器を提供するという波佐見焼の現在の考え方は、くらわんか碗によって生まれたといわれています。

写真提供：一般社団法人 長崎県観光連盟

長崎べっ甲（その他の工芸品）

中国から伝わった技術で江戸時代にはじまる

べっ甲とは、タイマイというウミガメの甲羅のことです。半透明で、黒と黄のまだら模様があり、べっ甲細工として、装飾品の材料となったり、装身具として加工されたりしています。

長崎べっ甲は、江戸時代初期の17世紀前半にはじまった工芸品です。貿易港として栄えていた長崎に、べっ甲細工の技術が、中国から伝わりました。

以後、鎖国によって外国との交流が制限されるなか、貿易が許されていた長崎では、べっ甲を手に入れることができたため、べっ甲細工がさかんになりました。そして、江戸時代末期の19世紀の中ごろには、開国によって多くの国との交流がおこなわれるようになると、長崎べっ甲は、世界からも注目され、発展していきました。

べっ甲細工は水と熱の芸術

長崎べっ甲の製品には、ネクタイピン、ネックレス、ペンダントのような小物のほかにも、置物や壁飾りもあります。

これらの製品は、決められたデザインに応じて、べっ甲の厚みや色合いなどを手作業で丹念に調整しながら、裁断、削り、接着、彫刻、磨き、組み立てといった工程をへて、完成します。どの工程も、きめ細かな技法が用いられていますが、接着の工程では、接着剤は使わず、水と熱を加えることで、べっ甲をくっつけ、一定の厚みの生地にしていきます。そのため、べっ甲細工は、「水と熱の芸術」とよばれています。

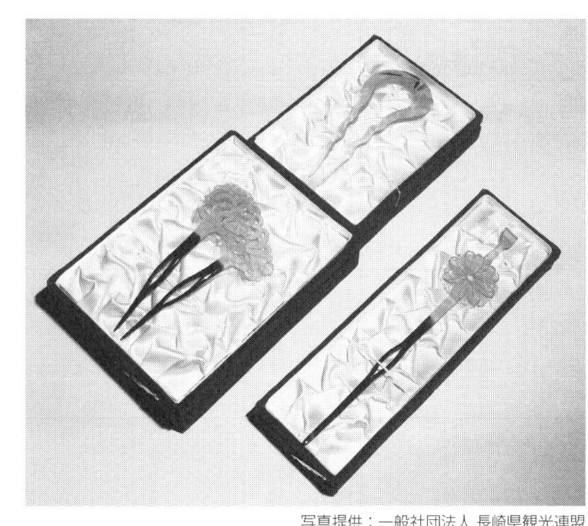

写真提供：一般社団法人 長崎県観光連盟

熊本県

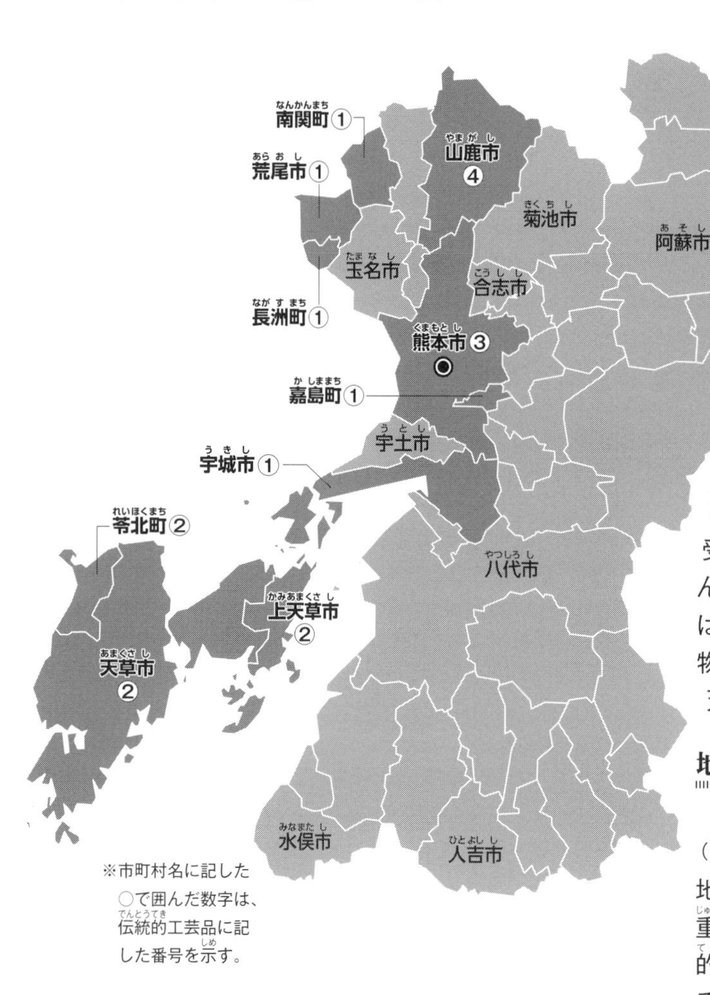

※市町村名に記した○で囲んだ数字は、伝統的工芸品に記した番号を示す。

経済産業大臣指定伝統的工芸品

番号	名称［分類］	おもな製品	おもな製造地
①	小代焼［陶磁器］	茶器、花器、食器、装飾品	荒尾市、宇城市、南関町、長洲町、嘉島町
②	天草陶磁器［陶磁器］	茶器、花器、食器、装飾品	天草市、上天草市、苓北町
③	肥後象がん［金工品］	装身具、装飾品	熊本市
④	山鹿灯籠［その他の工芸品］	置物、記念品、みやげもの、インテリア、ランプシェード	山鹿市

天草陶磁器（陶磁器）

日本一良質な陶石の産地で発展した焼き物

熊本県南西部には、上島と下島をはじめとした大小110ほどの島からなる、天草諸島があります。天草陶磁器は、この天草諸島でつくられている焼き物です。

天草諸島は、日本でもっとも良質な陶石の産地として知られます。天草陶石とよばれ、江戸時代前期の17世紀後半から採掘がはじまり、伊万里・有田焼（→P118）をはじめ、多くの磁器（→P62）の原料となっています。

日本の陶磁器の多くが、江戸時代に藩の保護を受けて発展したのに対し、天草諸島は、島原・天草一揆*によって天領となり、幕府が直接治める地となったため、藩の保護を受け、陶磁器づくりをおこなうことはありませんでした。そうしたなかでも、この地の人びとは、陶石を売るとともに、その陶石を使った焼き物づくりをおこないました。そのことが、現在の天草陶磁器のはじまりとなりました。

地元の陶石と陶土で磁器と陶器の両方をつくる

天草陶磁器には、その名のとおり、陶器（→P30）と磁器の両方があります。陶器は、この地の陶土を使い、性質のちがう釉薬（→P30）の二重掛けという技法を用いるなどして、素朴で個性的なものをつくっています。磁器は、透明感のある純白のものが中心です。

また、天草陶磁器は、天草諸島でつくられる陶磁器をまとめてよぶときの名で、水の平焼、丸尾焼、高浜焼、内田皿山焼などの陶磁器があります。

＊島原・天草一揆：1637年から翌年にかけて、島原半島南部と天草諸島のキリスト教の信者を中心とした農民が、キリスト教の禁止や重い年貢に反対しておこした暴動。

肥後象がん（金工品）

刀の鐔に用いた装飾の技法を受けついで

象がんとは、金属や陶磁器、木材などの表面に彫刻をほどこし、そのことでできたくぼみに、金や銀といった他の材料をうめこむ、工芸品の装飾技法です。肥後象がんは、かつて肥後国とよばれた熊本県で、江戸時代初期の17世紀前半にはじまりました。現在の熊本市を中心に肥後国を治めた細川家が召し抱えた職人が、刀の鐔*などに、象がんをほどこしました。

明治時代になり、武士の身分がなくなると、象がんの需要は大きく減りました。しかし、その技法は、装身具（アクセサリー）や装飾品の製作に用いられ、今日に伝えられています。

黒地に金銀の装飾がはえる肥後象がん

肥後象がんは、鏨という刃物を使って鉄に溝を彫り、そこに金や銀の薄い板や糸をうめこんでつくります。その後、錆出しや錆止めなどをおこない、仕上げます。

錆出しは、鉄の部分に錆を生じさせ、色を出すことなどを目的におこないます。表面を磨いてなめらかにしてから、そこに、錆液という液体をつけ、鉄をさびさせます。その後、茶葉が入った湯に30分ほどつけ、錆止めをおこないます。これは、茶葉に含まれるタンニンという成分に、錆の進行を止め、錆を美しい黒色にする作用があるからです。

最後に、油を塗ってコンロで焼き、磨いて仕上げると、黒地に金銀の装飾がはえる、肥後象がんが完成します。

＊鐔：刀の柄（持ち手）と刀身（鞘におさまる部分）の境にはさむ金具で、切りつけられたときには、相手の刃から自分の手を守る。

山鹿灯籠（その他の工芸品）

伝統的な祭りに用いられる紙製の灯籠

山鹿灯籠は、和紙と糊だけで、立体的な構造に仕上げられる工芸品で、熊本県北部の山鹿市でつくられています。はじまりは、いろいろな説がありますが、600年以上前の室町時代といわれています。

山鹿市では、紙製の金灯籠を頭に掲げた女性が舞い踊る「山鹿灯籠まつり」が、毎年8月におこなわれています。この地には、いまから2000年ほど前に、深い霧に進路をはばまれた景行天皇を、人びとが松明をかざして無事に迎えたという話が伝わっています。以後、この地の人びとは、天皇をまつった大宮神社に松明を献上するようになり、室町時代になると、その松明が、紙製の金灯籠になったというのです。

いまの山鹿灯籠は、こうした奉納品のほかにも、置物やインテリアなどに利用されています。

実物の美しさや迫力を表現するための工夫

山鹿灯籠は、灯籠だけではなく、神社や仏閣などの建造物もあり、実物を20分の１から30分の１ほどの大きさにし、細かな部分まで忠実に再現しています。柱や障子の桟などの部品は、すべて中身が空洞になっているのが特徴です。また、美しさや迫力を表現するため、実際の縮尺に従うのではなく、たてを２割から３割ほど大きめにつくるという工夫がされています。

こうして完成した山鹿灯籠からは、和紙だけでつくったとは思えない重量感とともに、華やかさや美しさが感じられるのです。

大分県

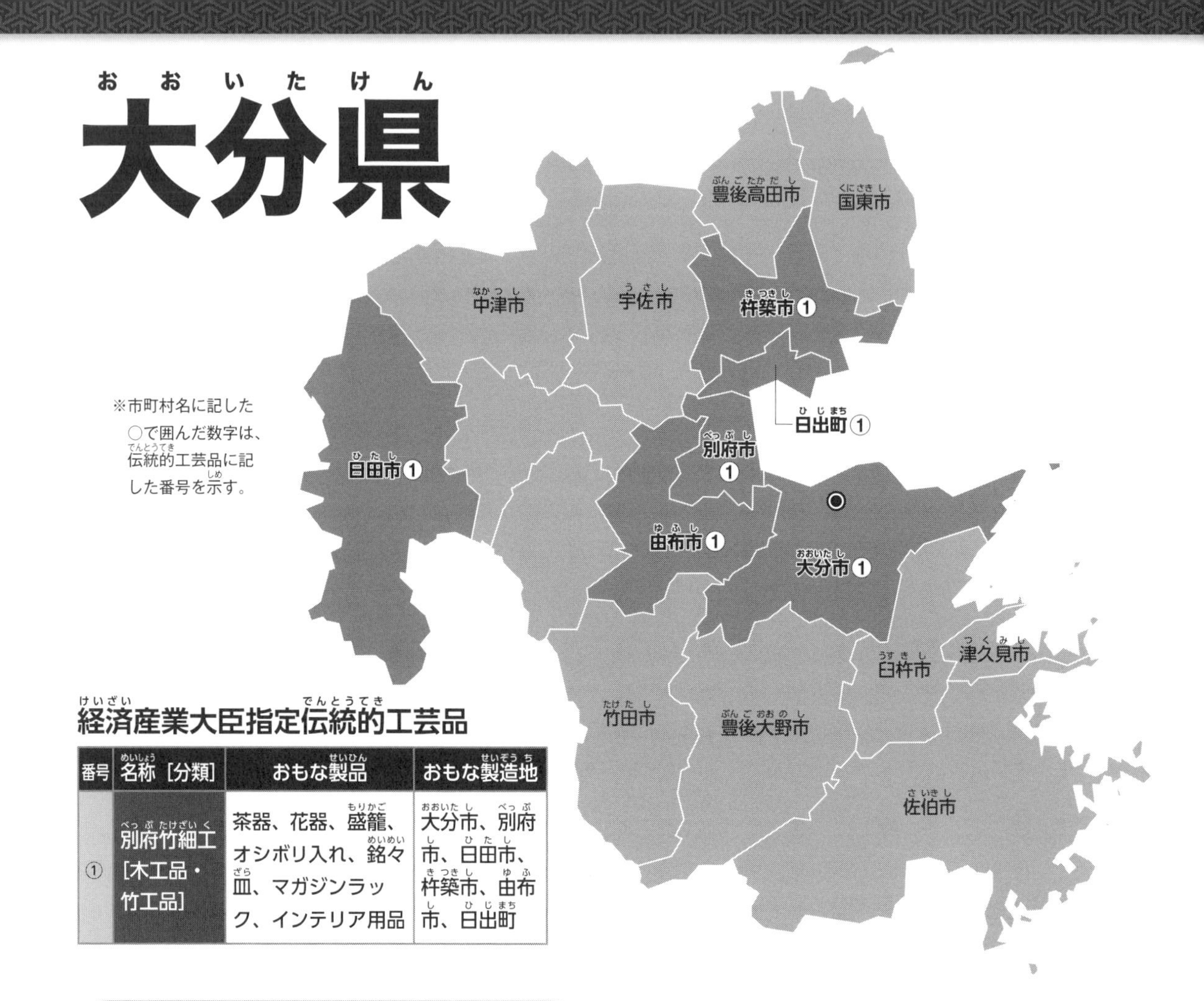

※市町村名に記した○で囲んだ数字は、伝統的工芸品に記した番号を示す。

経済産業大臣指定伝統的工芸品

番号	名称［分類］	おもな製品	おもな製造地
①	別府竹細工［木工品・竹工品］	茶器、花器、盛籠、オシボリ入れ、銘々皿、マガジンラック、インテリア用品	大分市、別府市、日田市、杵築市、由布市、日出町

別府竹細工（木工品・竹工品）

温泉地のみやげものから工芸品へと発展

大分県中部の別府市は、日本有数の温泉地として知られています。別府竹細工は、別府市を中心につくられている、竹の美しさをいかした製品です。室町時代に、地元でとれる竹を使い、行商用の籠をつくって売り出したのがはじまりとされています。

江戸時代になり、別府温泉の名が広まり、訪れる人が増えると、ざるなど、温泉客が滞在中に使う台所用品がつくられるようになります。そして、それらがみやげものとなり、別府温泉の名産品となりました。

明治時代になると、別府竹細工は、単なる温泉地のみやげものから、高度な技術を取り入れた工芸品へと発展していきます。そして、技術教育が熱心におこなわれたこともあり、別府市とその周辺は、全国有数の竹工芸品の産地として発展しました。

400以上の編組のパターンを組み合わせて

別府竹細工の製造工程は、天日干しによって乾燥させたマダケなどの材料を、製品にあった厚さや幅にするために、切ったり、割ったり、皮をはいだり、削ったりして、竹ひごをつくることからはじまります。そして、その竹ひごを編み、仕上げをおこなうことで、別府竹細工は完成します。

竹ひごの編み方（編組）は、400以上のパターンがあるといわれています。ちがった編組を組み合わせて編み上げることで、さまざまな製品が生み出されていきます。

もっと知ろう 大分県の工芸品

大分県には、国の伝統的工芸品に指定されている別府竹細工のほかにも、小鹿田焼、姫だるま、日田下駄といった工芸品があります。

小鹿田焼は、大分県西部の日田市でつくられている焼き物です。はじまりは、江戸時代中期の18世紀のはじめです。飛び鉋とよばれる金属製のヘラでつける削り文様が特徴で、その製造技術は、国の重要無形文化財（→P32）に指定されています。

姫だるまは、大分県の南西部の竹田市に伝わる郷土玩具で、家内安全や商売繁盛を招く縁起物です。江戸時代の武家の女性がモデルとされ、白塗りの顔に赤い十二単という姿をしています。

日田下駄は、江戸時代末期の19世紀の中ごろから、日田市で生産されています。日田市は、森林資源が豊富なこともあり、静岡県静岡市と広島県福山市とともに、下駄の三大産地のひとつです。かつては、キリを原料としていましたが、いまでは、特産のスギなどが使われています。

なお、大分県には、県が指定する伝統工芸品はありませんが、地元の新聞社として知られる大分合同新聞社が、2006（平成18）年の創刊120年を記念して、「未来に残した大分」をキャッチフレーズに、「おおいた遺産」を公募し、認定しています。対象は、建物、祭り、食、自然、温泉など、さまざまですが、伝統工芸としては、別府の竹細工、姫だるま、小鹿田焼のほかにも、豊後紫草、七島イ、豊後絞りが含まれています。

豊後紫草は、生地を染めるための紫色の染料です。7～8世紀に、現在の竹田市で、さかんに栽培されていました。その後、栽培されなくなりましたが、2000（平成12）年には、紫草の栽培を復活させる会ができ、さまざまな試みがおこなわれています。

七島イは、大分県北東部の国東半島だけで生産されている植物です。い草と似ていて、畳表の材料に使われます。年間500万畳ほど生産していた時期もありましたが、現在は、3000枚ほどに減っています。いまでは、七島イ振興会が、ふたたびさかんにするために、新たな工芸品づくりを進めています。

豊後絞りは、絞り染めという染色品です。絞り染めは、布をくくったり縫ったりしてしわをつけ、それを染料にひたして模様をつける染色の方法です。現在の大分市の周辺は、豊後紫草をはじめとした染料にめぐまれ、木綿の産地でもあったため、中世から近世に、絞り染めの染色品が、豊後絞りとして名産品となりました。その後、すたれたものの、近年、研究者によって復活をとげました。

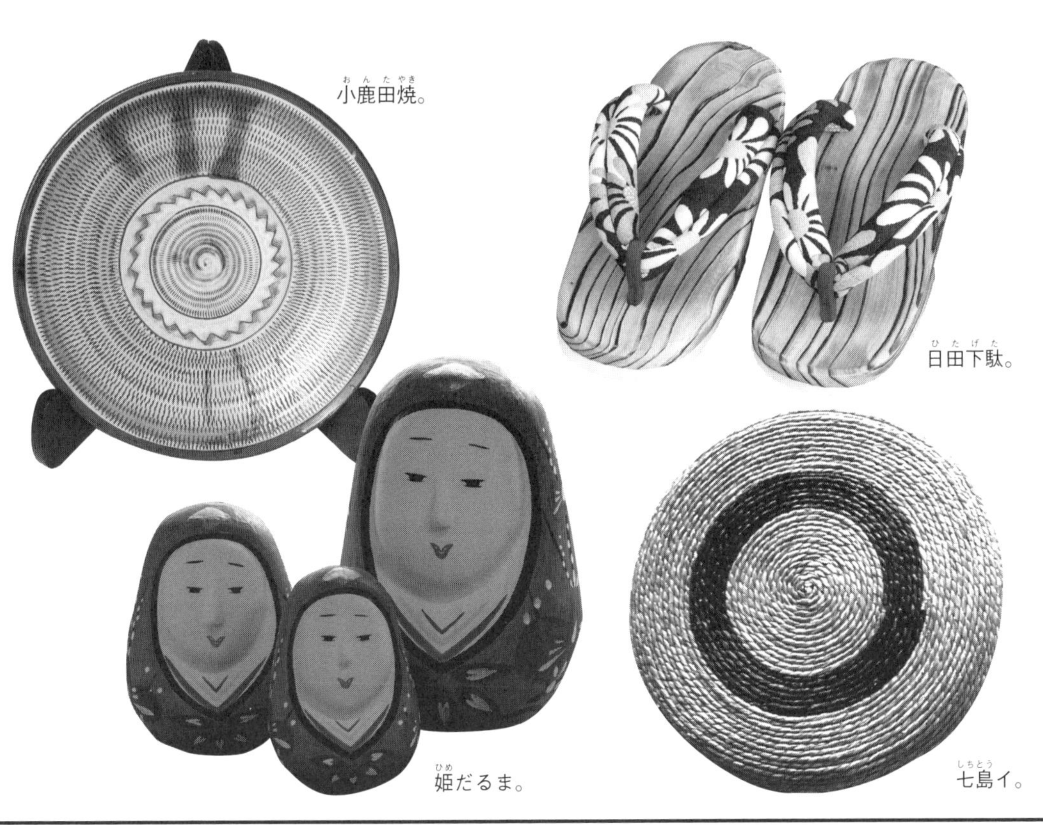

小鹿田焼。

日田下駄。

姫だるま。

七島イ。

宮崎県

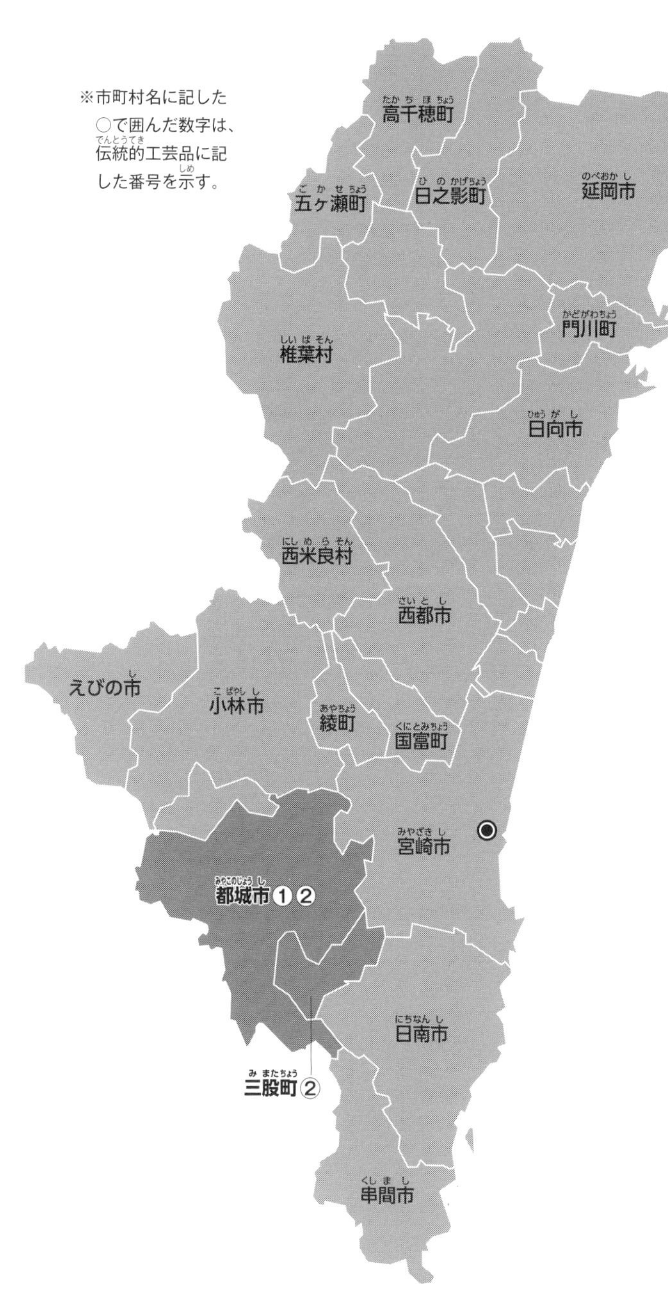

都城大弓（木工品・竹工品）

江戸時代からの弓づくりが明治時代に発展

大弓とは、長さ７尺５寸（約2.25m）の普通の弓のことをいいます。半弓などの小さな弓と区別して、そうよばれています。

都城大弓は、宮崎県南西部の都城市を中心に、江戸時代に生産がはじまりました。都城市は、島津家の発祥の地といわれています。島津家は、現在の鹿児島県とともに宮崎県の一部を治めた、薩摩藩の藩主です。江戸時代には、都城市も薩摩藩の領内だったので、藩の武士のために、弓づくりがおこなわれていたといわれています。

明治時代になると、鹿児島県から移り住んだ職人が、新たな技術を伝えます。また、武士の時代が終わったものの、武道としての弓道が一般に広まったこともあり、都城市では、弓づくりがさかんになりました。

そうしたこともあり、現在の都城市では、日本の竹の弓の７割ほどをつくっています。

１人の職人がすべての工程をこなす

都城大弓は、マダケとともにハゼという木を材料にした、手づくりの弓です。矢を放ったときに、反動が少なく、弦の音が良いといった特徴があります。１人の職人が、マダケの切り出しからはじまる200以上の工程をこなします。

焼いた４枚から７枚のマダケを、ハゼで包むようにしてはり合わせ、握る部分を中心にして削り、弓の原形をつくります。これに、約100本の竹製のクサビという部品を1本ずつ打ちこみ、しめつけながら半円をえがくように反りをつけ、弦をはって仕上げます。

経済産業大臣指定伝統的工芸品

番号	名称［分類］	おもな製品	おもな製造地
①	本場大島紬［織物］	着物地	都城市ほか
②	都城大弓［木工品・竹工品］	弓道具	都城市、三股町

※本場大島紬は、鹿児島県でもつくられているため、P128を参照してください。

もっと知ろう 宮崎県指定の伝統的工芸品

宮崎県には、県が指定する伝統的工芸品があります。それらは、次の４つの部門に分類されています。

部門	工芸品名	おもな製造地	種別
祝い・祈りの心	高千穂神楽面	高千穂町	祭礼用具
	椎葉神楽面	椎葉村	祭礼用具
	のぼり猿	延岡市	郷土玩具
	延岡五月幟	延岡市	染物
	大漁旗	延岡市	染物
	門川太鼓	門川町	楽器
	佐土原人形	宮崎市	人形
	法華岳うずら車・久峰うずら車	国富町、宮崎市	郷土玩具
	神代独楽	宮崎市	郷土玩具
	ごったん	三股町	楽器
	魔よけ猿	五ヶ瀬町	祭礼用具
武道具・伝統の技	ひむかの矢・久宗の矢	宮崎市	その他の工芸品
	四半的矢	宮崎市	その他の工芸品
	都城木刀	都城市	木工品
	日向（霧島・綾）竹刀	小林市、綾町	竹工品
	日向剣道防具	西都市	その他の工芸品
	日州透かし象嵌	延岡市	金工品
	都城弓	都城市	竹工品
生活の中の逸品	宮崎ロクロ工芸品	宮崎市、都城市、綾町	木工品
	宮崎手漉和紙	日向市	和紙
	手打刃物	三股町	金工品
	（日之影・綾）竹工芸品	日之影町、綾町	竹工品
	かるい	日之影町	竹工品
	てご	西米良村	その他の工芸品
	めんぱ	日之影町	木工品
	小松原焼	宮崎市	陶磁器
	日向焼	日向市	陶磁器
雅趣・伝統の美	宮崎手紬（宮琉手紬・綾の手紬・日向紬）	宮崎市、綾町	織物
	さつま絣	都城市	織物
	日向榧碁盤・将棋盤	日向市	木工品
	日向はまぐり碁石	日向市	石工品
	宮崎漆器	宮崎市	漆器
	紅渓石硯	延岡市	文具
	小林籐工芸品	小林市	その他の工芸品
	日向工芸家具「漆塗」	日南市	木工品

※種別は、ほかの県の例などを参考に判断した。

鹿児島県

経済産業大臣指定伝統的工芸品

番号	名称［分類］	おもな製品	おもな製造地
①	本場大島紬［織物］	着物地	奄美市、鹿児島市、龍郷町、喜界町
②	薩摩焼［陶磁器］	食器、茶器、花器、酒器、装飾品	鹿児島市、指宿市、日置市、姶良市ほか
③	川辺仏壇［仏壇・仏具］	金仏壇	南九州市

本場大島紬（織物）

奄美大島で生まれた絹織物

大島（奄美大島）は、鹿児島県本土の南海上の奄美諸島のなかでも最大の島です。貴重な動植物が多く生息し、豊かな自然にめぐまれています。

本場大島紬は、その奄美大島で生まれ、いまでは鹿児島市などの本土でもつくられている絹織物です。はじまりは古く、1300年前ともいわれていますが、さかんにつくられるようになったのは、江戸時代中期にあたる18世紀のはじめです。

本番大島紬の特徴は、柄を染め分けるための「締機」という技法から生み出される、とても細かな絣模様です。また、島の泥と植物との化学反応を利用した「泥染め」は、世界的にもたいへんめずらしい染め方です。島に多いソテツという木やハブのうろこを参考にした、複雑な模様も生まれました。本場大島紬は、長い歴史と奄美大島の豊かな自然に育まれた絹織物なのです。

長い時をかけてつくられる紬の最高級品

本場大島紬は、図案を作成してから織り上げるまで、30ほどの工程をへて、半年から1年かけて完成します。なかでも、泥染めの工程が有名です。テーチという木の幹などを煮た汁で20回染めた糸を、泥で1回染めるという作業を、3回から4回くりかえします。

また、染め終えた糸を織るには、高機という手織機を使います。模様が細かく、図柄が複雑で、織り目ひとつ狂いなく織らなければならないので、1反（着物1着分）を織り上げるには、1か月から数か月かかります。

こうしてつくられる本場大島紬は、紬のなかでは最高級品とされ、高く評価されています。

薩摩焼（陶磁器）

海外でも高く評価された薩摩焼

16世紀末期におこなわれた朝鮮出兵（→P104）のときに、現在の鹿児島県の西半分にあたる薩摩国などを治めた島津義弘が、朝鮮半島から焼き物の職人を連れ帰り、つくらせたのがはじまりです。

薩摩焼は、江戸時代末期の1867年に、薩摩藩によって、フランスのパリでおこなわれた万国博覧会に出品され、ヨーロッパの人びとから高く評価されました。明治時代になると、オーストリアのウィーンでおこなわれた万国博覧会にも出品され、さらに評価が高まり、さかんに輸出されるようになりました。

いまでは、県内各地でつくられています。

白く気品がある白薩摩と黒くつやのある黒薩摩

薩摩焼は、「しろもん」とよばれる白薩摩と、「くろもん」とよばれる黒薩摩に、大きく分かれます。

白薩摩は、貫入とよばれる細かなひびが表面に入った、白い陶器（→P30）です。色絵具などを使って、細やかで美しい装飾がほどこされ、気品が感じられる焼き物で、江戸時代には、歴代の薩摩藩主に愛されたといわれています。

黒薩摩は、まるで黒い漆を塗ったように、黒くてつやがある陶器です。素朴で、強さやたくましさが感じられ、江戸時代には、庶民の生活で使われる器として、つくられていました。

なお、白薩摩が白い陶器になるのは、原料となる土を準備するときに、数種類の土を組み合わせて水にとかし、底にしずんだ土を取り出す「水簸」という作業を何回もくりかえすからです。一方、土の味わいが残る黒薩摩は、そうした作業をおこないません。

川辺仏壇（仏壇・仏具）

仏教への深い信仰から生まれた仏壇

鹿児島県の薩摩半島南部の川辺町（現在の南九州市北西部）では、12世紀ごろから長い年月をかけてつくられたとされる磨崖仏群があり、古くから仏教がさかんに信仰されていました。磨崖仏とは、崖や岩の表面に彫られた仏像（石仏）です。そのため、この地では、仏壇や仏具づくりが、この時代にはじまったと考えられています。

その後、一向宗（浄土真宗）への信仰が強まると、16世紀末期には、この地を治めた島津氏が、全国各地でおきた一向宗の信徒による反乱（一向一揆）を恐れ、その信仰を禁止します。そこで、信徒たちは、箪笥をよそおった「隠し仏壇」をつくり、「かくれ念仏」とよばれる信仰をつづけました。そうしたこともあり、川辺仏壇の技術や技法は、江戸時代に確立したと考えられています。

7つの伝統の技を用いて完全分業制でつくる

現在の川辺仏壇は、やや小型ながら、豪華で頑丈な仏壇として知られ、全国有数の生産量をほこります。木地、宮殿（→P70）、彫刻、金具、塗り、蒔絵（→P26）、箔押（→P70）という7つの伝統の技をもつ職人集団が、完全分業制でつくります。

スギやヒノキなどの木を使って木地（仏壇の本体）や宮殿をつくり、漆を塗り、蒔絵や金箔で装飾をほどこします。そして、彫刻をほどこした部材や飾り金具を取りつけ、組み立てます。

沖縄県

※市町村名に記した○で囲んだ数字は、伝統的工芸品に記した番号を示す。

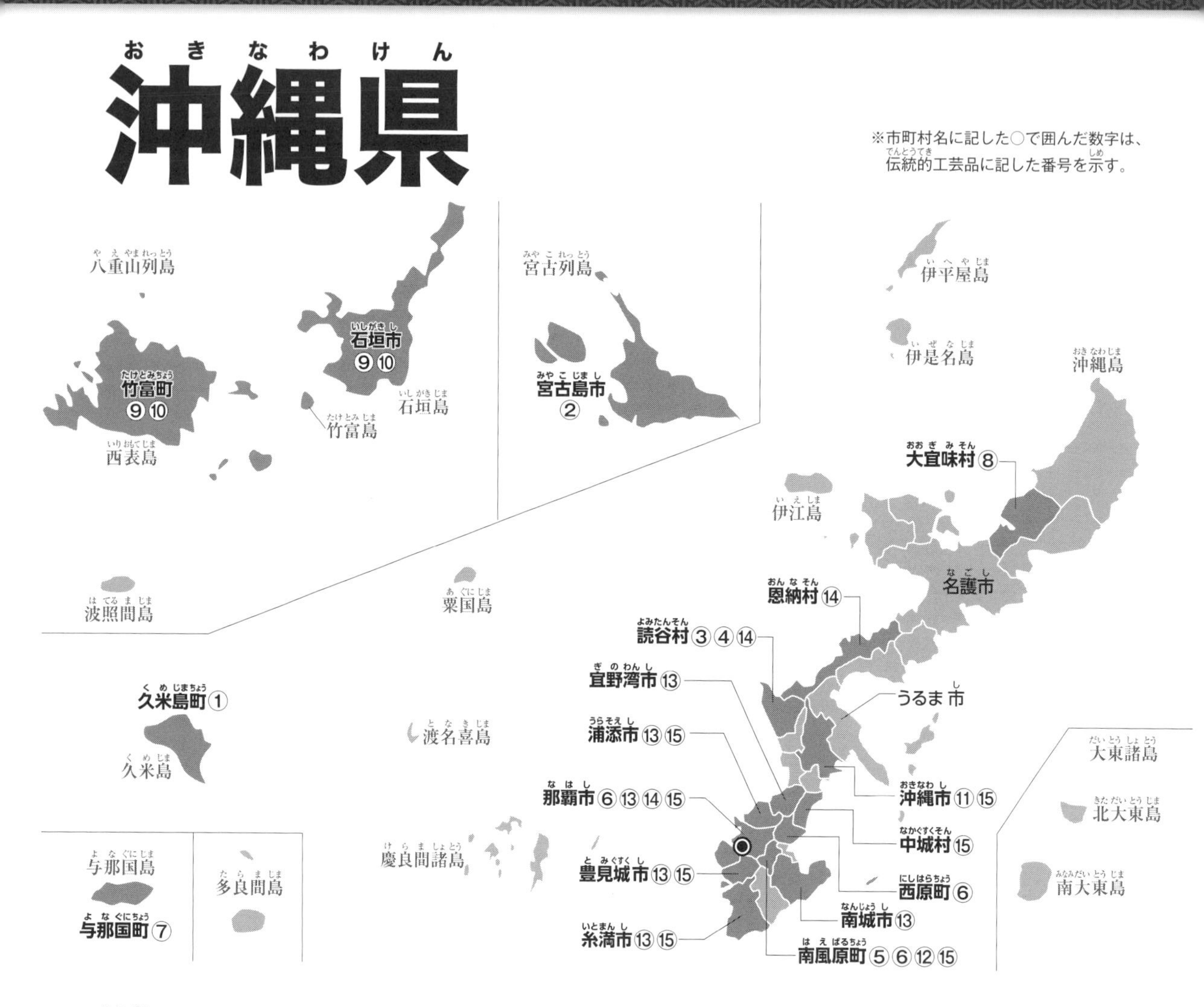

経済産業大臣指定伝統的工芸品

番号	名称［分類］	おもな製品	おもな製造地
①	久米島紬［織物］	着物地、洋装、帯、テーブルクロス、のれん、小物類	久米島町
②	宮古上布［織物］	着物地	宮古島市ほか
③	読谷山花織［織物］	着物地、テーブルセンター、帯	読谷村
④	読谷山ミンサー［織物］	帯	読谷村
⑤	琉球絣［織物］	着物地	南風原町
⑥	首里織［織物］	着物地、帯、テーブルセンター	那覇市、西原町、南風原町
⑦	与那国織［織物］	着物地、帯、飾布	与那国町
⑧	喜如嘉の芭蕉布［織物］	着物地、帯、座布団、ネクタイ、袋物、のれん、テーブルセンター	大宜味村
⑨	八重山ミンサー［織物］	男物帯、女帯、ネクタイ、小物	石垣市、竹富町
⑩	八重山上布［織物］	着物地、帯、タペストリー、のれん	石垣市、竹富町
⑪	知花花織［織物］	着物地、帯、羽尺、小物	沖縄市
⑫	南風原花織［織物］	着物地など	南風原町
⑬	琉球びんがた［染色品］	着物地、帯、飾布	那覇市、宜野湾市、浦添市、糸満市、豊見城市、南城市
⑭	壺屋焼［陶磁器］	酒器（カラカラ）、抱瓶（ダチビン）、獅子（シーサー）、壷	那覇市、恩納村、読谷村
⑮	琉球漆器［漆器］	盆、茶椀、銘々皿、椀、重箱、棗	那覇市、浦添市、糸満市、沖縄市、豊見城市、中城村、南風原町

宮古上布（織物）

琉球王国の時代に誕生した上質な麻織物

宮古上布は、沖縄県西部の宮古島などでつくられている、苧麻という植物を原料とした上質な麻織物（上布／→P78）です。はじまりは、現在の沖縄県が琉球王国とよばれていた、いまから400年ほど前の16世紀後半です。中国への貢ぎ物を積んだ船が、台風でこわれてしまい沈没しそうになったとき、宮古島に住む男が、海に飛びこんで船を修理し、乗組員の命を救いました。それを知った国王が、その男に位の高い仕事をあたえたところ、そのことを喜んだ妻が、お礼に布を織り、国王に献上しました。このときに織った布が、現在の宮古上布だというのです。

江戸時代になると、琉球王国は薩摩藩（→P126）に支配され、人びとには重い税がかけられます。宮古上布は、税として薩摩藩におさめられ、薩摩上布の名で、広く知られるようになりました。

上質な布に仕上げるためのさまざまな技法

宮古上布の特徴は、布の薄さです。それを実現するのが、糸の細さです。糸は、苧麻という沖縄県で自生する麻の茎の皮から取り出した繊維でつくりますが、指先やつめの先で細くさいてつくるのです。

つくった糸は、染めずに白く残したい部分を木綿糸で括ってから藍（→P106）で染めますが、沖縄県産の琉球藍を使い、20回ほど染め重ねます。そうすることで、いつまでも色あせない布になるといわれます。

染色を終えた糸は、細いこともあり、少しずつ織られていきます。そのため、1反（着物1着分）を織るのに、はやくても2～3か月かかります。

最後に、重さ4kgほどの木槌で3時間ほど布を打つ「砧打ち」をおこない、なめらかで光沢（→P22）のある布に仕上げます。

写真提供：一般財団法人 沖縄観光コンベンションビューロー

首里織（織物）

琉球王国の都「首里」ではじまった織物

首里織は、かつての琉球王国の都でもあり、首里城の城下町として栄えた首里（現在の那覇市東部）を中心に、15世紀ごろからつくられてきた織物です。琉球王国では、中国やアジアの国ぐにとの交流をとおして学んだ織物の技術をもとに、さまざまな織物がつくられました。

首里織は、かつての首里に伝わったさまざまな織物をまとめてよぶときの名で、首里花倉織（写真）、首里花織、首里道屯織といった紋織物*や、首里絣、首里ミンサーなどがあります。

絹糸のほか、木綿糸や麻糸などを、琉球藍をはじめとした植物染料などを使って染め、織り上げます。複数の職人が各工程を担当するのではなく、すべての工程を、1人の職人がこなします。

王族や貴族などのためにつくられた織物も

首里織は、琉球王国の王族や貴族などのために、色や柄をきわめた、拡張高い織物としてつくられていました。首里花倉織は、王妃や王女の夏の衣服としてつくられ、首里道屯織は、王族や貴族の男性用の衣服としてつくられました。首里花織は、士族以上の身分の人の衣服としてつくられました。

なお、首里絣は、よこ糸をずらして柄を合わせながらていねいに織る「手結」という技法を用いているので、日本の絣の原型といわれています。また、首里ミンサーのミンサーは、ミンが「綿」、サーが「狭」を意味する中国語なので、もとは、「綿狭帯」という細い帯だったのではないかと考えられています。

＊紋織物：模様を織り出した織物。

与那国織（織物）

古くから日本最西端の島でつくられている織物

与那国織は、日本でもっとも西にある与那国島でつくられている織物です。はじまりは、15世紀末期という記録もありますが、定かではありません。しかし、16世紀前半には、琉球王国への貢ぎ物として織られていたと考えられています。

絹糸、綿糸、麻糸などを、インド藍という藍（→P106）などの植物染料で染め、織り上げます。分業制ではなく、すべての工程を、１人の職人が担当します。

与那国織は４種類の伝統的な織物の総称

与那国織は、与那国島でつくられている伝統的な織物をまとめてよぶときの名で、与那国花織（写真）、与那国ドゥタティ、与那国カガンヌブー、与那国シタディの４種類があります。

与那国花織は、格子のような縞に、小さな四角い点の集まる「花」が入った紋織物（→P131）です。点の数により、ダチン花（八つ花）、イチチン花（五つ花）、ドゥチン花（四つ花）とよばれます。

与那国ドゥタティは、４枚の布をあわせてつくるので、ドゥ（４枚）タティ（仕立て）とよばれています。おもに、豊年祭などの行事のときに着用します。

与那国カガンヌブーは、与那国ドゥタティを着たときにしめる細い綿の帯です。中央には、夫婦をあらわすミウトという美しい模様があります。

与那国シタディは、植物染料で染めた色糸を織りこむ紋織物です。白い木綿の地に７色の糸が織りこまれている手ぬぐいは、おもに、祝いのときに使われます。

琉球びんがた（染色品）

あざやかな色づかいで独特な模様を染める

びんがたは、「びん」には色という意味があり、「がた」には模様という意味があります。そのため、琉球びんがたは、赤、青、黄などのあざやかな色づかいで、綿や絹などの布に、独特な模様を染めたものです。

はじまりは、沖縄県が琉球王国とよばれ、中国やアジアの国ぐにとさかんに交流をおこなっていた、15世紀の中ごろといわれています。明（中国）やインド、ジャワ（インドネシア）などから伝わった染色の技法が、この地の気候や自然などに育まれ、現在の琉球びんがたに見られる独自の技法が誕生しました。

その後、王府（琉球王国の統治組織）の保護のもと、王族や身分の高い人たちの衣装の布として生産されました。また、輸出もおこなわれて発展したため、19世紀のはじめには、現在の中国南東部の福建省の市場で「東洋花布」とよばれ、琉球王国からの輸入品として広く知られていたという記録があります。

２つの色調と２つの模様をつける技法を使い分け

琉球びんがたは、色調により、いくつもの色を使う「紅型」と、藍一色で染める「藍型」に分かれます。また、模様をつける技法により、型紙（→P34）を使う「型染め（型付け）」と、糊を使って手で模様を描く「筒引き（糊引き）」に分かれます。

こうした色調や模様をつける技法は、製品によって使い分けられています。また、模様をつける技法では、細かな図案にあわせて型紙を彫る作業や、ひとつひとつの模様に顔料という着色料をつける作業に、たいへんな集中力と細かな気配りが求められます。

写真提供：一般財団法人 沖縄観光コンベンションビューロー

壺屋焼（陶磁器）

琉球王国の時代に基礎が築かれて発展

沖縄県では、焼き物のことを「やちむん」といいます。壺谷焼は、那覇市の壺谷を中心につくられている、沖縄県の代表的なやちむんです。

沖縄県の焼き物の歴史は、琉球王国などが、海外との貿易をさかんにおこなっていた14～16世紀ごろに、中国や南方の国ぐにから多くの焼き物がもちこまれ、南蛮焼という焼き物の技術が伝わり、はじまります。17世紀後半になると、王府は、焼き物をはじめとした工芸をさかんにするための政策のひとつとして、各地に分散していた窯を、現在の那覇市に集めます。これが、今日の壺屋焼のはじまりとなりました。

いまでは、日常生活で使う器をはじめ、さまざまなものをつくっていますが、シーサーという獅子の像（写真）が有名です。シーサーは、災いから人びとを守る魔よけとして、沖縄県では、家の門や屋根などにすえられています。

製品に応じた2種類の焼き方

壺屋焼は、釉薬（→P30）を使って1200℃ほどの高温で焼く「上焼」と、釉薬を使わずに1000℃ほどで焼き上げる「荒焼」に、大きく分かれます。上焼は、沖縄県らしい南国風の明るい色合いや図柄のものが中心で、食器などの日用品が多く、壺屋焼の主流を占めています。荒焼は、力強さを感じるものが多く、甕や壷のような大きなものをつくっています。

なお、沖縄県は、壺屋焼の原料となる陶土にめぐまれ、質が良く、種類も豊富です。壺屋焼は、陶土の性質をいかし、受けついできた伝統の技法でつくり上げることで、力強さとともに、あたたかみが生まれます。

写真提供：一般財団法人 沖縄観光コンベンションビューロー

琉球漆器（漆器）

琉球漆器ならではの加飾の技法

那覇市とその周辺でつくられている琉球漆器は、15世紀ごろに、琉球王国との交流がさかんだった中国から、漆器の技術が伝わり、はじまったといわれています。17世紀には、王府に漆器の製作所が置かれ、高い水準の漆器をつくるようになりました。

18世紀になると、現在の琉球漆器の主流を占める「堆錦」という技法が考え出されます。堆錦は、顔料（着色料）と漆を混ぜてつくった堆錦餅を用い、器の表面に装飾をほどこす、琉球漆器だけの加飾の技法です。堆錦餅は、熱と圧力が加えられ、薄くのばされてから文様に切られ、器の表面にはられます。

なお、琉球漆器は、こうした加飾の技法が多彩なことが特徴です。堆錦のほかにも、螺鈿、沈金（→P26）、箔絵*などの技法があります。なかでも、螺鈿は、沖縄県でとれる夜光貝の貝殻を文様に切り、器の表面にはる技法で、古くは、中国などに向けて輸出する漆器づくりに用いていました。

気候条件にめぐまれた沖縄県での漆器づくり

琉球漆器の木地（→P16）は、ゆがみや狂いの少ない、沖縄県産の木材でつくります。デイゴという木は盆などに、シタマギという木はお椀などに、それぞれ使用されています。沖縄県の高温多湿な気候は、漆の管理だけではなく、良質な木材の生産にも適しているのです。

なお、日本各地の漆器に黒いものが多いのに対し、琉球漆器は、透明感のある朱色のものが主流です。そのあざやかな美しさは、ほかの朱色の漆器とくらべ、際立っているといわれています。

＊箔絵：漆で文様を描いて金や銀の箔をはり、乾燥させてからぬぐい、文様の部分だけに箔を残す技法。

写真提供：一般財団法人 沖縄観光コンベンションビューロー

さくいん

な

は

ま

や

ら

【編】こどもくらぶ
こどもくらぶは、あそび・教育・福祉の分野で、子どもに関する書籍を企画・編集しているエヌ・アンド・エス企画の編集室の愛称。「耳から英語」「新・点字であそぼう」「小さくても大きな日本の会社力」「みんなの手話ソング」「調べる！ 47都道府県 生産と消費で見る日本」「表とグラフの達人講座」「企業内「職人」図鑑 私たちがつくっています。」「調べる！ 47都道府県 工業生産で見る日本」（いずれも同友館）、「楽しくまなぶ学習あそび」「子どもがよろこぶ楽しいゲーム」（いずれも学事出版）など、多数の作品がある。
http://www.imajinsha.co.jp

■企画・編集・制作／株式会社エヌ・アンド・エス企画

■デザイン・DTP／高橋博美

この本の情報は、2018年6月までに調べたものです。

■写真協力
二風谷民芸組合、八雲町郷土資料館、小樽市 産業港湾部観光振興室、経済産業省 東北経済産業局、茨城県 産業戦略部 産業政策課 地域産業振興室、栃木県 産業労働観光部工業振興課、群馬県　産業経済部　工業振興課、埼玉県観光課、千葉県打刃物連絡会、房州うちわ振興協議会、八丈町 産業観光課、八王子織物工業組合、東京都染色工業協同組合、東京都工芸染色協同組合、江戸指物協同組合、東京金銀器工業協同組合、東京都雛人形工業協同組合、株式会社東京松屋、江戸切子協同組合、東京伝統木版画工芸協同組合、神奈川県　国際文化観光局　観光部　観光企画課、山梨県 産業労働部 地域産業振興課、長野県産業労働部 ものづくり振興課、新潟県 産業労働観光部商業・地場産業振興課、井波彫刻協同組合、富山県和紙協同組合、伝統工芸高岡銅器振興協同組合、公益社団法人石川県観光連盟、福井県、静岡県 経済産業部 商工業局地域産業課、名古屋伝統産業協会、とこなめ焼協同組合、赤津焼工業協同組合、岡崎石製品協同組合連合会、一般社団法人 岐阜県観光連盟、岐阜市 観光コンベンション課、三重県 雇用経済部 三重県営業本部担当課、滋賀県 商工観光労働部 中小企業支援課、京都市 産業観光局 商工部伝統産業課、大阪欄間工芸協同組合、大阪簾工業協同組合、堺刃物商工業協同組合連合会、奈良県産業振興総合センター、和歌山県 商工観光労働部 企業政策局 企業振興課、鳥取県　販路拡大・輸出促進課、一般社団法人 島根県物産協会、石州和紙会館、雲州算盤協同組合、公益社団法人岡山県観光連盟、広島県 商工労働局 観光課、山口県 観光スポーツ文化部 観光プロジェクト推進室、阿波しじら織協同組合、徳島県 観光政策課、香川県漆器工業協同組合、香川県うちわ協同組合連合会、愛媛県 経済労働部 観光交流局 観光物産課、高知県 商工労働部 工業振興課、福岡県 商工部 観光局 観光政策課、佐賀県 産業労働部 経営支援課、一般社団法人 長崎県観光連盟、熊本県伝統工芸館、大分県 広報企画振興部 広報広聴課、公益社団法人ツーリズムおおいた、宮崎県 都城市 ふるさと産業推進局、鹿児島県ＰＲ・観光戦略部、一般財団法人 沖縄観光コンベンションビューロー、那覇伝統織物事業協同組合、与那国町伝統織物協同組合

調べる！ 47都道府県　**伝統工芸で見る日本**

初　版	第1刷発行　2018年10月31日
編	こどもくらぶ
発行所	株式会社同友館 〒113-0033　東京都文京区本郷3-38-1 電話　03-3813-3966　　FAX　03-3818-2774 http://www.doyukan.co.jp/
発行者	脇坂康弘
印刷・製本	三美印刷株式会社

乱丁・落丁はおとりかえいたします。

136P/257 × 182mm　ISBN978-4-496-05370-2　C8033